国家社科基金青年项目（12CJY041）结题成果

国家社科基金重大项目（09&ZD025）阶段性研究成果

云南省哲学社会科学学术著作出版资助项目

云南大学"西部发展与社会转型"创新团队建设成果

云南大学中西部高校提升综合实力工程"创新团队建设项目（社科）"资

本土市场规模与我国产业升级

Bentu Shichang Guimo Yu Woguo Chanye Shengji

——理论、案例与政策

张国胜／著

人民出版社

责任编辑:李椒元
装帧设计:文　冉
责任校对:吕　飞

图书在版编目(CIP)数据

本土市场规模与我国产业升级:理论、案例与政策/张国胜著.
　-北京:人民出版社,2015.4
ISBN 978-7-01-013995-1

Ⅰ.①本… Ⅱ.①张… Ⅲ.①市场规模-关系-产业结构升级-研究-中国
Ⅳ.①F124②F121.3

中国版本图书馆 CIP 数据核字(2014)第 227102 号

本土市场规模与我国产业升级
BENTU SHICHANG GUIMO YU WOGUO CHANYE SHENGJI
——理论、案例与政策

张国胜　著

人民出版社 出版发行
(100706　北京市东城区隆福寺街 99 号)

北京市文林印务有限公司印刷　新华书店经销

2015 年 4 月第 1 版　2015 年 4 月北京第 1 次印刷
开本:710 毫米×1000 毫米 1/16　印张:17.25
字数:258 千字　印数:0,001-3,000 册

ISBN 978-7-01-013995-1　定价:33.00 元

邮购地址 100706　北京市东城区隆福寺街 99 号
人民东方图书销售中心　电话 (010)65250042　65289539

目　　录

第一章 导　论

第一节　问题提出

　　无论是在工业化国家还是在发展中国家,产业升级①都被视为增强经济可持续发展能力的重要途径和基本手段,受到了经济学家与政府部门的广泛关注。但纵观人类经济演化的历史,产业升级是一个漫长而又痛苦的过程,大多数国家都花费了很长的时间来推进产业升级。对我国而言,经历了改革开放以来三十多年的产业扩张之后,各个地区也开始面临产业升级的严峻挑战。尤其是在后金融危机时代,伴随国际经济竞争环境的改变以及国民经济运行中的各种压力,如通货膨胀、人民币升值、能源价格上涨、劳动力成本上升、环保法规的日益趋严等逐步显现,我国产业升级的压力更是日益凸显。然而,自第一次工业革命以来,工业化国家一直主导着全球范围内的产业升级,这样的现实背景使得我国的产业升级面临着两大严峻挑战:一是主要工业化国家为了维护自身的既得利益,高度警惕我国的产业升级,并利用其在国际分工中的优势地位对我国的产业升级进行打压;二是就整体而言,我国企业在技术能力上仍然全面落后于竞争对手,在产业的国际竞争中仍然处于明显不利的地位(张国胜,2011)②。因此,伴随产业升级正日益成为我国实现国民经济持续、

---

① 在现有的产业经济学术语中,产业升级是一个非常宽泛的概念,有些学者基于宏观视角称之为产业结构升级、有些学者则基于微观视角将其称之为价值链升级(或企业升级),有些学者泛泛采用产业升级的说法。本土直接采用产业升级的说法,但给出了严格的经济学定义——微观机制作用下产业内价值增值的宏观涌现。

② 张国胜:《本土市场规模与产业升级:一个理论构建式研究》,《产业经济研究》2011年第4期。

稳定、健康、均衡发展的关键,如何有效推进国内产业升级已成为一个重大的现实问题与政策命题。

一、一种经济现象引发的思考

长期以来,基于自然资源、劳动力、资本、技术的"比较优势"是探讨产业升级的基础,国家的产业升级也遵循着劳动密集型产业——→资本密集型产业——→技术密集型产业的演化路径。但近年来,以金砖四国(BRICs)①为代表的发展中大国的崛起引起了广泛的关注,四国也涌现出了诸如等阿拉克鲁士公司(巴西)、安博威航空制造公司(巴西)、兰博西制药集团(印度)、塔塔集团(印度)、Surgutneftegas 公司(俄罗斯)、联想集团(中国)、华为投资控股有限公司(中国)等著名的世界企业,四国的世界 500 强企业也由 2000 年的 17 家迅速增长到 2012 年 102 家②,其所属行业也由 2000 年的能源、矿业等自然垄断行业拓展到 2012 年的消费品、能源、信息技术、矿业、电信、银行、设备制造等多个领域③。金砖四国的这种产业变迁在一定程度上改变了全球产业竞争的格局,并且其影响力还在不断的扩散(Antoine Van Agtmael,2006)④。尽管这些企业的崛起历程各异,但企业所属的国家都具有以下几个共同特点:庞大的人口规模与高速的经济增长,国家经济规模的成长空间巨大⑤,国内消费市场正处于持续扩张时期并日益成为世界上最富有吸引力的新兴市场(Emerging Market)。异质的崛起历程与"同质"的内部市场规模表明,金砖四国的本土市场需求可能对其国内的产业发展与升级产生了重要影响,二者之间

---

① BRICs 是巴西(Brazil)、俄罗斯(Russia)、印度(India)和中国(China)四国英文全称第一个字母的缩写,引文 BRICs 与 BRICK(砖块)的读音相似,故媒体形象地以金砖四国译称。
② 2012 年中国的世界 500 强企业包括了中国香港、中国台湾的世界 500 强企业。
③ 根据网络资料 http://mnc.people.com.cn/n/2012/0711/c54816 - 18492567.html;http://finance.people.com.cn/BIG5/8215/71100/71106/4817813.html;等整理所得。
④ Antoine Van Agtmael:The Emerging Markets Century,Free Press,2006.
⑤ 根据高盛公司的预测,到 2040 年,金砖四国的经济规模将超过目前经济实力最强大的 7 个工业化国家的经济规模(即 G7,分别是美国、日本、德国、法国、英国、意大利和加拿大)。

有可能存在某种相应的作用机理①。

　　对于我国而言,在过去的三十多年里,无论是人口规模与经济增长速度,还是消费市场与经济发展潜力都远远超过了金砖四国中的其他三国,这种国内市场需求的规模优势是绝大多数发展中国家所不具备的。有些学者甚至认为,伴随我国中等收入群体的出现与快速扩张,中国正在由制造业大国转变为全球最主要的消费型经济体之一,并开始扮演全球产品购买者的角色。在这样的背景下,中国国内市场需求的规模优势已成为现阶段中国最大的比较优势(Brandt,L.,Thun.E.,2010)②。因此,中国需要从战略高度来看待"市场在中国"的宝贵内需资源(毛蕴诗、李洁明,2010)③。从这些逻辑出发,如果理论上存在国内市场规模对本土产业升级的作用机理,我国市场需求的规模优势不但能够为国内产业升级提供新的思路,而且能够为国内产业升级突破工业化国家的打压提供可能。

二、现有文献对这种经济现象的解释

　　从现有文献来看,上述命题的研究更多地还是集中在本土市场(Home Market)与产业增长、产品出口,以及国内市场需求与产业的国际竞争力等方面。代表性文献有克鲁格曼的本土市场效应假说(Home Market effects)、罗尔夫·韦特的国内市场需求和国际贸易理论、迈尔克·波特的国家竞争优势理论等④。

　　在本土市场效应假说中,克鲁格曼(1980)认为,通过报酬递增与贸易成本的假定,本土市场的超常需求能够引发大规模生产与高效率,使得该国在满足本土需求之外还能捎带出口;换句话说,那些拥有较大国内市场需求的国家

① 张国胜:《本土市场规模与产业升级:一个理论构建式研究》,《产业经济研究》2011年第4期。

② Brandt,L.,Thun.E.The Fight for the middle:Upgrading,Competition,and Industrial Development inChina.World development,2010(38).1555-1574.

③ 毛蕴诗、李洁明:《从"市场在中国"剖析扩大消费需求》,《中山大学学报(社会科学版)》2010年第5期。

④ 周怀峰:《大国国内市场与产业国际竞争力:一个一般分析框架》,中国社会科学出版社2009年版。

依托规模经济的优势将能成为净出口国①。以此为基础,戴维斯和温斯坦(1999,2003)通过研究日本和OECD国家间的产出分布与需求数据进一步证实了本土市场效应的存在②;而其他学者则基于戴维斯和温斯坦的研究方法,并利用其他国家的产出和需求数据不但再次证实了本地市场效应的存在,而且发现对于具有规模经济的产品而言,更大的国内市场同时意味着更强的出口竞争力。国内研究也发现本土市场效应在决定我国地区间生产和贸易的类型上起着显著作用,尤其是纺织、木材家具、化学工业、金属冶炼、运输设备、电子通讯设备以及其他制造业等方面,其产出主要是由本土市场效应决定(张帆、潘佐红,2006)③。黄玖立(2006,2008)的研究也证实了地区产业增长与地区市场规模有着密切的关系,工业部门的报酬递增使得国内市场规模具有显著的"增长效应"(Growth Effect),目前除少数资源依赖型产业和本地需求依赖型产业之外,市场规模较大的省份在大多数产业方面的增长都明显快于市场规模较小的省份④。

从某种程度上讲,罗尔夫·韦特(1996)的国内市场需求和国际贸易理论与克鲁格曼的本土市场效应假说有着类似之处;或者说,罗尔夫·韦特受到本土市场效应假说的启发。在国内市场需求与国际贸易理论中,罗尔夫·韦特不但从静态与动态、层次与结构等维度探讨了国内市场需求,而且基于这些维度分别研究了国内市场需求对国际贸易的影响⑤。从静态的需求结构来看,一个国家内部的产品出口与其国内市场规模的大小紧密相关,市场规模越大的国家其产品出口就越容易;从动态的需求结构来看,产业竞争力的提升与其国内市场规模的扩张紧密相关,一般而言市场规模的扩张都有助于企业提升产业的竞争优势;从静态的需求层次来看,纵向差异的生

---

① [美]保罗·克鲁格曼:《地理与贸易》,张兆杰等译,中国人民大学出版社2000年版。

② Davis. D., Weinstein. D., Economic Geography and Regional Production Structure: An Empirical Investigation.European Economic Review.1999,43(2),379-401.

③ 张帆、潘佐红:《本土市场效应及其对中国省间生产和贸易的影响》,《经济学季刊》2006年第5期。

④ 黄玖立、黄俊立:《市场规模与中国省区的产业增长》,《经济学季刊》2008年第4期。

⑤ [瑞典]罗尔夫·韦特:《国内需求如何影响国际贸易格局》,刘莉译,《经济资料译丛》1997年第3期。

产部门及其国内市场规模的大小与产品出口的多少之间存在明显的正相关关系；从动态的需求层次来看，国内消费者在消费水平上的相互攀比及其对高质量产品的需求，也会促使国内企业的技术创新并保持产品的国际竞争优势①。

在国家竞争优势理论中，迈克尔·波特（2002）认为国内市场需求是产业获取国际竞争优势的关键要素。这主要表现在以下几个方面：首先是由于地缘、文化、语言、法规等因素的影响，企业一般对最接近他们的本土客户需求最为敏感。这也就是说较之于外国竞争对手而言，本土企业可以及早发现国内市场中的客户需求，产业或产业环节的竞争优势就可以由此产生。其次是身处国内市场的本土企业对客户需求也有着更充分的认识与更多的自信，企业内部的技术、管理人员也可以与客户直接面对面地沟通，从而更好地把握客户的多样性需求。第三是国内市场的本土客户对产品、服务的要求和挑剔程度也能影响企业的竞争优势，内行且挑剔的本土客户不但有助于国内企业维持国际竞争优势，而且是国内企业创造国际竞争优势的动力源泉。不过需要强调的是，迈克尔·波特并不认为国内市场的大小与产业竞争优势紧密相关，在开放的经济条件下，高度国际化的企业也可以从其他国家的市场来累计本身的规模经济；不但如此，小国只要能善于发挥本国的优势，也照样能在某些特殊产品的规模上占优。例如芬兰生产的破冰船或具有破冰能力的远洋货轮，就明显与其国内市场规模不相关②。

在新的历史条件下，国内学者在上述研究的基础上也开始探讨我国的市场需求与国内产业升级。代表性观点有：由于国内市场是产业形成国际竞争力的基础，我国就需要着眼于大国市场需求的规模优势，积极利用国内市场涵养来提升本土产业的国际竞争力（周怀峰，2009）③，并通过集中优势资源发展高端产业、利用区域要素差异扩大产业选择范围、通过战略性产业政策培育国

---

① 周怀峰：《大国国内市场与产业国际竞争力：一个一般分析框架》，中国社会科学出版社2009年版。

② ［美］迈克尔·波特：《国家竞争优势》，李明轩等译，华夏出版社2002年版。

③ 周怀峰：《大国国内市场与产业国际竞争力：一个一般分析框架》，中国社会科学出版社2009年版。

际竞争优势等方式促进国内的产业结构升级(欧阳峣,2011)①。由于在产业价值链中高端市场需求对价值转移与增值的影响,本土企业可以在不放弃已有的国际市场需求和份额的基础上,由依赖国际市场转化为以国际、国内市场并重,并依托国内市场的规模优势与高端需求来构建国家价值链,从而以此来推动国内的产业升级(刘志彪、张杰,2009)②。由于市场需求规模能够分摊研发成本、影响市场结构以及技术创新效率,因此本土企业所具有的自主创新能力与国内市场的有效需求规模存在线性相关性(范红忠,2007)③;不但如此,由于多样化的市场需求能够为标准创立提供切入点,而具有规模优势的市场需求能够为标准推广提供强势的安装基础,因此技术标准的形成也存在明显的"大国效应"(张米尔、游洋,2009)④;从这些逻辑出发,徐康宁、冯伟(2010)等学者认为借助于本土市场规模⑤对技术创新的促进作用,中国存在本土市场规模效应的第三条技术创新路径,这也是我国产业升级的一种战略选择⑥。

三、文献评述与需要进一步研究的问题

尽管上述文献揭示了国内市场需求的重要作用,并明确了国内市场需求与产业增长、产品出口与国际竞争力的关系,但由于产业升级的内涵远远超过了产业增长、产品出口与国际竞争力的范畴,这些研究显然无法理清本土市场规模对产业升级的作用机理;而国内学者的研究尽管涉及了本土市场规模与我国产业升级,但并没有系统性地处理这个议题。正是基于我国产业升级的严峻挑战、金砖四国的产业实践的异质现象、我国市场规模的比较优势以及既有文献的研

---

① 欧晓峣:《大国综合优势》,格致出版社、上海三联书店、上海人民出版社2011年版。

② 刘志彪、张杰:《从融入全球价值链到构建国家价值链:中国产业升级的战略思考》,《学术月刊》2009年第9期。

③ 范红忠:《有效需求规模假说、研发投入与国家自主创新能力》,《经济研究》2007年第3期。

④ 张米尔、游洋:《标准创立中的大国效应及其作用机制研究》,《中国软科学》2009年第4期。

⑤ 通过整合国内学者的各种说法(国内市场需求规模、本土市场需求规模、母国市场需求规模、母国市场规模等),本书采用"本土市场规模"的说法;并借鉴克鲁格曼(1980)的本土市场概念,将本文市场规模界定为一个国家内部足以满足产业内生演化的有效需求总和,详细研究见本书第二章的第一节。

⑥ 徐康宁、冯伟:《基于本土市场规模的内生化产业升级:技术创新的第三条道路》,《中国工业经济》2010年第11期。

究不足,本研究报告认为需要在这方面展开新的研究,并重点关注以下问题:

1. 本土市场规模的内涵、外延及其影响因素,如何基于经济学的理论逻辑严格界定一个国家的本土市场规模? 在开放经济条件下,本土市场规模具有什么样的经济效应? 产业升级的内涵、外延及其影响因素,如何基于经济学的理论逻辑严格界定产业升级? 在开放的经济条件下,如何勾勒产业升级的动力机制?

2. 本土市场规模对国内产业升级存在什么样的影响:积极的驱动作用、消极的抑制作用或是没有作用? 从经济学理论的逻辑架构与研究观点来看,是否存在本土市场规模影响国内产业升级的传导路径与作用机理? 与此同时,国内的产业升级是否也能够影响(或如何影响)本土市场规模? 换句话说,本土市场规模与国内产业升级之间是否存(或存在什么样的)相互作用机理?

3. 如果在理论上存在本土市场规模与国内产业升级的相互作用机理,那么在实践中能否找到相应的案例来证明这种作用机理? 如果存在这种作用机理并能找到相应的案例,那么美国、日本、瑞士等大、小工业化国家的产业升级,是否存在不一样的特征与路径? 金砖国家的本土市场规模与国内产业升级是否也能够佐证上述作用机理? 如何基于工业化国家与金砖国家的案例,进一步完善本土市场规模与国内产业升级的作用机理?

4. 我国的本土市场规模的特征事实(总量规模、结构特征、影响因素等)、演化趋势及其对国内产业升级的影响? 我国产业升级的特征事实(三次产业结构、工业内部结构、行业与企业层面等维度的产业升级)、演化趋势及其对本土市场规模的影响等?

5. 我国的本土市场规模与国内产业升级是否和理论上的本土市场规模与国内产业升级相吻合? 这也就是说,我国是否具备了本土市场规模与国内产业升级的良性互动机制所需要的市场条件、规制政策与激励政策等? 如果不具备,那么现阶段是哪些因素导致了本土市场规模与我国产业升级之间传导路径的受阻与作用机理的扭曲?

6. 如何基于理论上的作用机理、工业化国家与金砖国家的经验教训,以及我国的本土市场规模、产业升级的演化及其作用机理的扭曲,构建本土市场规模与我国产业升级的良性互动机制? 基于这样的目标,我国该如何选择相应的政策干预,即该如何选择本土市场的深化与发展政策、国内产业升级的方向与政策,以及如何完善其他一些配套政策等。

上述所有问题实际上都涉及一个关键问题:既然本土市场规模已成为现阶段我国最大的比较优势,那么我国该如何利用本土市场规模的比较优势来推进国内的产业升级,并以此实现本土市场规模与我国产业升级的良性互动?显然,对于这个问题的回答,不但能够为我国产业升级提供新的思路并为突破工业化国家的打压提供可能,而且关系到产业结构优化与经济发展方式转变的理论探讨,因此这是一个重要的现实问题与理论课题。

第二节 研 究 思 路

本研究报告所要做的主要工作就是以"本土市场规模"为中心概念,通过探讨本土市场规模与国内产业升级的作用机理,分析我国的本土市场规模、产业升级的演化及其作用机理的扭曲等,来构建本土市场规模与我国产业升级的良性互动机制。

一、总体研究思路

本报告的总体研究思路如图 1-1 所示:

首先基于现阶段我国产业升级的严峻挑战、金砖四国的产业实践的异质现象、我国市场规模的比较优势、既要文献研究的不足等提出问题——理论上存在本土市场规模与国内产业升级的作用机理吗?其次基于经济学理论的逻辑架构与研究观点,通过比较研究、调查研究并围绕产业升级的案例现象与现有文献,推导本土市场规模与国内产业升级之间的传导路径与作用机理,构建研究的理论框架。然后分析我国的本土市场规模与产业升级的特征事实、演化趋势及其存在的主要问题等,明晰是哪些因素导致了本土市场规模与我国产业升级之间传导路径的受阻与作用机理的扭曲。最后基于理论指导、现状分析与问题分析,研究该如何构建本土市场规模与我国产业升级的良性互动机制,并以此为基础形成最终的研究报告。

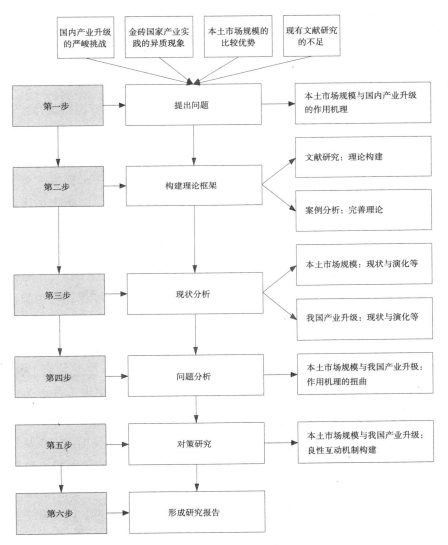

图 1-1：总体研究思路

二、研究设想与基本观点

通过立足于我国"扩大内需"的现实背景、着眼于本土市场规模的比较优势、以促进国内产业升级并以此实现本土市场规模与我国产业升级的良性互动为目标,本研究报告在借鉴本土市场效应假说、国家竞争优势理论、市场范围假说、有效需求与技术创新理论、产业升级理论、大国综合优势理论等的基础上,想表达以下一些想法:

尽管在主流经济学中国家的比较优势主要集中在自然资源、劳动力、资本或技术等方面,但在开放的经济条件下,国家的比较优势并非只是劳动力、资本与技术,一个国家内部的市场规模也是一种重要的比较优势。正如美国经济学家保莱·塞罗(1992)所指出的那样,在 21 世纪,如果哪个国家拥有了潜力最大的国内市场,那么这个国家就有资格参与和领导制定国际市场体系运行的各种规则①。

借鉴 Krugman(1980)的本土市场(Home Marker)概念②,本土市场规模是指一个国家内部足以满足产业内生演化的有效需求总和。近年来,伴随我国经济的快速发展,尤其是城市中等收入群体的出现与扩张,我国正在由制造业大国转变为全球最主要的消费型经济体之一;根据商务部的预测,2020 年我国将超过美国成为全球最大的新兴市场(Emerging Market)。因此,伴随我国本土市场的整体规模开始逐步位居世界前列(国家"十二五规划"纲要,2011)③,中国开始扮演全球产品购买者的角色,本土市场规模也已成为我国最大的比较优势。目前,这种市场规模的比较优势正在逐步改变世界经济、政治格局,并且其影响力还在不断地扩散。在这样的背景下,我国就需要从战略高度来看待"具有规模效应的本土市场需求",国内产业升级也必须充分发挥本土市场规模的比较优势。

产业升级是微观机制作用下产业内价值增值的宏观涌现。产业升级的逻辑起点是企业技术能力、现实动力是产品市场需求。从经济学理论的逻辑框

---

① [美]莱斯特·瑟罗:《21 世纪的角逐》,张蕴岭等译,社会科学文献出版社 1992 年版。
② Paul R.Krugman:Geography and trade,MIT Press,1991.
③ 《国家"十二五"规划纲要》,新华网,http://www.ce.cn/xwzx/gnsz/gdxw/201103/16/t20110316_22305305_1.shtml。

架与研究观点来看,本土市场规模能够内生影响企业技术能力与产品市场需求,因此能够对国内产业升级产生重要影响。

通过本土市场中厂商—顾客互动引致的需求发现、市场规模诱导的分工演化与技术创新、具有规模效应的本土终端需求等维度,本土市场规模不但能够诱导企业的产业升级行为,而且能够提供产业升级所需要的资源与运营支持,因此能够内生影响国内的产业升级。与此同时,伴随国内产业升级的推进,通过结构演进中本土投资需求、消费需求的变迁及其增长,产业升级的需求创造也能够内生影响本土市场规模。

案例研究是沟通丰富的质性数据和主流演绎式研究之间的最佳桥梁之一。在本研究报告的案例分析中,无论是工业化国家的经济演化与产业升级,还是金砖国家的企业发展与产业升级,这些案例都能够从不同角度证明本土市场规模与国内产业升级之间存在相互作用的机理。

从我国的实际情况来看,一方面是本土市场规模已逐步位居世界前列,并具有成为全球最大的国内市场的潜力,本土市场需求的规模优势十分突出;另一方面则是我国产业升级虽已取得长足进展,但仍然无法满足国民经济持续、快速发展的要求,国内产业升级的挑战依然严峻。这种理论与现实的错位表明我国的本土市场规模与国内产业升级之间的作用机理可能发生了扭曲,也就是说存在某些影响因素阻碍了我国具有规模效应的本土市场对国内产业升级的驱动。

在本土市场规模逐步位居世界前列的背景下,我国需要充分利用具有规模效应的本土市场对国内产业升级的驱动作用,并以此实现本土市场规模的持续扩张与我国产业升级的内生演进;而要实现这个目标,关键一点就是要针对本土市场的扭曲、海外市场的偏好等影响因素,矫正本土市场规模与我国产业升级之间扭曲的作用机理,并构建一个良性互动机制。

第三节　结　构　安　排

本研究报告共分为八个部分。其中,第一章是导论,主要是通过现象观察,即我国产业升级的严峻挑战、金砖四国的产业发展的异质现象、我国市场规模的比较优势,并结合现有经济学的文献,提出问题——理论上存在本土市场规模与国内产业升级的作用机理吗? 然后基于这个研究的切入点,阐述本研究报告的基本思路与框架结构。

第二章是基于经济学理论的逻辑框架与研究观点,推导本土市场规模与国内产业升级的作用机理,构建研究的理论框架。由于任何研究都有自身的范畴,每个范畴都有其基本的术语;因此为避免不必要的争议,研究报告首先研究了本土市场规模、产业升级的内涵、外延及其影响因素等,并将本土市场规模界定为一个国家内部足以满足产业内生演化的有效需求总和、将产业升级界定为微观机制作用下产业内价值增值的宏观涌现。然后通过全面回顾市场需求、市场规模与产业升级的文献,并以本土市场效应假说、国家竞争优势理论、市场范围假说、有效需求与技术创新理论、产业升级理论、大国综合优势理论等为指导,从本土市场的互动效应、市场规模的诱致效应、本土规模市场的终端需求效应三个维度探讨了本土市场规模对国内产业升级的支撑作用——需求发现、技术能力演化、参与式合作、价值链拓展与运营支撑等。最后从发展企业技术能力来降低产品价格并提升消费者的支付能力、完善产品属性与功能以及创造全新产品来引导消费者的偏好以及拓展具有更高边际利润的投资行为及其投资引致功能等维度,探讨国内产业升级对本土市场中消费需求与投资需求的引致与扩张。

第三章是通过多案例的比较分析,检验、调整并完善理论模型中本土市场规模与国内产业升级的作用机理。首先是通过比较分析工业化国家中美国、日本与瑞士的本土市场规模与国内产业升级,金砖国家中巴西、印度、南非的本土市场规模与国内产业升级,不仅证明了本土市场规模能够涵养并支持国内产业升级,而且证明了国内产业升级也能够明显地扩张本土市场规模,二者之间存在相互影响、彼此促进的互惠关系。然后基于上述案例内与案例间的逻辑论点,并围绕这些逻辑论点与经济学文献的反复循环,调整并完善理论模型中本土市场规模与国内产业升级的作用机理:本土市场规模有助于国内产业升级,但并非国内产业升级的充分条件;在实践中,由于各国的异质性特征,本土市场规模只是从需求发现、技术能力演化、参与式合作、价值链拓展与运营支撑等维度的某些方面支持国内产业升级;企业的成立、发展与国际地位的拓展不但离不开本土市场规模的支持,而且在其成为领导性的跨国企业之后仍然需要高度关注最初使它们取得成功的本土市场;虽然国内产业升级能够扩张本土市场规模,但政府行为也能影响这种扩张的程度等。

第四章是探讨我国的本土市场规模的特征事实、演化趋势及其对国内产业升级的影响等,从而为我国产业升级充分利用本土市场规模的比较优势奠定基础。首先是分析本土市场规模的总量规模、内部结构与存在问题。就总量规模而言,我国具有显著的本土市场规模的比较优势,整体市场规模已开始位居世界前列;就内部结构而言,我国本土市场规模呈现出居民消费、公共支出与投资需求"三足鼎立"的局面;就存在的问题而言,我国本土市场规模仍然受制于消费需求不足、无效供给过剩与有效供给不足等问题。其次是探讨本土市场规模的演化趋势:从总量规模的演化来看,我国的本土市场规模不但具有进一步扩张的潜力,而且具有超越美国成为全球最大的本土市场的可能;从内部结构的演化来看,消费需求将成为本土市场规模的支配性力量,我国不但有望成为全球最大的消费市场,而且会从温饱型消费全面转向住行型消费。第三是探讨了本土市场规模的演化趋势对国内产业升级的影响。其中,本土市场规模的总量扩张不但能为我国产业升级规避与工业化国家的竞争提供可能,而且会为我国产业升级提供新的市场空间;本土市场规模的结构变化不但要求我国企业与产业必须调整其战略方向与优先发展顺序,而且要求我国企业与产业必须具备更高的技术能力与更强的行业竞争力;通过诱导国际资本的进入,本土市场规模的总量扩张与结构变化也给我国产业升级带来了严峻挑战。

第五章是探讨我国产业升级的特征事实、演化趋势及其对本土市场规模的影响。首先从三次产业结构、工业内部结构、行业层面与企业层面等维度研究了我国产业升级的特征事实。其中,从三次产业结构来看,我国产业升级已取得明显进展,三次产业结构也明显优化,但就业结构明显滞后于产值结构以及产值结构的服务化明显不足表明三次产业结构的服务化与高度化特征仍然不够;从工业内部结构来看,尽管我国工业发展的重工业化趋势已日益明显,但工业结构的高加工度、高技术含量等高度化特征仍然明显不足;从行业层面与企业层面来看,整体上的产业升级仍然是纵向比较的长足进展与横向比较的明显不足,各行业的产业升级仍然还有巨大的空间。其次研究了我国产业升级的演化趋势,即三次产业结构的服务化趋势、工业内部结构的高技术化与高加工度化趋势、行业发展的高附加值化趋势、战略性新兴产业的快速发展趋势等。最后分析了我国产业升级的演化趋势对本土市场规模的影响,认为产业升级的服务化、高技术化、高加工度化、高附加值化等演化趋势首先能够显著扩张本土市场规模的总量,其次是能够有效改变总需求中消费需求、投资需求的比重以及消费需求、投资需求的内部结构,最后是能够影响本土市场的需求条件与竞争环境等。

第六章主要是基于本土市场规模逐步位居世界前列与国内产业升级面临严峻挑战的并存现象,探讨有哪些因素导致了理论与现实的错位,从而影响了我国具有规模效应的本土市场对国内产业升级的驱动,以及国内产业升级的受阻对本土市场规模的影响等。首先通过理论与现实的对此,从市场竞争的失衡、要素市场的扭曲、政府行为的失范、法治基础的脆弱等角度,探讨了本土市场的扭曲及其这种扭曲对国内产业升级的阻碍作用。然后研究了本土企业的海外市场偏好,并认为这种市场偏好不但制约了产业升级过程中的本土市场规模效应,而且锁定产业升级的企业技术能力,最终导致了我国产业升级的路径依赖与受阻。由于国内产业升级的受阻既有本土市场扭曲、海外市场偏好对本土市场规模效应的制约,也有我国特殊国情的钳制,本研究报告继而探讨了我国的特殊国情,如国内就业增长的压力、区域经济增长的需求以及转换成本的制约等因素,对国内产业升级的阻碍。最后则是研究了我国产业升级的受阻对本土市场规模的影响,即我国产业升级的受阻不但能够通过放缓本土市场规模的扩张速度来影响本土市场规模的总量扩张、通过影响本土市场规模的结构变化来影响本土市场规模的质量,而且可以影响具有规模效应的本土市场的比较优势等。

第七章是主要是基于理论框架的逻辑指导、案例分析中的经验教训以及现实中本土市场的扭曲、海外市场的偏好等制约因素,来矫正本土市场规模与我国产业升级之间扭曲的作用机理,从而构建一个良性的互动机制。首先从深化并完善本土市场的现代市场经济体制、发展并扩张本土市场规模、有选择地保护本土市场等维度探讨了本土市场深化与发展的政策选择。其次是结合理论上产业升级的演化规律与实践中我国产业升级所面临的挑战,并基于发挥本土市场规模的比较优势的需要,选择了我国产业升级的方向——国内需求升级过程中的产品升级与价值链拓展、本土市场规模演化过程中的产业链条升级与新兴产业发展、本土市场规模演化过程中的国家价值链构建与全球价值链拓展等。以此为基础,研究报告进一步分析了构建本土市场规模与我国产业升级的良性互动机制所需要的产业政策:产业技术政策、产业组织政策与产业结构政策等。其中,产业技术政策选择需要聚集于产业创新系统的能力建设并致力于改善产业创新系统的激励政策,产业组织政策选择必须协调好规模经济与市场经济活力的矛盾与兼容,产业结构政策选择则需要关注国内主导产业的选择与发展、幼稚产业的扶持与衰退产业的调整等。最后还研究了构建本土市场规模与我国产业升级的良性互动机制所需要的其他配套性政策。重点包括本土企业家的培育政策、本土企业的组织管理创新政策、本土市场与国际市场的协调政策、国际经济规则与调节体制的协调政策等。

第八章是主要是研究的总结和未来研究的展望。首先总结了本研究报告的基本结论,然后就结论分析了未来应该在那些方面进一步深入研究。

第二章 本土市场规模与国内产业升级：
理论模型构建

考虑到现有文献并没有很好地处理"本土市场规模与国内产业升级的作用机理"这个议题,本研究报告首先将通过文献研究来界定本土市场规模与产业升级的内涵,并探讨本土市场规模对国内产业升级的驱动作用,国内产业升级对本土市场规模的扩张效应等,旨在勾勒出一个理论的分析框架;以便使我们更全面地理解本土市场规模与国内产业升级之间的传导路径与作用机理,并为研究报告所提出的各种政策建议予以理论支撑。

第一节 本土市场规模：内涵、影响因素与经济效应

一、本土市场规模的内涵界定

从现有文献来看,本土市场规模仍然是一个比较模糊的概念,理论界还没有形成统一的标准。目前,与本土市场规模相关的概念主要包括国内市场、本土市场、母国市场,市场需求、市场容量、市场规模,国内市场需求、本土市场需求、母国市场需求等。其中,国内市场主要是基于市场的地域覆盖范围而言,泛指一个国家疆域之内的市场,其产品和服务的消费对象主要是国内的经济行为主体;本土市场的说法源自于新经济地理学中的本土市场(Home Market)效应①,本土市场主要是相对于出口市场而言,是指一个国家主权管辖之下的市场;母国市场本质上等同于本土市场,之所以出现这种说法主要是

---

① 梁琦:《分工、聚集与增长》,商务印书馆 2009 年版。

因为对"Home Market"的翻译,有些学者(周怀峰,2009)将其翻译为母国市场①,有些学者则称之为本土市场。从一般意义来看,国内市场等同于本土市场,也等同于母国市场。从经济学的理论逻辑来看,市场需求是指一定时期内某个地区的消费者全体对某种商品或劳务的有效需求总和;市场容量是指在不考虑产品价格或供应商策略的前提下市场在一定时期内能够吸纳的某种产品或劳务的单位数目;市场规模是指市场容量的大小,即市场内部有效需求总和的大小。从广义的角度来看,市场容量等同于市场需求,也等同于市场规模。从这些逻辑出发,本质上国内市场需求、本土市场需求与母国市场需求也可视为同义语,均指一个国家主权管辖之下市场的有效需求总和。

通过整合上述各种说法,并借鉴克鲁格曼(1980)的"本土市场"概念②、张国胜(2010,2011)③、徐康宁与冯伟(2010)④等学者对"本土市场规模"(Home market's size)的探讨,本研究报告将本土市场规模界定为一个国家内部足以满足产业内生演化的有效需求总和。

二、本土市场规模的影响因素

从经济学的理论逻辑来看,要想充分阐述本土市场规模的影响因素,关键的一步就是要明晰如何测度本土市场规模。从现有文献来看,不同学者根据研究目的的不同往往会选择不同的衡量指标。具体而言,涉及测度本土市场规模的指标主要有以下几种:

Ades & Glaeser(1999)在研究市场规模、规模递增与经济增长的关系时,选择的是用人均 GDP 来衡量一个国家内部的市场规模⑤;而 Carr et al

---

① 周怀峰:《大国国内市场与专业国际竞争力:一个一般分析框架》,中国社会科学出版社2009 年版。

② Paul R.Krugman:Geography and trade,MIT Press,1991.

③ 张国胜:《全球代工体系的产业升级研究:基于本土市场规模的视角》,《产经评论》2010年第 1 期;与张国胜:《本土市场规模与国内产业升级:一个理论构建式研究》,《产业经济研究》2011 年第 4 期。

④ 徐康宁、冯伟:《基于本土市场规模的内生化产业升级:技术创新的第三条道路》,《中国工业经济》2010 年第 11 期。

⑤ Ades Alberto and Edward Glasser.Evidence on Growth,Increasing Returns and the Extent of the Market Quarterly Journal of Economics,1999,Vol.114,3:1025-1045.

（2001）、Egger（2006）等学者在研究跨国公司的经营行为时，选择的则是用GDP来衡量一个国家内部的市场规模①。Alesina et al.（2004）认为由于进出口贸易也能够延伸到国内市场，仅用GDP来衡量一个国家的市场规模是不够的，因此他在研究贸易、国家规模与经济增长关系时将进出口贸易也作为一个重要的衡量指标，即将GDP与一个国家的进出口规模同时作为衡量一个国家市场规模的指标②。在此基础上，国内学者范红忠（2007）认为，从统计学的角度来看，需要同时将GDP、人均GDP与基尼系数作为衡量本土市场规模的指标③。这主要是因为GDP能够反映一个国家的整体经济规模，自然需要将其作为测量指标；但由于纯粹的GDP无法度量国家的人均收入，换句话说如果该国人口众多，即使GDP规模再高，这个国家的人均收入也会很低，国内的有效需求总和自然也会大打折扣，因此人均GDP也需要作为一个重要的测度指标；不但如此，由于收入分配能够影响总消费的扩张速度与整体规模（袁志刚、朱国林，2002）④，国家内部的收入差距也能影响一国的有效需求总和，即国内市场规模，因此鉴于基尼系数在反映一国收入的集中程度与不平等程度等方面的重要作用，基尼系数也需要作为衡量本土市场规模的重要指标。

综合上述研究，本研究报告认为既然本土市场规模主要由GDP、人均GDP、基尼系数与国家进出口规模等指标来衡量，那么一个国家的GDP、人均GDP、基尼系数、国家进出口规模自然就会成为影响本土市场规模的重要因素。其中，GDP与本土市场规模正相关，通过其他条件不变的假定，本研究报告认为一国的GDP规模越大，其本土市场规模也就越大。人均GDP也与本土市场规模正相关，从经济学的理论逻辑来看，伴随国家内部人均GDP的增长，收入效应将使得国内市场需求随之增加，本土市场规模自然也会相应扩

---

①　Carr David L., James R. Markusen, and Keith E. Maskus. Estimating the Knowledge-Capital Model of the Multinational Enterprise. American Economic Review. 2001, Vol.91, 3:693-708.

②　Alesina, Alberto Enrico Spolaore, Romain Wacziarg. Trade, Growth and the Size of Countries, In Philippe Aghoin and Steven Durlauf (eds.), Handbook of Economic Growth, North-Holland, 2004.

③　范红忠：《有效需求规模假说、研发投入与国家自主创新能力》，《经济研究》2007年第3期。

④　袁志刚、朱国林：《消费理论中的收入分配与总消费——及对中国消费不振的分析》，《中国社会科学》2002年第2期。

张。基尼系数与本土市场规模负相关，这是因为基尼系数越高，即国家内部收入的集中程度与不平等程度越高，该国的有效需求就越低，本土市场规模也就越小。进出口规模与本土市场规模正相关，由于进口需求是国内市场需求的延伸，能够从侧面反映这个国家的内部市场需求，因此本研究报告认为进口规模越大，其国内市场需求也就越旺盛，本土市场规模自然就会扩张。

　　需要强调的是，GDP、人均 GDP、基尼系数与国家进出口规模更多地还是从静态的角度来探讨本土市场规模。但如果从动态的视角来看，尤其是在探讨发展中国家的本土市场规模时，其影响因素还需要加入国家的经济发展速度、产业的分工水平与国内市场的一体化程度等。其中，国家的经济发展速度越快，无论是 GDP 还是人均 GDP 扩张的速度就越快，本土市场规模的扩张潜力也就越大。目前，金砖四国之所以被认为是全球最有潜力的新兴市场，并不是因为这些国家的 GDP 或人均 GDP 已经超过工业化国家的 GDP 或人均GDP，而是因为这些国家的经济发展速度要远远超过工业化国家的经济发展速度。产业的分工水平对本土市场规模的影响可以通过"斯密定理（Smith Theorem）"予以佐证，即通过"市场交易源自于劳动分工，并会反过来促进劳动分工，而劳动分工则受市场规模的限制"①等来佐证。从这个逻辑出发，一国产业的分工水平越低，就越容易阻滞本土市场规模的拓展与深化；反之一国产业的分工水平越精细，就越容易扩张并深化本土市场规模。国内市场的一体化程度也能对本土市场规模产生重要影响，刘易斯（1983）就认为通过减少贸易壁垒、打破国内市场分割与增加商品、劳务的自由流通，可以提升国内市场的一体化程度，从而扩张该国的市场规模②。按照这个逻辑，本研究报告认为国内市场的一体化程度越高就越有助于本土市场发展与规模扩张。

三、本土市场规模的经济效应

　　市场需求，尤其是国内市场需求是任何一个国家经济增长的主要动力。长期以来美国就是依靠国内市场需求实现经济增长的国家。与此同时，经济

---

①　[英]亚当·斯密：《国民财富的性质和原因的研究》，郭大力等译，商务印书馆 1981年版。

②　[美]刘易斯：《经济增长理论》，周师铭等译，商务印书馆 1983 年版。

学从"萨伊定理"到"哪里有市场需求,哪里就可以吸引投资并以此来获得长远的竞争优势"的演化逻辑也显示:谁掌握了巨大的本土市场,也就掌握了经济发展的主动权。从这个逻辑出发,美国经济学家保莱·塞罗(1992)就指出,在21世纪,哪个国家拥有了潜力最大的国内市场,这个国家就有资格参与和领导制定国际市场体系运行的各种规则①。这也就是说,由于规模与发展空间已成为全球竞争的核心,一个国家的国际地位不仅取决于军事能力、外交能力与经济能力,而且取决于该国的本土市场规模及其发展潜力(赵燕青,2006)②。正是基于本土市场规模的这种重要作用,并考虑到现有经济学理论的逻辑框架与研究论点,本研究报告认为无论是在国内产业升级与国民经济可持续发展的过程中,还是在本土经济行为主体参与全球化竞争的过程中,本土市场规模均具有明显的经济效应。具体而言,本土市场规模的经济效应可概括为本土场的互动效应、市场规模的诱致效应、本土规模市场的终端需求效应等(见图2-1)。

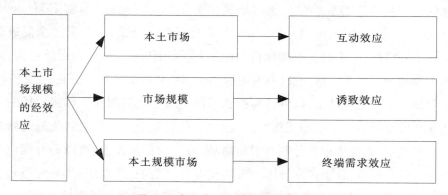

图2-1:本土市场规模的经济效应

(一)本土市场的互动效应

本土市场的互动效应是指国内企业能够与本土消费者相互作用而彼此影响,从而产生双向互惠的积极作用。从实践层面来看,由于国际市场是本土企业尚未完全熟习的市场,企业与市场之间均不同程度地存在"市场隔层"(Dis-

---

① ［美］莱斯特·瑟罗:《21世纪的角逐》,张蕴岭等译,社会科学文献出版社1992年版。
② 赵燕青:《本地市场与国际竞争:城市化动力的转变》,《城市规划学刊》2006年第6期。

location）的现象。所谓市场隔层是指微观企业与目标市场之间的隔绝，即在位企业无法及时有效地洞察目标市场的消费特征与需求结构。这种市场隔层不但会制约在位企业在错综复杂的市场环境中驾驭不确定性、组合潜在资源以及捕捉商业机会的能力，而且会诱导企业对既有发展模式的依赖，最终有可能导致本土企业陷入规模报酬递减、创新能力减弱的状态（王楷伦，2007）①。

相对于"隔层"的国际市场而言，本土市场是国内企业既有管理者所熟习了解的市场。由于历史、文化、语言、制度、法律、习俗等方面因素的综合影响（Porter，2002）②，本土市场与国内在位企业之间存在着较为明显的互动效应。这首先表现为国内企业对本土市场的需求最为敏感，一旦市场需求以某种形式向外界传递讯息，即消费者产生了某种差异化的消费需求，本土企业较外国厂商更易于了解和掌握消费者的需求差异，消费者偏好的反馈周期也非常短；其次表现为本土市场可能受到了政府的某种保护，且市场与企业之间的沟通成本也相对较低，因此较外国厂商而言，本土企业也更易于改变国内消费者的习惯与偏好（张国胜，2011）③，从而可以引导甚至是培育国内市场需求；第三是在消费者民族中心主义（Comsumer Ethnocentrism）的影响下，本土消费者不但更愿意与本土企业沟通与交流，而且更加认可本土企业的行为，也更加崇尚国货、更加偏好国产品牌④。

（二）市场规模的诱致效应

市场规模的诱致效应是指具有规模效应的市场需求能够影响微观经济行为主体的规模报酬递增，从而诱导劳动分工的演进与企业技术能力的发展（张国胜、胡建军，2012）⑤。从经济学理论的逻辑架构与研究观点来看，市场规模、报酬递增与劳动分工演进的关系被总结为著名的"市场范围假说"，即

---

① 王楷伦：《民营企业国际代工的"市场隔层"问题研究》，《浙江社会科学》2007 年第 1 期。

② ［美］迈克尔·波特：《国家竞争优势》，李明轩等译，华夏出版社 2002 年版。

③ 张国胜：《本土市场规模与产业升级：一个理论构建式的研究》，《产业经济研究》2011 年第 4 期。

④ 谢加封、沈文星：《消费者民族中心主义与本土品牌偏好：基于实证调查的研究》，《江淮论坛》2012 年第 2 期。

⑤ 张国胜、胡建军：《产业升级的本土市场规模效应》，《财经科学》2012 年第 1 期。

市场规模既能够影响企业的规模报酬递增,也能够影响劳动分工所能达到的精细程度①;在此基础上,杨格认为企业的报酬递增的实现有赖于劳动分工的演进,市场规模能够决定社会分工的精细程度,但社会分工的精细程度也能影响市场规模,即二者能够相互促进、循环演进②;沿着这一思路,Murphy、Shleifer(1987)等学者认为由于现代工业具有规模报酬递增的特征,在落后经济体跳出"贫困陷阱"的过程中,市场需求规模所起的作用将非常关键③。

尽管在理论上存在技术创新的"供给推动假说",即技术创新是由于科学知识的突破、技术机会的出现等供给层面的因素所决定④,但也有许多学者认可技术创新的"需求驱动假说"(Demand Pull)。在这些学者看来,由于技术创新并不是一种纯随机或任意的过程,而是微观经济行为主体追逐利润最大化的一种有意行为,通过影响企业的盈利空间,市场规模也能够影响微观经济行为主体的研发投入与创新活动(Schmookle,1966)⑤。Lee、Lin(2001)的研究就表明应用研究、产品开发甚至是国家之间的技术交流与研发创新等在很大程度上都依赖于市场规模的大小⑥。

这些文献的基本逻辑是,如果理论上市场范围假说与需求驱动假说在实践中能够成立;则市场规模越大,本土市场就越有可能通过对规模报酬递增与企业利润空间的影响,发挥对劳动分工与创新动力的引致功能,从而内生地培育国内市场分工与企业技术能力。

(三)本土规模市场的终端需求效应

本土规模市场的终端需求效应是指具有规模效应的本土终端需求能够影

---

① [英]亚当·斯密:《国民财富的性质和原因的研究》,郭大力等译,商务印书馆 1981 年版。

② 阿林、杨格:《报酬递增与经济增长》,《经济社会体制比较》1996 年第 2 期。

③ Murphy,K.,A.Shleifer,and R.Vishny,Indust Rialization and the Big Push,Journal of Political Economy,1987,97(5):1003-1026.

④ 技术创新也存在"供给推动假说",即技术创新是由于科学知识的突破、技术机会的分布等供给层面的因素所决定,见 Rosenberg,N.,Science,Invention and Economic Growth.Economic Jonrnal,1974(3):51-77.

⑤ Suhmooker J.,Invention and Economic Growth.Cam-Bridge:Harvard University Press,1966.

⑥ Kun Lee & Chaisuing Lim.Technological Regimes,Catching-up and Leap frogging:Findings from the Korean Industries.Research Policy,2001(30):459-483.

响微观经济行为主体的价值增值、规模报酬与利润空间,进而会影响全球价值链内(Global Value Chains)跨国公司的行为、国内产业链(价值链)的拓展、国内企业的规模经济与竞争优势等①。

就前者而言,由于世界经济一体化的快速推进与产业内分工的日益细化,越来越多的国家开始全面参与到特定产品的研发、设计、生产、营销以及对最后用户的支持和服务等各项行为中去。产品的研发设计、生产组装、市场营销等环节也与终端需求市场出现了分离,这就意味着全球价值链内经济行为主体对利益分配的控制与主导不但取决于对产品生产体系内部核心技术环节的控制能力,而且取决于对产品终端需求市场的控制能力。因此在产品跨国界的生产与重组过程中,价值的转移、增值及其控制与获取,尤其是研发与营销环节的高附加值的增值、转移与控制,就会越来越依赖于高速增长的新兴市场空间来实现(刘志彪、张杰,2009)②。在这种新的经济模式下,如果国内市场规模狭小,本土市场将会沦为全球价值链的外围市场,其终端需求也无法影响全球价值链的价值增值与利润获取,换句话说就是本土市场只能被迫接受全球价值链的运行规则与跨国公司的产品标准。相反,如果本土市场规模庞大,具有规模效应的终端需求就能够通过影响全球价值链的利润增长、利益分配与价值控制,迫使跨国公司将其面向全球销售的产品进行改造以适应于本土市场的异质偏好;换句话说就是本土市场能够影响全球价值链的运行规则与跨国公司的产品标准。

正是由于具有规模效应的本土终端需求能够影响经济行为主体的价值增值、报酬递增与利润空间,这就为发展中国家的本土企业构建与拓展国内价值链提供了可能。由于发展中国家的市场需求呈现出典型的"双元需求架构"(dual demand structure)的特征③,即低端市场需求与高端市场需求并存的特征,通过本土市场中并存的高端需求与低端需求以及具有规模效应的国内市

① 张国胜:《本土市场规模与产业升级:一个理论构建式的研究》,《产业经济研究》2011年第4期。

② 刘志彪、张杰:《从融入全球价值链到构建国家价值链:中国产业升级的战略思考》,《学术月刊》2009年第9期。

③ [美]迈克尔·波特:《国家竞争优势》,李明轩等译,华夏出版社2002年版。

场需求的相互影响,发展中国家的本土企业可以立足于庞大的国内市场需求,在融入全球价值链的基础上,重新整合国内厂商赖以生存和发展的产业关联与循环体系,并基于价值链中治理者与一般参与者的"承包、发包"、"高端、低端"的控制关系,重新调整国内不同地区之间的产业结构关系、或者是产业内部的企业关系,重新塑造国内产业链的价值关系与治理结构。这也就是说,如果本土市场规模庞大,国内企业就有可能依托本土市场具有规模效应的终端需求来获取产品销售终端的控制权与自主研发设计的创新能力,最终掌握产业价值链的核心环节,然后以此为基础过渡到全球价值链的分工体系(刘志彪、张杰,2009)①。

由于本土市场的终端需求能够影响国内企业的生存及其专业化的"门槛规模",进而会影响企业的规模经济与竞争优势;因此在本土企业获取规模经济与竞争优势的过程中,最有效的一种方式就是立足于本土市场的经营与"主场"的终端需求②。这也就是说,如果本土市场规模过小,微观经济行为主体将无法通过本土市场的终端需求来实现规模经济与竞争优势,而是需要直面国际市场的竞争,这对发展中国家的后发企业而言将是一个巨大的挑战。相反,如果本土市场规模巨大,通过"主场"优势与终端需求的规模优势,国内的微观经济行为主体不但可以快速达到企业生存的"门槛规模",而且可以迅速实现专业化生产的"门槛规模",最终形成规模经济与竞争优势。

第二节　产业升级:内涵与动力机制

在现有的经济学术语中,产业升级是一个非常宽泛的概念,有些学者基于宏观视角将其称之为产业结构升级,有些学者基于微观视角将其称之为价值链升级、或者是企业升级,有些学者则是泛泛采用产业升级的说法。鉴于这种研究现状,本研究报告首先将全面回顾产业升级的理论文献,并以此为基础来界定产业升级的内涵。

---

① 刘志彪、张杰:《从融入全球价值链到构建国家价值链:中国产业升级的战略思考》,《学术月刊》2009 年第 9 期。
② 赵燕青:《本地市场与国际竞争:城市化动力的转变》,《城市规划学刊》2006 年第 6 期。

一、产业升级的文献回顾与内涵界定

(一)产业升级的理论文献

就现有文献而言,对产业升级的研究主要存在"产业结构调整范式"与"价值链升级范式"两条研究路径。

1."产业结构调整范式"中的产业升级

"产业结构调整范式"的研究视角主要是针对一个国家或地区的经济整体,探讨的是产业之间的技术经济联系、数量比例关系与资源配置状况的演化(张国胜,2011)①,并形成了三次产业结构的演化规律,如配地—克拉克定律、库兹涅茨的产业结构演进规律等,以及工业部门内部的产业由低级向高级演化的发展规律,如钱纳里的工业化理论、霍夫曼的工业结构演变规律以及主导产业的转换规律等。其中,配地—克拉克定律是指随着人均国民收入的增加,国内就业人口首先会从第一产业向第二产业转移,而产业结构也会由第一产业为主向第二产业为主转换;伴随人均国民收入的进一步增加,国内劳动力便从第二产业向第三产业转移,并形成"三、二、一"的就业结构,而产业结构也会随之由第二产业为主向第三产业为主转换,并形成"三、二、一"的产值结构②。库兹涅茨的产业结构演进规律是对配地—克拉克定律的进一步完善,主要观点是农业实现的国民收入相对比重的减少是任何一个国家发展到一定阶段后的普遍现象、第二产业对提升国民收入尤其是人均国民收入有较大的贡献、第三产业的相对国民收入有下降趋势但就业的相对比重有上升的趋势等③。钱纳里的工业化理论是指从不发达的农业经济体到成熟的工业经济体需要经过以下六个阶段:第一个阶段是不发达经济体,产业结构以农业为主,几乎没有现代工业;第二个阶段是工业化初期阶段,产业结构开始向现代工业转变,食品、烟草、采掘、建材等劳动密集型产业开始成为主导产业;第三个阶段是工业化中期阶段,工业开始由轻工业为主向重工业为主转换,第三产业也开始迅速发展;第四个阶段是工

---

① 张国胜:《本土市场规模与产业升级:一个理论构建式的研究》,《产业经济研究》2011年第4期。

② 苏东水:《产业经济学》,高等教育出版社2000年版。

③ [美]西蒙·库兹涅茨:《现代经济增长》,戴睿等译,北京经济学院出版社1989年版。

业化后期阶段,第三产业开始迅速发展,并成为经济增长的主要力量;第五个阶段是后工业化社会,工业内部结构已由资本密集型产业向技术密集型产业转换;第六个阶段是现代社会阶段,第三产业开始分化,知识密集型产业开始从服务业中分离①。霍夫曼的工业结构演变规律是指工业部门内部结构的演进存在消费品工业比重逐步下降,资本品工业比重不断上升并逐步占优的发展规律,即工业演进具有重工业化的演进规律②。主导产业的转换规律是指在产业结构演进中主导产业的变迁具有从农业为主,依次向轻工业为主、重工业为主、高加工度为主、信息产业和知识产业为主的转换规律。

在"产业结构调整范式"中,产业(结构)升级主要表现为产业间的升级或要素间的升级(Dieter Ernst,2001)③,其基础是国家的"比较优势",并遵循劳动密集型产业→资本密集型产业→技术密集型(知识密集型)产业的演化路径。从这个逻辑出发,宏观层面的产业(结构)升级就是当资本、技术(知识)等创造性资源相对于劳动力等自然资源更加充裕时,一个国家或地区就应该迅速淘汰劳动密集型产业,并在资本密集型产业与技术密集型(知识密集型)产业方面发展比较优势(Poeter,2002)④;微观层面的产业(结构)升级就是微观经济行为主体成功地由生产劳动密集型产品向资本密集型或技术密集型(知识密集型)产品的转换(Poon,2004)过程⑤。

2."价值链升级范式"中的产业升级

如果说"产业结构调整范式"的研究更多是着眼于宏观视角,那么"价值链升级范式"的研究则是着眼于中观或微观视角,针对的是某一具体产业及

---

① [美]H.钱纳里等:《工业化和经济增长的比较研究》,吴奇等译,上海三联书店 1995 年版。

② 简新华、李雪主编:《新编产业经济学》,高等教育出版社 2009 年版。

③ Dieter Ernst. Global Production Networks and Industrial Upgrading, http://www.eastwestcenter.org,2001.

④ [美]迈克尔·波特:《国家竞争优势》,李明轩等译,华夏出版社 2002 年版。

⑤ Poon T.Shuk-Ching, Beyond the global production networks:a case of further upgrading of Taiwan's information technology industry, International Journal of Technology and Globalisation(IJTG),2004,Vol 1(1):130-144.

其内部的企业(张国胜,2011)①。在现有文献中,价值链也被称为全球价值链
(Global Value Chains),描述的是一项产品或服务从研发、设计、生产、营销、分
销以及对最后用户的支持等一系列的完整活动。在全球价值链中,每个环节
产生的附加值并不相同,只有某些特定的价值链环节才能产生高的附加值。
一般而言,全球价值链上游的研究与开发(技术、专利)、设计、关键零部件生
产、设备采购、资金筹集等,以及下游环节的市场营销(品牌、广告与渠道)、售
后服务等,是全球价值链环节中的战略环节。这些环节呈现出知识密集、技术
密集与信息密集的特征,如果微观经济行为主体抓住了这些环节,也就控制了
该行业与整条价值链。全球价值链的中游环节主要包括生产、加工、组装、包
装等,与上游或下游环节相比,中游环节具有劳动密集的特征且附加价值也非
常低(图2-2)。中国台湾的企业家施振荣(2004)就将全球价值链中各个环
节的附加值的变动规律形象地概括为"微笑曲线"(Smiling Curve)②,两端的
附加值高、中间的附加值低。由于经济全球化的快速推进与产品内分工的日
益细化,原本是企业内部一体化的研发—生产—营销等环节在空间上出现了明
显分离,各个国家内部的企业则是根据自身的技术能力与比较优势,从事的是
全球价值链中的某些环节。其中,发达国家所主宰的国际品牌厂商与跨国公司
在全球价值链的上游与下游环节具有明显的优势,而发展中国家的企业则是依
靠廉价劳动力的比较优势,从事的是产品的生产、加工、组装、包装等环节。

从上述文献的逻辑出发,"价值链升级范式"中的产业升级可以被归纳为产
业内部异质企业在价值环链节的功能升级(Gereffi,1999)③。作为企业的一种发
展战略,产业升级是微观经济行为主体在产业价值链中沿着价值阶梯向上攀升的
过程,即沿着微笑曲线两端向上攀升的过程,依次表现为流程升级→产品升级→功
能升级→产业链条升级(跨产业升级)(Humphrey and Schmitz,2000)④。其中,流

---

① 张国胜:《本土市场规模与产业升级:一个理论构建式的研究》,《产业经济研究》2011 年
   第 4 期。

② 施振荣:《再造宏碁:开创、成长与挑战》,台北天下远见出版社 2004 年版。

③ Gereffi G,J.Humphrey,T.Sturgeon.The governance of global value chains,Review of Interna-
   tional Political Economy,2005,vol12(1):78-104.

④ John Humphrey and Hubert Schmitz.Governance in global value chains,http://www.inti.gob.
   ar/cadenasdevalor/HumphreySchmitz.pdf,2000.

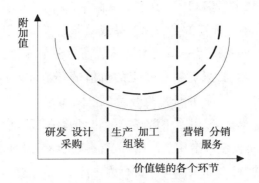

图 2-2：全球价值链中各个环节的附加值

程升级是微观经济行为主体对产品生产体系进行重组或采用新技术来提高价值链中生产、组装、加工等环节的效率;产品升级是指微观经济行为主体通过引进新产品或对原有产品性能的持续开发,增加每单位产品附加价值的行为;功能升级是一种较为复杂的升级,涉及企业在生产网络中位置和功能的重新组合,如获得了新的功能或是增加经济活动的技术含量等;产业链条升级也称为跨产业升级,是微观经济行为主体从一条低附加值的产业链跨越到另一条高附加值的产业链①。

考虑到发达国家的跨国企业与发展中国家的后发企业在全球价值链中所处的地位,"价值链升级范式"中的产业升级也可以表现为 OEA(委托组装——Original Equipment Assembling)→OEM(委托加工——Original Equipment Manufacturing)→ODM(原始设计制造——Original Design Manufacturing)→OBM(自主品牌制造——Own Band Manufacturing)的升级(Hobday,1995)②。其中,OEA、OEM 是专业生产体系,强调在生产—研发—营销分离的背景下,发达国家的国际品牌厂商或跨国公司以契约的方式,由 OEA、OEM企业专门完成最终产品的组装(Assembling)与制造(Manufacturing),然后由购买者贴上自己的品牌,通过自己的销售渠道进行营销(瞿宛文,2007)③;ODM

---

① 如图 2-2 中从实线所代表的产业链条向虚线所代表的产业链条的升级。

② Hobday,Mike.East Asian Latecomer Firms:Learning the Technology of Electronics,World Development,1995,vol 23(7):1171-1193.

③ 瞿苑文:《台湾后起者能借自创品牌升级吗?》,《世界经济文汇》2007 年第 5 期。

则是强调在生产—研发—营销分离的背景下,发展中国家的后发企业除了要承担产品的生产制造活动外,还要进行产品的研发设计(Design)活动;OBM是从事产品的研发与营销并控制全球价值链的战略环节。由于从 OEA→OEM→ODM→OBM 的演化,是企业执行简单的组装活动→对产品的生产过程负责任→执行自主加工设计活动→生产和销售自我品牌的过程,这一路径与流程升级→产品升级→功能升级→产业链条升级(跨产业升级)可以基本对应①,其实质都是产业内高附加值环节对低附加值环节的替代。

(二)产业升级的内涵界定

传统的研究文献主要集中在"产业结构调整范式"方面,但这种简单二分法的低工资、低技能的"夕阳"产业向高工资、高技能的"朝阳"产业的升级并不能产生令人信服的结果(Ernst.D,2001)②。这一方面是因为即使是技术密集型(知识密集型)产业,如高新技术产业,也有低工资、低技能的生产环节,即劳动密集型环节,事实上我国东部沿海地区的很多劳动密集型企业从事就是技术密集型产业——电子信息产业的加工组装活动;而所谓的劳动密集型产业,如纺织业,也存在高工资、高技能的价值环节,事实上意大利的纺织与服装产业就在材料改进、产品设计、品牌运作与市场渠道控制等方面实现的高额附加值;因此产业升级并不是一个简单跨行业调整的过程。尤其对我国而言,巨大的就业压力使得本土产业升级更不能简单地建立在劳动密集型向资本密集型、技术密集型(知识密集型)产业的过渡中。另一方面是因为企业的技术能力与特定行业的产业边界会随时间的推移而不断变化,产业升级是产业边界与企业行为的共同演化,这就使得宏观层面的结构分析不但难以解释微观层面的厂商行为,而且难以阐述技术变迁过程中的产业融合等。

因此尽管现有文献认为产业升级有多种形式,但本研究报告更强调从价值链低端向价值链高端攀升过程中的产业升级,并将产业升级界定为微观机

---

① 张国胜:《全球价值链驱动下的本土产业升级》,《财经科学》2009 年第 6 期。
② Dieter Ernst. Global Production Networks and Industrial Upgrading, http://www.eastwestcenter.org,2001.

制作用下产业内价值增值的宏观涌现①。需要强调的是,这种价值增值的产业升级不但可来自于行业内部的流程升级、产品升级、功能升级,以及产业关联中从有形商品到无形资产的知识密集型的支持服务,而且还可来自于跨产业链条的升级等,即产业间升级(张国胜,2011)②。

二、产业升级的动力机制

无论是在"产业结构调整范式"中还是在"价值链升级范式"中,企业及其行为的多样化是产业升级的微观基础。然而,基于经济学理论的逻辑框架与研究观点,本研究报告也发现企业行为的多样化既取决于微观经济行为主体自身的技术能力,也取决于在位企业在市场需求中所能够实现的利润最大化,即预期未来利润流的现值最大化。从这个逻辑出发,产业升级的动力机制可由企业技术能力与产品市场需求予以勾勒。

(一)企业技术能力

企业长期积累的技术能力以及在此基础上的技术创新是产业升级的逻辑起点,这一微观机制已被日本、韩国与中国台湾等国家和地区的产业升级一再证实(Hobday,1995)③。所谓企业技术能力(Technological capability,TC)是指企业为生产和管理技术更新(获取新技术、发展技术和技术创新)所需要的知识、技能和资源的集合,其内在机制就是要发展企业的产品生产、研发设计、市场营销与品牌运作能力(张国胜,2009)④,从而不断提升产品的附加值来实现价值增值。一般而言,企业技术能力作用下的价值增值可以体现为以下几个

---

① 有些学者对产业升级的价值分析也提出了质疑,认为产业升级过程中的价值增值既可能来自微观企业压榨工资等行为的结果,也可能是技术创新的同义词而非结果(Andrea Morrison、Carlo Pietrobelli & Roberta Rabellotti,2007)。对于产业升级的价值增值与技术创新的内在逻辑,本书随后将予以讨论;同时,本书假定产业升级过程中的价值增值没有来源于压榨劳工工资等行为,或者说这种压榨所导致的价值升值只占到了产业价值增值中的很少的一部分。

② 张国胜:《本土市场规模与产业升级:一个理论构建式的研究》,《产业经济研究》2011年第4期。

③ Hobday,Mike.East Asian Latecomer Firms:Learning the Technology of Electronics,World Development,1995,vol 23(7):1171-1193.

④ 张国胜:《全球价值链驱动下的本土产业升级》,《财经科学》2009年第6期。

方面的结合:生产效率的提高、产品性能的改良、生产工艺的改进、在流程和运营中寻找更为廉价与灵活的商业模式等。

企业技术能力是动态的,知识的获得更新即学习过程是企业技术积累和能力发展的内在本质。因此发展企业技术能力既不是无条件的行为,也不是自发过程的结果(Cristiano Antonelli,2006)①,而是经济行为主体的一项专有性活动。事实上,为构建和发展技术能力,企业需要主动开展系统的学习,从而不断提高企业在各个技术功能上的专业技能并不断深化技术知识。但是作为一种投资行为,企业的技术学习不但取决于在位企业将既有资源运用到新领域所能获利的可能性,而且取决于微观经济行为主体在激烈的市场竞争中是否具有足够的经济资源支持这种行为的持续(张国胜,2011)②。

(二)产品市场需求

产业升级的现实动力是产品的市场需求。所谓产品市场需求是指在特定时期、特定价格下特定地区的消费者愿意而且能够购买的产品数量。由于每个企业所拥有的个体需求曲线规模既依赖于异质企业提供产品的技术能力,也取决于这种特定产品市场的整体需求。在企业技术能力不变的条件下,产品市场的总需求将决定异质企业的需求规模。因此,具有规模效应的市场需求将有助于拓展企业的个体需求曲线的规模,从而确保企业发展所必需的规模报酬递增,在位企业也才有可能凭借这种规模报酬递增获取必要的经济资源以支持多样化的行为,包括发展企业技术能力与实现价值增值等。

由于消费者口味和需求的多样性,在产品市场中,一旦"代表性"的消费者被具有异质偏好的消费者所取代,同质产品的总需求曲线将失去应有的价值,此时改变异质企业的技术能力将起到关键的作用(Cristiano Antonelli,2006)③。在这个过程中,只要微观经济行为主体能够引进以满足消费者群体特定需求的技术创新,并开发新产品与发展按需定做的能力,在位企业就能够

---

①　[意]克瑞斯提诺·安东内利:《创新经济学新技术与结构变迁》,刘刚等译,高等教育出版社 2006 年版。

②　张国胜:《本土市场规模与产业升级:一个理论构建式的研究》,《产业经济研究》2011 年第 4 期。

③　[意]克瑞斯提诺·安东内利:《创新经济学新技术与结构变迁》,刘刚等译,高等教育出版社 2006 年版。

在这种产品市场上形成基本的进入壁垒,从而获得产品总需求曲线的一部分,并产生相应的垄断利润。在产业升级的过程中,这种潜在的垄断利润就是微观经济行为主体发展技术能力的现实诱因,而现实的垄断利润就是企业发展技术能力的结果与产业升级中价值增值的体现。

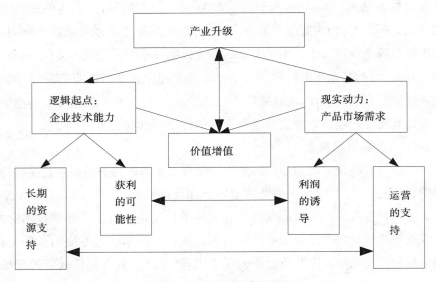

图 2-3:产业升级的动力机制

综上所述,产业升级的动力机制可描述如下(见图 2-3):企业技术能力是产业升级的逻辑起点,但发展技术能力既需要存在相应的获利机会,又需要在位企业的长期资源支持;产品市场需求是产业升级的现实动力,市场需求能够为企业提供利润诱导与运营支持,从而使得企业技术能力的发展成为可能。因此,产业升级就是在产品市场需求与企业技术能力的相互依赖和互惠共生的过程中被微观企业持续推进。

第三节　本土市场规模与国内产业升级:作用机理

从理论逻辑的角度来看,探讨本土市场规模与国内产业升级的作用机理需要研究二者之间是否存在、或存在什么样的相互关系;这一方面需要推导本土市场规模对国内产业升级的传导路径与作用机理,另一方面需要探讨国内产业升级对本土市场规模的传导路径与作用机理。需要强调的是,本研究报告所探讨的本土市场规模与国内产业升级的作用机理主要是基于发展中国家的视角与经济学理论的逻辑推导,而不是基于建立在数学模型的推导之上。

一、本土市场规模对国内产业升级的作用机理

与本土市场的互动效应、市场规模的诱致效应、本土规模市场的终端需求效应相对应,本土市场规模对国内产业升级的传导路径与作用机理也可分解为以下几个维度:本土市场的互动效应与国内产业升级的需求发现、市场规模的诱致效应与国内产业升级的技术能力演化、本土规模市场的终端需求效应与国内产业升级的参与式合作、本土规模市场的终端需求效应与国内产业升级的价值链拓展、本土规模市场的终端需求效应与国内产业升级的运营支撑等。

(一)本土市场的互动效应与国内产业升级的需求发现

在本土市场的互动效应中,无论是国内企业先知地把握本土市场的现实需求,还是有意引导或改变本土市场的预期需求,这种需求发现都能催生国内企业或产业环节的竞争优势。所谓需求发现是指通过本土消费者—国内生产者的互动,在位企业创造性理解用户尚未满足的异质性需求,并概念化能够满足用户特定需求的产品①。

从经济学理论的逻辑架构与研究观点来看,国内厂商的这种需求发现对发展中国家的产业升级非常重要。首先是通过需求发现再到新产品开发,国内企业就能够生产适合本土市场特定偏好与异质需求的差异化产品。由于产品差异化能够影响企业的市场集中度与市场进入壁垒,国内企业也就可以依托这种差异化的新产品来获取一定的市场垄断能力并提升对国内细分市场的控制能力,从而为企业的经营活动创造更多的超额利润。显然,这种满足差异化需求的新产品开发由于能够带来更高的边际利润,因此其本质上就是产业升级的一种进展与体现。其次是受制于企业的技术能力,在同质产品市场中,

---

① [印度]纳谢德·福布斯、[英]戴维·韦尔德:《从追随者到领先者——管理新兴工业化经济的技术与创》,沈瑶等译,高等教育出版社2005年版。

发展中国家的本土企业很难与西方发达国家的跨国公司或国际品牌厂商展开公平的竞争。换句话说就是发展中国家的本土企业需要在产业升级的早期尽可能减少与国外竞争对手的正面冲突,否则就很容易遭受到这些跨国公司或国际品牌厂商的围追堵截与坚决抵制。显然,通过定位于本土异质需求的新产品开发,发展中国家的本土企业就能够在一定程度上规避在同质产品市场中与发达国家的跨国公司或国际品牌厂商的激烈竞争,自然也就能够减少与国外竞争对手直接发生正面冲突的可能性,最终可以为本土产业升级赢得发展的空间(张国胜,2011)①。第三是这种需求发现能够说明哪种技术创新与产品开发更适合满足本土消费者的异质需求,这就为不具备技术优势的发展中国家内部的企业在现有技术范式下提升企业技术能力提供了一种可能的途径,并为在位企业追逐价值增值创造了基本条件。

事实上,纵观美国经济的演化历程,尤其是美国跨国企业的崛起历史,我们也可以发现:美国企业之所以能够在全球产业发展的过程中确立起领袖地位,一个重要的原因就是美国企业掌握了全球最富有广大的市场,能够比其他竞争对手更加准确、更加快速地把握本土市场的发展趋势,并适时创造出本土市场所需要的新产品。

(二)市场规模的诱致效应与国内产业升级的技术能力演化

如果说互动效应的需求发现具有通过新产品开发来提升产业价值增值能力的可能,那么市场规模的诱致效应则有强化这种价值增值能力的效果。这主要是因为在产业升级的过程中,产业价值增值能力的基础是企业技术能力;而从企业技术能力的演化来看,尽管现有文献存在"供给推动假说"与"需求拉动假说",但由于企业的技术演化既不可能脱离技术知识尤其是新科技知识的突破,又不可能离开市场需求或潜在市场的诱导;因此在技术可能性与市场可能性的有机结合过程中,具有规模效应的市场需求就能够通过对劳动分工与技术创新的诱导,内生培育企业的技术能力。

具体而言,具有规模效应的市场需求对企业技术能力的培育主要是通过

---

① 张国胜:《本土市场规模与产业升级:一个理论构建式的研究》,《产业经济研究》2011 年第 4 期。

以下几种途径:首先是具有规模效应的市场需求,能够显著扩张技术创新的需求规模,这就能够通过技术创新行为的扩张在长期内提升科研人员、科研设备、技术研究中心、科学技术知识存量的积累等,从而改善特定市场内部技术创新系统的功能并提升其产出效率(范红忠,2007)[①]。其次是由于企业技术创新的平均成本曲线会随市场需求规模的扩张、产出的上升而下降,具有规模效应的市场需求不但能够直接分摊企业技术创新的研发成本,而且可以显著降低技术创新产品的市场开拓成本(张国胜,2011)[②],最终从整体上提升研发盈利的预期水平。这也就是说较之于小规模的市场需求而言,大规模的市场需求更能内生诱导企业的技术创新。第三是处于快速增长并具有足够规模的市场需求,尤其是对高价格的创新产品有支付能力的意愿需求,不但可以使一些在小规模经济体中无法获利的技术创新获得相当高的收益,而且可以加速技术创新成果的产业化运作,进而加快企业技术能力的内生发展。从这些逻辑出发,对一个具有规模效应的本土市场而言,市场规模显然也可以改善国内创新系统的功能并提升其产出效率、降低国内企业的技术创新成本以及加速国内企业的技术能力发展等;不但如此,如果再加上国内市场可能受到某种保护等,以及立足于国内市场的技术创新的不确定性要远远小于立足于海外市场的技术创新的不确定性等,所有这些因素都有利于本土企业发展产业升级所需要的技术能力。

事实上,正是因为美国国内市场存在对创新产品的巨大需求,才使得这些创新产品的成本与风险大大降低,并为美国企业成功地发展技术能力与获取价值增值能力奠定了国内市场基础。

(三)本土规模市场的终端需求效应与国内产业升级的参与式合作

在本土规模市场的终端需求效应中,跨国公司对产品的适应性改造不但需要全面把握科学知识、技术原理、设计理念与操作方法,而且需要深入了解目标市场的多样性需求与异质性偏好。在这个过程中,最快捷、有效的方式就

---

① 范红忠:《有效需要规模假说、研发投入与国家自主创新能力》,《经济研究》2007 年第 3 期。

② 张国胜:《本土市场规模与产业升级:一个理论构建式的研究》,《产业经济研究》2011 年第 4 期。

是跨国公司将面向西方成熟市场的大规模生产技术与本土企业长期积累的难以模仿的国别性专有知识进行结合,即需要跨国公司与本土企业进行参与式合作。所谓参与式合作就是指跨国公司与本土企业共同参与目标市场内产品的研发设计、生产组装、品牌推广与销售服务等。

尽管参与式合作并不能直接推动发展中国家的产业升级,但本土企业可以充分利用这种机会向跨国企业学习,从而提升产业升级所需要的技术能力。在参与式合作过程中,基于快速拓展目标市场的战略需要,跨国公司通常会与发展中国家的本土企业深入合作,共同对目标市场内的产品进行适应性设计、生产、销售与服务,能够对本土企业提供包括先进设备的操作技术、产品与零部件架构的整体理解、产品的生产组装以及对销售产品进行适应性改造等多方面的技术支持(张国胜,2011)①。这是一个极其难得的学习机会,只要发展中国家的本土企业具备基本的学习能力,跨国公司的这种技术支持就能够有效提升发展中国家的企业技术能力,尤其是在研发、设计、市场营销、品牌推广等方面的技术能力。不但如此,跨国公司对本土市场的开拓也为当地企业提供了与产品用户进一步接触的机会,本土企业可以通过进一步主动与用户密切联系和合作来获取更多的本土市场知识。从这个逻辑出发,这种参与式合作模式就有助于本土企业学习跨国公司最先进的产品技术、技术原理、设计方法、品牌推广、销售服务等,从而提升产业升级所需要的市场能力与研发能力。

需要强调的是,在参与式合作的过程中,经济行为主体的学习是相互的。这也就是说本土企业固然可以学习跨国公司的产品技术,但在另一方面跨国公司同样也可以学习本土企业的国别性专有知识。因此一旦跨国公司完成了本土市场中国别性专有知识的学习,其与本土企业的参与式合作将难以为继。事实上,由于学习产品技术要远比学习国别性专有知识困难,发展中国家的本土企业就需要充分把握参与式合作的学习契机。

(四)本土规模市场的终端需求效应与国内产业升级的价值链拓展

本土规模市场的终端需求效应不但能够为本土企业提供参与式合作的机

---

① 张国胜:《本土市场规模与产业升级:一个理论构建式的研究》,《产业经济研究》2011 年第 4 期。

会,而且可以拓展国内产业升级的价值链条。这主要是因为在产业升级的过程中,本土企业固然可以沿着全球价值链向上攀升,但也可以基于规模庞大且发展不平衡的本土市场,重组国内产业的研发、设计、生产、销售等分工体系,构建产业的国内价值链并沿着国内价值链向上攀升。

基于价值链中的战略环节与治理结构,终端需求效应作用下产业升级的价值链拓展主要有以下几条路径:首先是通过具有规模效应的市场终端需求、本土市场的发展失衡等因素的彼此作用与相互依赖,各个不平衡发展区域内部的本土企业就有可能在产业价值链条内部的研发、设计、原材料采购、加工、组装等环节分别找到适合各自的分工环节,从而在国内逐步形成以本土企业为核心的产品内分工体系,即在国内构建起与全球价值链中"承包、发包"、"高端、低端、"相类似的价值控制关系。其次是依托日益扩张的本土市场,尤其是快速增长的对高价格的创新产品有支付能力的意愿,本土企业也可以在不与全球价值链中 OBM 国际品牌厂商发生直接冲突的前提下创建本土品牌,继而在国内逐步建立以自有品牌为纽带的大规模营销网络,并提升售后服务、品牌推广与营销渠道建设等方面的市场能力,最终成为国内产业价值链中的 OBM 厂商并逐步过渡到国际的 OBM 厂商。最后是依托本土市场的规模优势、市场内部的发展失衡以及市场空间结构的快速变迁等,本土企业就具有了在国内发展各种产业的可能,即能够在国内组建各种具有不同附加价值的产业链条,这就为本土企业的 $ODM_1 \rightarrow ODM_2 \rightarrow ODM_3 \cdots\cdots$ 或者是 $OBM_1 \rightarrow OBM_2 \rightarrow OBM_3 \cdots\cdots$ 的跨产业升级创造了重要条件(张国胜,2010)[①]。

(五)本土规模市场的终端需求效应与国内产业升级的运营支撑

通过影响本土企业的规模经济与竞争优势,具有规模效应的本土终端需求还能够为国内企业开发新产品、创新商业模式、发展技术能力、拓展价值链条以及获取价值增值等产业升级行为提供运营支撑。从经济学理论的逻辑架构与研究观点来看,尽管微观经济行为主体的任何决策都建立在利润最大化的基础之上,但利润最大化的行为活动也受制于经济行为主体所能够运用的

---

① 张国胜:《全球代工体系下的产业升级研究——基于本土市场规模的视角》,《产经评论》2010 年第 1 期。

资源。这也就是说,如果没有相应的生产要素供给,尤其是资本等稀缺资源的支撑,即使经济系统内部存在各种能够实现企业利润最大化的获利空间与价值增值,在位企业也无法实现这种利润最大化。事实上,在一个预算受到约束的经济活动框架中,企业的利润最大化决策就必须考虑自身资源的约束。从这个逻辑出发,由于在产业升级的过程中,无论是开发新产品与发展企业技术能力,还是拓展研发设计、生产制造、市场营销以及品牌运作等企业自身的活动范围,这种具有更高边际利润的价值创造活动,既不是无条件的行为也不是自发过程的结果,而是一项专有性的行为(Cristiano Antonelli,2006)①,需要长期的投资与足够的资源支撑。显然,如果离开了具有规模效应的本土终端市场需求的运营支撑,本土企业的产业升级将难以为继。

具体而言,这种终端需求效应带来的运营支撑主要体现在以下几个方面:首先是每个国家都会本能地保护国内市场,即使在经济全球化的背景下,这些国家也会通过制定本土市场的游戏规则等方式来为本土企业确定市场竞争的"主场"优势。通过这种"主场"的竞争优势与终端需求的规模优势的彼此作用与相互催化,本土企业就能够通过立足于国内市场的经营来获取必要的规模经济,并以此支撑产业升级的行为。其次是对于规模庞大的本土市场而言,尤其是对一个具有规模效应且正处于快速发展过程中的本土市场而言,存在大量的、尚未开发的利基市场②。本土企业就可以立足于这些利基市场的经营来获取必要的经济资源,并以此支撑产业升级的行为。最后是通过利基市场与本土市场规模的相互作用,本土市场必然会诱导国外资本的大量进入。而得益于这种资本供给的大幅度增加,本土企业就能够通过廉价地使用各种资源来推进产业升级的行为。

事实上,纵观主要工业化国家的经济发展历史,尤其是跨国公司崛起的历史,这些领导企业的价值创造活动及其在全球价值链环节中主导地位的确立都不同程度地受益于各自的、当时还相对封闭的本土市场规模的运营支持

---

① ［意］克瑞斯提诺·安东内利:《创新经济学新技术与结构变迁》,刘刚等译,高等教育出版社 2006 年版。

② 利基市场是指没有被很好开发的局部市场,即没有真正的竞争对手或者是被竞争对手所忽视的所忽视的市场。

（张国胜、胡建军,2012）①。

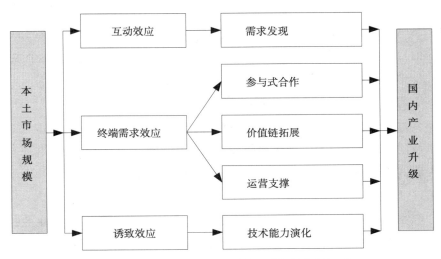

图 2-4:本土市场规模对国内产业升级的作用机理

综上所述,本研究报告认为理论上本土市场规模对国内产业升级具有明显的促进作用,其传导路径与作用机理可概括如下(见图 2-4):本土市场的互动效应有助于国内产业升级的需求发现,这是产业升级的现实动力;市场规模的诱致效应有助于国内产业升级的技术能力演化,这是产业升级的逻辑起点;本土规模市场的终端需求效应不但有助于本土企业学习跨国公司的研发能力与市场能力,从而提升产业升级所需要的企业技术能力;而且有助于本土企业延伸国内产业的价值链条,并拓展具有更高边际利润的价值创造活动;与此同时,通过拓展国内企业的利润空间与资源获取能力,本土规模市场的终端需求效应还能影响本土企业的规模经济与竞争优势,进而为本土企业的价值创造活动与国内产业升级提供运营支撑。

二、国内产业升级对本土市场规模的作用机理

本土市场规模能够影响国内产业升级,但国内产业升级也能够影响本土

---

① 张国胜、胡建军:《产业升级的本土市场规模效应》,《财经科学》2012 年第 1 期。

市场规模,二者之间存在相互影响、彼此促进的互惠关系。从长期来看,通过影响产品价格、创造市场需求以及发挥投资引致效应等维度,国内产业升级能够扩张本土市场的消费需求与投资需求,因此具有扩张本土市场规模的能力。具体而言,国内产业升级作用下本土市场规模的扩张机理可以分为几个维度:

(一)国内产业升级与本土市场的消费需求扩张

所谓消费需求是指在一定时期内消费者对商品和劳务等消费品(服务)的有支付能力的偏好。消费需求作为总需求的"三驾马车"之一,其扩张对本土市场规模的扩张具有十分重要的意义。从经济学理论的逻辑架构与研究观点来看,由于长期内产业升级能够提升消费者的支付能力并影响消费者的主观偏好,国内产业升级就具有扩张本土市场的消费需求的能力。

产业升级之所以能够影响消费者的支付能力,这主要是得益于企业技术能力的发展。作为产业升级的逻辑起点,企业技术能力的发展尽管并不必然意味着产业升级的实现,但产业升级必须建立在企业技术能力发展的基础之上。因此,在产业升级的过程中,先进技术无论是作为一种生产要素来替代成本不断上涨的劳动力,还是基于自身的作用来提升在位企业的生产效率、经营效率与管理效率等,所有这些都可以大幅度地降低产品价格。在其他条件不变的假定下,通过收入效应的作用,产品价格下降也就意味着提升了消费者的支付能力,自然也就能够扩张该产品的市场需求。

产业升级也能够影响消费者的主观偏好,从而创造并扩张市场的消费需求。这一方面是因为消费者偏好具有不稳定性与多样性的特征,企业就必须对这种不断变化的消费趋势做出快速反应并供给适合消费者偏好的差异化产品,否则就会失去消费偏好已发生变化的细分市场;另一方面是因为在产业升级的过程中,无论是流程升级、产品升级还是功能升级、跨产业升级,这种拓展具有更高边际利润的价值创造活动都能够改变产品的属性与功能,甚至是创造出全新的产品,从而可以更好地满足细分市场尚中未满足的差异化需求。显然,在这二者动态协调的过程中,由于产业升级能够不断完善产品的属性、功能甚至是创造出全新的产品,自然就可以满足市场的差异化需求并创造出更大的市场空间。正是基于这种作用机理,本土产业升级就可以源源不断地将潜在的市场需求转换为现实的市场需求,最终引导、创造并扩张国内市场的消费需求。

（二）国内产业升级与本土市场的投资需求扩张

所谓投资需求是指在特定时期内全社会形成的对固定资产投资和存货增加额的需求。投资需求作为总需求的"三驾马车"之一,其扩张对本土市场规模的扩张也具有十分重要的意义。从经济学的理论逻辑来看,由于长期内产业升级能够显著提升微观经济行为主体的经济效益并具有引致投资的功能,因此在追逐利润最大化的过程中,国内产业升级就具有扩张本土市场的投资需求的能力。

首先是因为作为微观机制作用下价值增值的宏观涌现,无论是产业链条内部的流程升级、产品升级与功能升级,还是产业链条之间的跨产业升级,都是企业拓展具有更高边际利润活动的结果。这也就是说,由于产业升级本就具有更高的边际利润,较之于其他的经济活动而言,产业升级本身也就能够刺激微观经济行为主体的投资需求,因此可以将产业升级视为企业投资的结果。从这个逻辑出发,国内产业升级的推进与本土市场的投资需求扩张就是同一硬币的两面,国内产业升级的推进就等于本土市场的投资需求扩张。

其次是在产业升级的过程中,微观经济行为主体发展企业技术能力与投资新兴技术的行为也会带来更多的投资需求,即产业升级过程中的投资需求会引致出更多的投资需求。以企业技术能力的为例,作为产业升级的逻辑起点,技术能力的发展是企业投资行为的结果,但产业升级过程中的投资需求扩张显然不会止步于企业技术能力的发展。相反,得益于企业技术能力的发展、新兴技术的突破与渗透,不但传统产业会逐步恢复生产能力与盈利能力,而且新兴产业也会加速进入报酬递增的阶段,这些又会进一步刺激微观经济行为主体对改造传统产业与发展新兴产业的投资需求。因此,通过投资的引致效应,国内产业升级就能够进一步扩张本土市场的投资需求。

综上所述,正是因为在长期内国内产业升级能够通过降低产品价格来提升本土消费者的支付能力,通过改变产品的属性、功能甚至创造出全新的产品来引导本土消费者的主观偏好,国内产业升级就能够扩张本土市场的消费需求;与此同时,由于产业升级本就是微观经济行为拓展更高边际利润活动的投资结果,再加上这种投资行为还能够引致出更多的投资需求,国内产业升级也能够扩张本土市场的投资需求。而作为总需求的重要组成部分,无论是消费需求的扩张还是投资需求的扩张都能够作用于本土市场规模的扩张(见图2-5)。

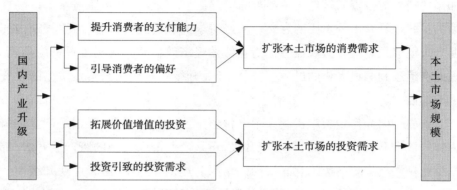

图 2-5:国内产业升级对本土市场规模的作用机理

三、本土市场规模与国内产业升级:相互作用机理的总结

综合上述研究,本研究报告认为:从经济学理论的逻辑架构与研究观点来看,

本土市场规模与国内产业升级之间存在明显的相互影响、彼此促进的关系。其中,就本土市场规模对国内产业升级的驱动作用而言,通过本土市场中厂商—顾客互动引致的需求发现,市场规模诱致下产业分工的演化与企业技术能力的发展,以及具有规模效应的本土终端需求对参与式合作、价值链拓展与运营支撑的影响等维度,本土市场规模不但能够诱导企业拓展具有更高边际利润的产业升级行为,而且能够提供产业升级所需要的运营支撑,因此可以内生影响国内产业升级。就国内产业升级对本土市场规模的扩张效应而言,通过发展企业技术能力来降低产品价格并提升消费者的支付能力、完善产品属性与功能以及创造全新产品来引导消费者的主观偏好以及在产业升级过程中拓展具有更高边际利润的投资行为及其这种投资所引致的投资需求等维度,国内产业升级不但能够扩张本土市场的消费需求,而且可以扩张本土市场的投资需求,因此可以内生扩张本土市场规模。

需要强调的是,这种理论逻辑推导只能意味着在理论上存在本土市场规模与国内产业升级的相互作用机理，即二者之间存在着这种相互影响、彼此促进的可能性。由于逻辑推导中的严格假定①，理论的可行转换为实践的可能也面临着不少的挑战。这一方面需要通过案例分析，检验本土市场规模与国内产业升级的作用机理在实践中的具体表现，并基于这样的表现调整并完善本土市场规模与国内产业升级的作用机理；另一方面需要进一步研究理论逻辑的假定与现实经济的差距以及为弥补这种差距所需要构建的市场条件等。这些将在本研究报告的后面章节进行详细研究。

---

① 本土市场规模与国内产业升级的作用机理的逻辑推导，严格遵行了古典经济学的基本假定，如理性人、自由竞争、要素在国内市场的自由流动等基本假定。

第三章　本土市场规模与国内产业升级：
　基于案例分析的理论模型调整

　　正如在前面所强调的那样,本土市场规模与国内产业升级之间的作用机理主要是建立在经济学理论的逻辑推导之上,并没有得到的充分验证,这不可避免会影响到该理论模型的推广与应用。因此,鉴于案例研究是沟通丰富的质性数据和主流演绎式研究之间的最佳桥梁之一,本章将通过多案例之间的相互比较,检验、完善并发展上述作用机理。基于这样的考虑,本章的结构安排如下:首先通过多案例分析,全面探讨本土市场规模与国内产业升级的特征事实;然后基于案例间与案例内的逻辑论点,并围绕这些逻辑论点与经济学文献的循环,完善本土市场规模与国内产业升级的作用机理。

第一节　工业化国家的本土市场规模与国内产业升级

　　由于长期以来工业化国家一直引领着全球范围内的工业革命与产业升级,因此本节的案例分析首先将以典型工业化国家为代表。与此同时,为了对比分析不同市场规模的国家的产业升级,工业化国家的代表不但包括具有规模效应的本土市场的国家,而且包括不具有规模效应的本土市场的国家。从这个逻辑出发,本案例分析将以大国——美国与日本、小国——瑞士为代表,并以此为基础来检验本土市场规模与国内产业升级的作用机理。

一、美国的本土市场规模与国内产业升级

　　作为当今世界最为发达的工业经济体,美国不但拥有全球最大的本土市场,而且长期领导着全球范围内的产业升级。纵观美国经济的演化历程,国内

产业升级的推进及其企业在全球领导地位的确立不但直接受益于美国的本土市场规模，而且也有效地扩张了美国的本土市场规模，二者之间存在着较为明显的相互影响、彼此促进的互惠关系。

（一）美国的本土市场规模拓展与国内产业升级推进

1. 19 世纪末与 20 世纪初的本土市场规模拓展与国内产业升级推进

美国经济崛起于 19 世纪末与 20 世纪初。尽管这一时期生产效率立国、保护性关税、国民银行、丰裕的自然资源等因素都是美国经济得以超越英国的秘诀，但其本土市场规模的作用也十分关键，有些学者甚至认为这一时期本土市场规模对美国工业化、产业转型与升级的作用丝毫不亚于同期的技术革命的作用（贾根良，2011）①。

作为后发的工业化国家，19 世纪初的美国，由于内陆地区的交通极为不便，本土市场主要集中于大西洋沿岸的港口城市，国内市场规模十分狭小。受制于此，美国经济除了港口城市的对英贸易之外，其余的产业均为传统农业与家庭制造业，属于典型的农业经济体。为了迅速改变这种状况，美国开始了持续的"国内市场建设"。在这样的背景下，1824 年，美国当时的众议院议长、著名的政治家亨利·克莱就强调"我们必须赶快让真正的美国政策付诸实施，在将目光盯住海外市场的同时，我们必须开拓国内市场，进一步扩大国货在国内市场的占有率。"②正是基于这样的认识，整个 19 世纪都是美国本土市场持续深化与发展的时期。在这一时期，美国政府不但通过"南北战争"、修建公路、开凿运河、铺设铁路、统一国内市场等方式深化并发展了本土市场的地理空间③，而且通过人口规模的持续扩张、人均国民收入的快速增长等方式有效扩张了本土市场规模④。到 19 世纪末与 20 世纪初，美国的本土市场已成为

---

① 贾根良：《美国学派：推进美国经济崛起的国民经济学说》，《中国社会科学》2011 年第 4 期。

② ［美］托马斯·K.麦克劳：《现代资本主义：三次工业革命的成功者》，赵文书等译，凤凰出版传媒集团、江苏人民出版社 2006 年版。

③ 张国胜：《技术变革、范式转移与我国产业技术赶超》，《中国软科学》2013 年第 3 期。

④ 在 19 世纪 80 年代，美国人口仅为英国人口的 1.5 倍，到 1900 年美国人口就迅速增长到英国人口的 2 倍，到 1920 年就是英国人口的 3 倍。见［英］小艾尔弗雷德·钱德勒：《规模与范围：工业资本主义的原动力》，张逸人等译，华夏出版社 2006 年版。

全球最大且增长最快的国内市场。钱德勒就指出,这一时期美国与英国最显著的区别就是美国本土市场规模的快速扩张①。

本土市场规模的快速扩张为美国产业与企业提供了比世界其他地区更多的发展机会,再加上北美地区丰裕的自然资源等,这些比较优势不但在美国刺激形成了资本密集和标准化生产的新兴技术,而且进一步诱导了发源于欧洲的新兴技术的大规模流入。得益于此,美国国内产业开始了全面转型,家庭制造业迅速衰落,钢铁、电力、化学工业等一系列新兴产业则迅速崛起。1880 年美国的钢产量还只有 120 万吨,低于同期英国的钢产量;到 1913 年美国钢产量就迅速攀升到 3130 万吨,远远超过同期英国的钢产量;到 1929 年美国钢产量再一次攀升到 4330 万吨(见表 3-1)。这一增长速度甚至超过了 1780—1810 年间英国纺织业的增长速度②。1885 年在美国工业动力中,蒸汽动力仍然占到了 78%,而电力所占比例还不到 1%;到 1920 年,电力在工业动力中的所占比重就超过了 50%,成为美国工业最主要的动力;到 1930 年,电力在工业动力中的所占比重更是达到了 78%(见表 3-2)。钢铁工业的大规模领先与电力能源的广泛使用为美国其他工业的发展奠定了良好的基础,再加上新兴技术的推进以及对其他产业的全面渗透,美国在这一时期逐步建立了一整套全新的工业体系。

表 3-1:1880—1929 年生铁与钢的产量　　　　　　(单位:百万吨)

	(生铁)1880	1913	1929		(钢)1880	1913	1929
英国	7.7	10.3	7.7	英国	1.3	7.7	9.8
德国	2.5	19.3	13.4*	德国	0.7	18.9	16.2*
美国	3.8	31.0	43.3	美国	1.2	31.3	57.3

数据来源:[英]克利斯·弗里曼、罗克·苏特:《工业创新经济学》,华宏勋等译,北京大学出版社 2004 年版,第 69 页。

注:阿尔泰斯—洛林(Alsace-Loraine),1871 年被德国吞并,1918 年归还法国,故 1929 年不计入德国。

---

① [英]小艾尔弗雷德·钱德勒:《规模与范围:工业资本主义的原动力》,张逸人等译,华夏出版社 2006 年版。

② [英]克利斯·弗里曼、罗克·苏特:《工业创新经济学》,华宏勋等译,北京大学出版社 2004 年版。

表 3-2:美国工业电气化年表(1870—1930 年)

1870	1885	1895	1910	1920	1930
蒸汽 52%	蒸汽 78%	蒸汽 81%	蒸汽 65%	电力 53%	电力 78%
水力 48%	水力 21%	水力 13%	电力 25%	蒸汽 39%	蒸汽 16%
电力<1%	电力 5%	水力 7%	水力 3%	水力 1%	

数据来源:[英]克利斯·弗里曼、罗克·苏特:《工业创新经济学》,华宏勋等译,北京大学出版社 2004 年版,第 98 页。

2. 20 世纪中后期的本土市场规模拓展与国内产业升级推进

自第二次世界大战结束起,美国经济就一直在世界范围处于主导地位,许多产业也开始加速进入国际市场并逐步确立了在全球范围内的领导地位。在这个过程中,尽管丰裕的自然资源、先进的教育培训体系、充满活力的资本市场以及全球技术的领导者与二战的直接受益者等因素都是美国产业得以繁荣及其转型升级的基础,但美国具有规模效应的国内市场需求也是这些产业获得成功的重要因素[1]。

表 3-3:美国实际人均国内生产总值和实际个人消费

(人均,以 1996 年美元计算)

年　份	国内生产总值 (十亿美元)	年均增长率(%) (过去 10 年)	个人消费支出 (美元)	年均增长率(%) (过去 10 年)
1960	13148		8358	
1970	17446	2. 83	11300	3. 02
1980	21521	2. 10	14021	2. 16
1990	26834	2. 21	17899	2. 44
2000	32579	1. 94	22061	2. 09
2001	32352	1. 70[a]	22390	2. 04[a]

数据来源:[美]加里·M.沃尔顿、休·罗考夫:《美国经济史》,王珏等译,中国人民大学出版社 2011 年版,第 672 页。

注:a——自 1990 年起的数据。

---

[1]　有些学者也认为,庞大的国内市场也阻碍美国企业的海外拓展与产业获取国际竞争力。见[美]迈克尔·波特:《国家竞争优势》,李明轩等译,华夏出版社 2002 年版。

　　得益于 19 世纪末与 20 世纪初的工业化、产业转型与升级,整个 20 世纪内无论是消费需求还是投资需求都出现持续扩张的趋势,这就使得美国的本土市场规模一直位居世界第一,并成为这一时期全球最富有的市场。其中,就消费需求而言,富裕且规模庞大的美国消费者、再加上大量消费偏好的出现,这一时期美国本土市场的消费需求十分旺盛。表 3-3 数据显示,1960—2001年间,伴随人均国内生产总值由 13148 美元迅速增长到 32352 美元,美国的人均实际消费也由 8358 美元增长到 22390 美元,出现了持续、快速增长的趋势;不但如此,由于这一时期美国的人均实际消费的增长率要远远高于同期人均国内生产总值的增长率,美国的人均实际消费所占人均国内生产总值的比重也出现了持续的上升。事实上,早在第二次世界大战之前,当欧洲各国与日本仍在忙于解决国内物资匮乏之时,美国本土市场的消费就已经具有明显的规模效应。就投资需求而言,这一时期美国的投资需求不仅保持了持续扩张的趋势,而且其规模优势也十分突出。图 3-1 的数据显示,1945—1990 年间,在美国国内无论是私人投资、外国直接投资金额还是总投资,都出现了持续快速的增长趋势;尤其是进入 70 年代后,除外国投资净额在 1985 年间出现下滑的趋势之外,其余各类型投资的增长速度均是更为突出。到 1990 年,美国国内总投资已到了 6556 亿美元,吸引的外国投资额也首次超过 800 亿美元。

　　得益于本土市场规模的持续扩张,这一时期美国的许多产业也取得了巨大的成功——不但传统产业实现了转型与升级,而且新兴产业也开始快速发展并逐步成为新的主导产业。在传统产业方面,本土市场的"主场"优势与具有规模效应的需求优势不但使得美国成为各种消费品最早进入且最先进的市场,而且延伸到了美国传统的工业产品方面,如工具机、产业流程控制系统等。在这个过程中,伴随飞机、汽车、家电、空调设备等各种新式消费品在美国本土市场的出现、普及与更替,美国的传统产业不但在国内实现了转型与升级,而且依托国内市场的经营在国际市场上也取得了巨大的成功。事实上,除了纺织、服装、住宅等少数产业未取得明显的国际竞争优势之外,美国几乎所有的传统产业都能在全球独当一面(Porter,2002)①。在新兴产业方面,美国庞大

────────────

　　①　[美]迈克尔·波特:《国家竞争优势》,李明轩等译,华夏出版社 2002 年版。

（单位：亿美元）

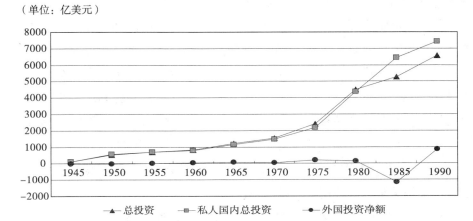

图 3-1：美国的私人投资、外国投资与总投资

资料来源：宿景祥：《美国经济统计手册》，时事出版社，1992 年版，第 241—243 页。
注：外国直接投资净额为商品和服务净出口额减去政府向外国人支付的利息及其他货币转移，加上美
　国接受的资本赠与净额；当总投资不等于私人国内投资+外国直接投资净额时，表明存在误差。

的国防需求刺激了半导体、电脑、电脑软件、航空航天、信息技术、生物科技等
新兴技术的突飞猛进；而具有规模效应的本土市场需求又使得这些新兴军用
技术在民用领域内具有了商业性上的可行性，并诱导了具有更高附加值的新
兴产业的萌芽与发展。事实上，也正是得益于这些新兴产业的快速发展及其
对传统主导产业的替代，美国才得以在 20 世纪度过不景气的 80 年代，并在
21 世纪初重新取得了引人瞩目的产业转型与经济复苏。

（二）美国的本土市场规模拓展与典型企业发展①

在本土市场规模与国内产业升级的相互促进中，美国企业也纷纷在各自
行业内建立起了全球的领导地位，并逐步控制了这些产业链条的核心环节。
从这些企业的演化过程来看，尽管成功的秘诀包括企业家精神、风险投资、创
新的社会氛围等多种因素，但在所有成功的企业中美国的本土市场规模均起
到了关键的作用。鉴于在各自行业内取得全球领导地位的美国跨国企业繁
多，本研究报告将不一一分析，只重点分析最具有代表性的企业。由于美国苹
果公司近年来的杰出表现与传奇般的发展过程，本研究报告将以苹果公司为

---

① 　数据如无特别说明，均来自于苹果电脑公司的官方网站：http://www.apple.com。

典型代表,分析美国的本土市场规模拓展与企业发展。

　　作为全球最知名的高科技公司之一,美国苹果公司由苹果电脑公司更名而来。就成立的背景而言,本土市场规模的影响也无处不在。正如在前面分析中所指出的那样,由于第二次世界结束后美国庞大的国防需求对新兴技术的诱导与刺激,军用领域的计算机技术开始日趋成熟;与此同时,由于富裕的美国消费者对新兴产品有支付能力的需求也逐具规模,成熟的军用计算机技术在民用领域内也具备了商业化的可行性。在这样的背景下,1976 年 4 月 1日,史蒂夫·乔布斯联合史蒂夫·沃兹尼亚克、罗纳德·杰拉尔德·韦恩共同创建了美国苹果电脑公司,主营计算机业务。

　　在成立之初,得益于本土市场的互动效应引致的需求发现,主导产品 Apple I 很好地满足美国消费者的挑剔性需求,苹果电脑公司也因此在几个月内就发展成为美国第一家计算机销售连锁店。如许多企业一样,成立之后的苹果电脑公司也很快就遇到了如何迅速跨越企业生存的“门槛规模”与专业化生产的“门槛规模”等问题。在这个过程中,美国的本土市场规模的重要作用再一次得到了充分的发挥。首先是得益于对国内消费者的预期性需求的精确把握等“主场”优势,苹果电脑公司很快就意识到需要将单一主板业务拓展成为集机箱、接口、电源于一体的电脑业务。通过向这个方向的努力,1977 年 1 月,苹果电脑公司成功地获取了外部的风险投资;而借助于这种投资,苹果电脑公司则迅速推出了新产品——Apple II。其次是得益于具有规模效应的国内市场需求,1977 年苹果电脑公司就销售了 4000 台 Apple II,1978 年的销量又翻了一番,达到了 8170 台①。至此,苹果电脑公司不但迅速跨越了企业的“生存门槛”,而且快速超越了专业化生产的“门槛规模”。

　　进入 20 世纪 80 年代后,尽管遇到了国际商业机械公司(IBM)的激烈竞争与全面挑战②,但依托具有规模效应的本土市场需求的支撑与涵养,苹果

---

①　[德]夏洛特·艾尔德曼:《苹果帝国风云录》,刘硕译,人民邮电出版社 2012 年版,第 23 页。

②　国际商业机械公司也是美国本土的企业。尽管在 20 世纪 80 年代,苹果公司与国际机械公司在美国本土市场展开了激烈的竞争,但两家公司都实现了持续发展。这也从另一个侧面反映了美国本土计算机市场的庞大。

电脑公司仍然对产品展开全面的更新换代。在这个过程中,虽然 Apple Ⅲ、Lisa 等新产品的销售并不理想,但依托对新产品——Macintosh 的精确把握,苹果电脑公司再一次延续了它的成功。1987 年,Macintosh 销售达到了 136 万台,1988 年的销售则是进一步突破了 200 万台①。事实上,考虑到这一时期苹果电脑公司的产品销售主要是针对美国国内市场,如果没有具有规模效应的本土终端市场需求的支撑,其产品 Macintosh 的大规模销售将难以想象。进入 20 世纪 90 年代之后,苹果电脑公司开始了自成立以来最为艰难的 10 年历程。由于公司内部管理人员的更替,以及新开发的产品未能有效满足美国消费者的挑剔性要求,苹果电脑公司出现了业务萎缩与市场份额丢失②。在这样的背景下,创始人人史蒂夫·乔布斯重新回到了苹果电脑公司。

　　进入新世纪后,依托信息技术的全面突破③与对美国本土市场预期性需求的精确把握,苹果电脑公司在 2001 年开发了 iPod 数码音乐播放器,并在美国与世界范围内取得了巨大成功。事实上,正如学者们所一再强调的那样,如果苹果公司没有对本土市场互动引致的对国内预期性需求的精确把握,iPod 数码音乐播放器就难以在美国市场取得巨大成功;与此同时,如果美国国内没有对创新产品的有支付能力且具有规模效应的市场需求,以及挑剔性的国内市场需求对世界需求的引导等因素,苹果电脑公司的 iPod 产品在全球范围内的成功也难以想象。借助于 iPod 的成功与利润支持,苹果电脑公司在随后的几年内开发了一系列的 iPod 产品,包括 iPod mini、iPod nano、iPod classic 等,有效巩固了其在商业数字音乐市场上不可动摇的地位。同样也是借助于 iPod 产品的利润支持,2007 年,苹果电脑公司一方面成功地推出了融合手机功能与 iPod 功能的全新产品——iPhone,另一方面成功地推出了融合上网工具与移动电脑功能的全新产品——iPod touch。依托这些产品创新,再加上美

---

①　[德]夏洛特·艾尔德曼:《苹果帝国风云录》,刘硕译,人民邮电出版社 2012 年版,第 64 页。

②　这也表明,本土市场的互动效应虽然有助于企业的需求发现,但也需要在位企业具备相应的技术能力,否则企业的新产品开发就有可能失败。

③　正如前面所强调的那样,这种信息技术的突破也源自于美国本土市场的庞大需求。

国本土市场具有规模效应的终端需求,不到一个月苹果电脑公司就售出了6000万个程序式,并一举成为全球第三大移动电话的出厂商。到2012年,苹果公司已成为全球市值第一的上市公司,取得了巨大的成功。

综述上述研究,本研究报告认为:首先正是由于美国国防需求的刺激,电脑技术才得以不断突破;而得益于美国具有规模效应的本土市场需求,军用领域的电脑技术在民用领域才具有了商业化的可行性。其次正是得益于本土市场的互动效应与市场需求的规模效应,在成立之初美国苹果公司才得以依托适销对路的产品迅速跨越企业生存的"门槛规模"与专业化生产的"门槛规模"。第三是在企业进一步发展的过程中,尽管苹果公司也经历了各自挑战,包括新产品开发的失败等,但依托对本土市场预期性需求的精确把握、国内市场对创新产品的有支付能力且具有规模效应的需求以及具有规模效应的本土市场所给予利润支持等,苹果公司的新产品开发仍然取得了巨大的成功,并引领了世界消费需求。总而言之,如果离开美国本土市场规模的涵养,苹果公司或许能够成功,但其绝对需要付出更多的努力。这也就是说,尽管本土市场规模并非苹果公司得以成功的充分条件,但绝对是一个必要条件。

二、日本的本土市场规模与国内产业升级

尽管日本国内市场的地理空间十分狭小,但得益于快速发展的国民经济与庞大的人口规模等因素,日本也凝聚了超乎寻常的国内市场需求,本土市场规模的比较优势十分突出。纵观第二次世界大战之后日本经济的演化,本土产业的转型升级与企业的国际地位拓展都因日本国内不成比例的庞大需求而受益匪浅(Porter,2002)[①];而得益于国内产业升级的持续推进,日本的本土市场规模也出现了持续扩张的趋势;到20世纪中后期,日本的国内市场规模也开始位居世界前列。

(一)日本的本土市场规模拓展与国内产业升级推进

日本经济崛起于20世纪中后期,尤其是进入20世纪70年代后,日本经济更是显示出来全面赶超美国的势头,经济规模也雄踞全球第二名长达20多

---

① [美]迈克尔·波特:《国家竞争优势》,李明轩等译,华夏出版社2002年版。

年。在日本经济发展的过程中,尽管不遗余力地追求先进技术、实施产业政策、强化教育培训以及国内企业在私人领域的创造性调整等因素都是日本经济快速崛起与产业转型升级的基础(张国胜,2013)①,但具有规模效应的本土市场的作用也十分突出。

受第二次世界大战的影响,二战结束之时,日本国内一片废墟,国民生产总值也只有战前的50%,人均国民生产总值比当时的巴西、智利与马来西亚等国都要少②,本土市场规模极其有限;然而,作为战败国,日本也几乎失去了所有曾经作为重要贸易伙伴的殖民地,国内的经济建设与产业发展就只能依托本土市场的带动,而非国际市场的驱动。这种状况直到朝鲜战争爆发才有所改变。进入20世纪50年代之后,伴随国民经济开始进入高速发展时期,日本的本土市场规模才得益于以下措施而出现明显扩张,并开始在规模方面具备明显的比较优势。首先是通过持续的收入倍增计划来提升国内消费者的购买能力,并以此拓展本土市场的消费需求。得益于本土经济的快速发展,1953年,日本的人均国民生产总值全面超过了战前水平,开始进入大众消费时期;进而通过《1961—1970年十年收入翻番计划》,1973年日本的人均收入达到了1953年人均收入水平的5.4倍,史无前例地增长了4.1倍③;进入20世纪80年代后,日本的人均收入开始赶上美国。其次是通过强调一致性的民族性、强有力的国内市场保护等措施,日本直接凝聚并不成比例地放大了本土市场需求的规模效应。长期以来,日本国内就存在一致对外的历史传统,通过这种一致性的民族行为,日本凝聚了超乎寻常的本土市场需求;与此同时,尽管日本特别强调"贸易立国",但通过对国内市场的强有力保护,日本又因此而进一步放大了本土市场需求的规模效应。需要强调的是,在本土市场规模持续扩张的过程中,日本国内的产业升级也起到了重要的作用。

———————

① 张国胜:《技术变革、范式转移与我国产业技术赶超》,《中国软科学》2013年第3期。

② [美]托马斯·K.麦克劳:《现代资本主义:三次工业革命的成功者》,赵文书等译,凤凰出版传媒集团、江苏人民出版社2006年版。

③ [美]托马斯·K.麦克劳:《现代资本主义:三次工业革命的成功者》,赵文书等译,凤凰出版传媒集团、江苏人民出版社2006年版。

表 3-4：20 世纪 80 年代中期地区性汽车产业发展的成就

	日本厂商	美国厂商	欧洲大宗生产商
新车平均工程时间（百万小时）	1.7	3.7	2.9
新车开发平均时间（月）	46.2	60.4	57.3
项目人数（人）	485.0	903	——
每组新车车型数	2.3	1.7	2.7
产品滞后于计划的比例	1/6	1/2	1/3
模具开发时间（月）	13.8	25.0	28.0
原型车研制时间（月）	6.2	12.4	10.9
生产开始到首次销售时间（月）	1.0	4.0	2.0
新车型达到正常生产能力的时间（月）	4.0	5.0	12.0
新车型达到正常质量标准的时间（月）	1.4	11.0	12.0

数据来源：[英]克利斯·弗里曼、罗克·苏特：《工业创新经济学》，华宏勋等译，北京大学出版社 2004 年版，第 195 页。

　　正是得益于本土市场规模的持续、快速扩张，自 20 世纪 50 年起，日本就开始了产业的转型与升级，并取得了巨大的成功。由于第二次世界大战的影响，无论是传统的轻工业，如服装、缝纫机等劳动密集型产业，还是重化工业，如钢铁、造船等资本与技术密集型产业，都需要全面重建。在这个过程中，本土市场不成比例的庞大需求，诱导了日本企业家的大胆投资，并推动国内产业的发展与转型升级。其中，得益于上亿人口的服装需求，日本的纺织业、缝纫机制造等劳动密集型产业在 20 世纪 50 年代迅速崛起并开始蓬勃发展；而得益于第二次世界大战之后的大规模重建，钢铁行业在 20 世纪 50—60 年代也开始加速发展并迅速成为新的主导产业。这一时期日本造船业的崛起也主要是因为国内产业对进口能源的需要，以及经过 20 世纪 50 年代快速发展之后的服装业对出口的需求等。从这个逻辑出发，本研究报告认为，正是日本国内的产业升级引致了新的市场需求，而新的市场需求又诱导了日本造船业的发展；这也就是说日本的本土产业升级扩张了国内市场规模，而国内市场规模又诱导了新产业的发展。尽管后来日本的上述产业都无一例外地走向了海外市场，但如果没有具有规模效应的本土市场需求的诱导与支撑，这些产业在日本国内与海外市场的成功都难以想象。

表 3-5：1989 年世界领先的半导体制造公司

排　名		公　司	1989 年销售额 （亿美元）	市场份额 （%）
1989	1988			
1	1	NEC	49.64	8.9
2	2	东　芝	48.89	8.8
3	3	日　立	39.30	7.0
4	4	摩托罗拉	33.22	5.9
5	6	富士通	29.41	5.3
6	5	德州仪器	27.87	5.0
7	8	三　菱	26.29	4.7
8	7	英特尔	24.40	4.4
9	9	松　下	18.71	3.4
10	10	飞利浦	16.90	3.0

数据来源：［英］克里斯·弗里曼、［西］弗朗西斯科·卢桑：《光阴似箭——从工业革命到信息革命》，
　　　　沈宏亮等译，中国人民大学出版社 2007 年版，第 320 页。

　　即使在日本经济急速扩张的 1970—1980 年间，日本产业的转型与升级也仍然受益于本土市场的"主场"优势与具有规模效应的本土需求。首先是伴随国民收入的扩张，日本居民的消费需求迅速转型，汽车、相机、家电以及电子产品等高附加值的耐用消费品开始成为新的社会偏好。为了回应这种具有规模效应的本土市场需求，日本产业开始了再一次的转型与升级。其次是得益于本土市场的"主场"优势，在产业转型与升级的过程中，日本企业很好地把握了国内消费者的挑剔性需求，不但产品的推陈出新速度要明显快于其他国家，而且产品的国内标准也开始成为行业的国际标准并代表着最先进的世界需求。这种现象在日本的汽车产业、机器人、电子工业等产业中都十分普遍（Porter，2002）[1]。到 20 世纪 80 年代，日本已经在汽车、电子、精密制造等领域的竞争中呈现出赶超美国的势头，国内的产业转型与升级取得了巨大成功[2]。1980 年，日本汽车产量开始超过美国，在美国汽车市场的比例也达到了

――――――――

[1]　［美］迈克尔·波特：《国家竞争优势》，李明轩等译，华夏出版社 2002 年版。
[2]　［英］克里斯托弗·弗里曼：《技术政策与经济绩效：日本国家创新系统的经验》，张宇轩译，东南大学出版社 2008 年版，第 17 页。不过需要强调的是，进入新世纪后日本又开始全面落后于美国。

21.5%;①到20世纪80年代中期,日本汽车产业的研发与生产能力就全面超越美国(见表3-4);在以半导体、集成电路为核心的电子产业、机电一体化等领域,日本在这一时期也与美国展开了激烈的竞争,到20世纪80年代后期,全球十大半导体公司就有六家是日本的企业(见表3-5)。

(二)日本的本土市场规模拓展与典型企业发展②

在本土市场规模与国内产业升级的相互促进中,日本的许多企业也开始加速进入国际市场,并与美国企业展开了激烈竞争。从这些企业的演化过程来看,国内市场的成功及其国际竞争力的获取固然是多方面因素综合作用的结果,但这些成功的企业都无一例外地具有独特的本土市场需求的特质,并受到本土市场规模的涵养与支持。尤其是在这些企业的早期发展过程中,企业的成功更是因为国内市场的驱动而非国际市场的带动。鉴于日本在国内、国际市场中取得成功的企业繁多,本研究报告将不一一分析。与前面分析美国的典型企业类似,本研究报告也只选择一家代表性的企业。考虑到日本汽车产业的国际地位与丰田公司的国际竞争力,本研究报告包括将以丰田公司为例,探讨日本的本土市场规模拓展与典型企业发展。

表3-6:1935—1955年日本丰田公司的汽车产量

年　份	小汽车	卡车和大客车	总产量
1935	0	20	20
1940	268	14159	14787
1945	0	3275	3275
1950	463	11243	11706
1955	7403	15838	22786

资料来源:[美]托马斯·K.麦克劳:《现代资本主义:三次工业革命的成功者》,赵文书等译,凤凰出版传媒集团、江苏人民出版社2006年版,第450页。

作为日本最大的汽车公司,丰田公司成立于1933年。在成立之初,由于受到第二次世界大战的影响,再加上战后日本的人均国民收入极低且本土市

---

① 　[日]林直道:《现代日本经济》,色文等译,北京大学出版社1995年版。
② 　数据如无特别说明,均来自于丰田公司的官方网站:http://www.toyota.com。

场规模狭小,这一时期的丰田公司举步维艰,生产水平也停滞不前。表 3-6 的数据就显示,1945 年丰田公司的小汽车产量为 0,而卡车与大客车的产量也仅为 3275 辆;到 1955 年,也就是第二次世界大战结束之后的第 10 年,丰田公司的小汽车产量也仅为 463 辆、卡车和大客车的产量也只达到了 15838 辆,略为超过第二次世界大战之前的水平。而在美国,1924 年福特公司仅 T 型车的产量就已达到了 1000 万辆[①]。

表 3-7:1960—1990 年日本丰田公司的汽车产量

年　　份	小汽车	卡车和大客车	总　　计
1960	42118	112652	154770
1965	236151	241492	477643
1970	1068321	540869	1609190
1975	1714836	621217	2336053
1980	2303284	990060	3293344
1985	2469284	1196338	3665622
1990	3345885	866388	4212273

资料来源:[美]托马斯・K.麦克劳:《现代资本主义:三次工业革命的成功者》,赵文书等译,凤凰出版传媒集团、江苏人民出版社 2006 年版,第 460 页。

进入 20 世纪 50 年代中期之后,伴随日本经济的迅猛发展与人均国民收入的迅速提升,日本的本土市场对汽车的需求开始呈现出爆炸性的增长。此时,尽管具有规模效应的本土市场需求引来了新的竞争对手,但通过日本通产省的保护,尤其是对进口汽车的限制,丰田公司终于迎来了快速发展。1955 年,定位于迅速兴起的国内出租车市场与汽车租赁市场的皇冠车投放于市场。由于产品的市场定位准确,皇冠车在日本国内取得了巨大的成功。而得益于这种成功所引致的资源与资金的支持,再加上持续扩张且具有规模效应的本土市场需求的诱导,1959 年,丰田公司大胆地投资了一家新工厂。这家工厂的月生产能力达到 5000 辆,并预留了产量翻番的扩张空间[②]。这种投资为丰

---

① ［美］托马斯・K.麦克劳:《现代资本主义:三次工业革命的成功者》,赵文书等译,凤凰出版传媒集团、江苏人民出版社 2006 年版。

② 当时,丰田公司的月产量还只有 2000 辆。

田公司的后续发展,尤其是产量的急速扩张奠定了重要基础。进入 20 世纪
60 年代之后,伴随"收入翻番计划"的推行,汽车已成为日本本土市场需求中
最重要的一件耐用消费品。在这样的背景下,定位于高档汽车的丰田花冠应
运而生,并在日本本土市场中取得了巨大的成功。得益于丰田花冠的成功,丰
田公司成为日本市场内无可争议的汽车霸主,汽车产量与销量也直线上升。
表 3-7 的数据显示,1960 丰田公司的总产量仅为 154770 辆,到 1965 年就上
升到 477643 辆,到 1970 年就突破了 100 万,到 1975 年更是超过了 200 万辆,
以此为基础丰田公司迅速跨越了企业生存及其专业化生产的"门槛规模",并
为企业的国际化奠定了坚实基础。

　　正如在前面分析中所指出的那样,本土市场的特质也深远地影响日本的
丰田汽车,并造就了丰田公司的国际竞争力。这一方面表现为日本国内市场
的挑剔性需求,使得丰田公司特别重视产品的质量与服务;另一方面表现为本
土市场的资源匮乏,尤其是能源短缺,使得丰田公司的汽车特别注重节能。这
两方面的特质为丰田汽车在国际市场的成功打下了坚实的基础。进入 70 年
代之后,尤其是 1973 年的石油危机之后,伴随全球汽车市场,特别是美国的汽
车市场开始持续关注产品的节能特质,丰田汽车则依托国内市场所淬炼的节
能与高品质,开始大举进入美国市场,并取得了巨大的成功。1980 年,丰田公
司在美国市场上的销售量就达到了 70 万辆,并开始全面挑战美国汽车在全球
的领导地位。

　　进入 20 世纪 80—90 年代后,尽管丰田汽车已成为全球知名的跨国企业,
并在全球汽车市场中取得了执世界之牛耳的地位;但无论是进军高级豪华汽
车市场并于 1989 年推出凌志汽车①,还是加快现有产品的更新换代等拓展具
有更高附加值的企业行为,这一时期丰田公司的进一步发展与成功仍然受益
于日本超乎寻常的本土市场规模。事实上,正是通过对企业赖以成功的本土
市场的持续关注,并将本土市场与国际市场的融合,20 世纪 80 年代之后的丰
田汽车才得以从一个成功走向另一个成功。

　　综合上述研究,本书认为:首先正是由于 20 世纪 50 年代日本经济的迅猛

———————

　　①　后更名为雷克萨斯。

发展与人均国民收入的迅速提升，才促使了本土市场对汽车需求的爆炸性增长，这就为沉寂了近30年的丰田公司提供了全面崛起的契机。其次是得益于本土市场的互动效应及其对国内消费者需求的精确把握，以及具有规模效应的本土市场需求的支撑，丰田公司才能够生产并供给适销对路的"皇冠车"，并以此为基础迅速跨越了企业生存的"门槛规模"与专业化生产的"门槛规模"。第三是在企业进一步发展的过程中，如果没有20世纪60—70年代本土市场规模的持续扩张以及丰田公司对本土市场需求变化的精确把握，丰田花冠的成功将难以想象；而如果没有丰田花冠的成功及其本土市场经营所提供的运营支撑，以及国内市场的挑剔性需求与资源短缺等因素的影响，丰田汽车必然无法把握石油危机所带来的发展机会，自然也就无法全面进入美国市场并进军高级汽车市场。总而言之，日本的本土市场规模尽管不是丰田公司取得成功的唯一因素，但如果离开本土市场规模的涵养与支持，丰田公司要想在全球汽车市场中取得执世界之牛耳的地位将难以想象。

三、瑞士的本土市场规模与国内产业升级

与美国、日本等大国相比，瑞士属于典型的小国，国土面积仅有41285平方公里，国内人口规模也不到800万。因此，尽管瑞士的人均国民收入位居世界前列，但由于本土市场的地理空间狭小且国内人口规模有限，其本土市场规模仍然十分狭小。然而，瑞士作为一个工业化国家，其国内高级制造业的推进与跨国公司在全球的拓展都取得了令人瞩目的成就，并成为机电制造、化学医药与钟表制造业等产业的全球竞争者。正是由于瑞士的产业发展及其竞争力要远远超过瑞典、丹麦、新加坡等其他小国，本研究报告就将瑞士视为本土市场规模狭小但国内产业升级进展顺利的典型国家，并对其进行详细分析，以比较本土产业升级过程中大国与小国的差异。

从本土市场规模与国内产业升级的相互作用机理来看，瑞士的本土市场规模尽管无法像美国、日本等大国那样驱动国内产业升级的推进；但瑞士的本土市场仍然深远地影响了其国内的产业发展与转型升级。

首先是受制于本土市场规模狭小的客观现实，在工业化过程中，瑞士优势产业的选择及其转型升级等，要比本土市场规模庞大的国家艰难得多。这也

就是说,虽然小国只要在工业内部的一至两个行业实现迅猛发展,就能够带动国民经济的飞跃;但由于离开了具有规模效应的本土市场的涵养与支持,这一至两个优势产业的选择及其转型升级等就需要面临更多的挑战,也需要微观经济行为主体更大的努力。在瑞士的产业发展与转型升级过程中,本土产业选择不但需要考虑本土市场的资源禀赋特征,而且需要权衡邻国,特别是本土市场规模庞大的德国的产业发展及其带来的竞争①。基于这样的考虑,瑞士制造业特别强调在细分更细的市场中发挥竞争能力,优势产业的发展与升级方向主要集中于工业内部化学、精密制造等产业的专业化与复杂精密产品等环节,如手表、金属切割工具机、合成有机染料、珠宝加工、精细化工产品、香精香料、维他命、药剂等方面,优势产品主要集中在消费产品领域。这种选择与瑞士的邻国——德国形成鲜明的对比。由于本土市场规模的比较优势突出,德国的产业发展与转型升级的方向选择就比瑞士宽泛得多。从整体上看,尽管德国的优势产业也主要集中在机械、化学、光学、精密机械等高级制造业等方面,这也与瑞士的优势产业存在一定的重叠;但德国在这些行业内部的优势产品,如飞机、轮转式印刷机、合成有机染料、钢制高压线管、拖拉用牵引式牵引机等,不但涵盖了消费产品领域,而且覆盖了中间产品、生产产品等(见表3-8)。

表 3-8:1985 年瑞士、德国出口值前 20 位的产业　(单位:百万美元)

排 名	瑞士的优势产业	德国的优势产业
1	手表(1413763)	飞机(2377571)
2	含荷尔蒙药剂(961084)	车辕、曲轴、滑轮(960332)
3	杂环族化合物(696186)	轮转式印刷机(923218)
4	合成有机染料(664318)	合成有机染料(849848)
5	切割后未镶座的非公用砖石(585833)	橡胶、塑胶加工机器(849798)
6	金属切割工具机(424457)	包装、装瓶等机器(802409)
7	贵金属宝石(372179)	其他制品、皮革机器(695398)

---

① 考虑到德国的经济规模、国土面积、人口规模与人均收入水平等,德国的本土市场规模无疑也是位居世界前列。

续表

排　名	瑞士的优势产业	德国的优势产业
8	织布机(361864)	煤炭、蒸馏炭(605757)
9	不包括尿素的醋胺化合物(321689)	钢、刚粗箍、细条(572830)
10	其他金属专用的工具机(314943)	售贩、称重机器、零件(518447)
11	未分级的裸砖(303694)	往复式帮浦(517351)
12	除草剂(275448)	钢制高压线管(491786)
13	贵金属、宝石、珍珠(230464)	醇酸(471898)
14	电动机械式手工具(228209)	鲜奶和鲜奶油(450280)
15	排版、装订机械、零件(215268)	聚氯乙烯板、细条等(422424)
16	氢氧胺化合物(212415)	拖拉用牵引式牵引机(387789)
17	含多醋胺的线卷纱(212011)	贸易广告材料、型录(374289)
18	时钟、钟表零件(210745)	铁、高碳钢卷(360894)
19	混合香料(194333)	抽纱、纺纱等机器(358730)
20	维生素质和维他命(191703)	铜板片、细条(290557)

资料来源:[美]迈克尔·波特:《国家竞争优势》,李明轩等译,华夏出版社 2002 年版,第297—345页。

　　其次是瑞士国内优势产业的发展及其转型升级也同样得到了本土市场的涵养。这也就是说,尽管瑞士的国内市场规模不大,本土市场规模对国内产业发展与转型升级的支撑作用有限;但如果本土市场存在独特的需求条件,仍然有助于瑞士产业形成高度的专业化与独特的竞争力。事实上,在瑞士的产业发展与转型升级过程中,正是伴随人均国民收入的快速增长以及本土消费者对产品质量的日益挑剔等,瑞士才能够引导其国内产品进入高级产品市场,并诱导发展了以高收入、高质量标准为诉求的产业。这就为企业的国际化与产业具有国际竞争力奠定了良好的基础;同样,也正是由于国内资源匮乏、大部分能源与原料都依赖进口等原因,瑞士的产业发展与转型升级才不得不走向资源节约、精细加工与产品细分的竞争路线;而这种战略选择也正是瑞士产业具有国际竞争力与企业能够在全球范围内取得成功的重要原因。从这些逻辑出发,本研究报告认为,本土市场的需求条件也涵养了瑞士的优势产业。

　　第三是瑞士优势产业的发展及其转型升级也得到了超越国界的"国内市

场"的支持与涵养①。从地理空间的角度来看,尽管瑞士的国土面积狭小、人口规模有限,但由于瑞士地处欧洲中心,与德国、法国、意大利等主要经济大国相邻,再加上历史、文化、语言上的密切联系以及政治上的中立等,长期以来德国、法国、意大利几乎可以看作是瑞士的"国内市场"。与此同时,通过 20 世纪中叶以来欧洲经济的一体化,尤其是欧盟内部市场的一体化,瑞士与德国、法国、意大利等国之间的市场关系更是得到了进一步强化。从某种程度上讲,这就使得瑞士也具有了"本土市场规模"的比较优势,或者说瑞士通过这些国家的内部市场也累积了产业发展与转型升级所需要的规模优势。事实上,如果离开了德国、法国、意大利等国家具有规模效应的"国内市场"的涵养与支持,瑞士的产业发展与转型升级将更为艰难。以瑞士的优势产业——精密制造的机电金属产业为例,这一产业不但集中在瑞士国内的德语区内,而且产品的标准也主要采用德国的标准。这种产业布局显然考虑到了德国市场规模的因素。事实上,也正是得益于此,瑞士本土的金属切割工具机、机械计量等精密制造的机电金属产品的 60% 都是出口到了欧盟②。

　　综合上述研究,本研究报告认为:尽管本土市场规模的大小并非国内产业升级的必要条件,本土市场规模狭小的国家同样也可以实现国内的产业升级,但这些国家的优势产业的遴选及其转型升级将比本土市场规模庞大的国家艰难得多。在瑞士的案例中,由于国内市场规模无法与德国的国内市场规模相抗衡,瑞士的优势产业选择与转型升级就需要避开与德国的同质竞争,只能集中于工业内部化学、精密制造等产业的专业化与复杂精密产品等环节。在产业升级的过程中,尽管狭小的本土市场规模无法涵养与支持国内的产业升级,但通过本土市场的互动效应,本土市场的需求条件仍然有助于国内产业的转型升级与国际竞争力的获取。在瑞士的案例中,如果离开了瑞士国内独特的需求条件,瑞士的很多产业将很难形成高度的专业化与独特的竞争力。需要强调的是,尽管瑞士是个典型的小国,并不具备本土市场规模的比较优势,但由于历史、文化等多因素的影响,德国、法国、意大利等国的国内市场几乎可看

---

①　［美］迈克尔·波特:《国家竞争优势》,李明轩等译,华夏出版社 2002 年版。

②　商务部欧洲司:《瑞士优势产业介绍》,http://mep128.mofcom.gov.cn/mep/yjfx/173818.asp。

作是瑞士的"国内市场",这种市场规模的优势也有效地支持了瑞士的产业升级。

第二节　金砖国家的本土市场规模与国内产业升级①

与工业化国家相比,金砖国家的产业实践也能够证明本土市场规模与国内产业升级之间存在相互作用的机理。然而,考虑到金砖国家的产业发展与工业化,尤其是产业升级的整体推进仍然全面滞后于工业化国家的客观现实,本研究报告将不全面分析这些国家的本土市场规模与国内产业升级,而是选择以部门分析为例,即选择这些国家内部具有全球竞争力并代表着产业升级方向的行业,以此来分析金砖国家内部的市场规模与产业升级。

一、巴西的本土市场规模与国内产业升级:以巴西航空工业公司为例

巴西作为美洲地区唯一的金砖国家,本土市场规模的比较优势也十分突出;而在国内的产业升级与企业发展过程中,本土市场规模也发挥了明显的涵养与支撑作用。鉴于航空工业作为衡量一国制造业水平的"制高点",并代表着高加工程度、高附加价值与高科技含量的产业升级方向,本文将以巴西的航空工业公司(EMBRAER)为例,分析巴西的本土市场规模与国内产业升级。

(一)巴西的本土市场规模

作为拉丁美洲最大的国家,巴西的国土面积达到了8514877平方公里,位居世界第五位,人口规模接近于2亿,也居世界第五位。从经济规模来看,尽管巴西的经济增长速度在过去的半个世纪内起伏较大——在20世纪60—70年代巴西曾创造出年均经济增长率超过10个百分点的奇迹,而在随后的80—90年代巴西的经济增长则滑落到谷底,进入新世纪后巴西的经济则开始了稳健的恢复;近年来虽然受到金融危机与欧洲债务危机的持续影响,巴西的

---

① 这一节主要分析巴西、印度、俄罗斯等金砖国家的产业升级,并不分析我国的情况。我国的市场规模与国内产业升级将放在随后的第四章、第五章分析。

经济增长速度再一次放缓,但整体经济规模仍然具有明显的比较优势。根据国际国币基金组织(IMF)的数据,2012 年巴西的 GDP 达到了 2.396 万亿美元,位居世界第七位①,仅排在美国、中国、日本、德国、法国、英国之后。正是得益于庞大的国土面积与人口规模,再加上持续扩张的经济规模等,巴西的本土市场规模也出现了快速扩张的趋势,并开始位居世界前列。事实上,伴随全球经济格局的增长重心正逐步由工业化国家向新兴市场国家迁移,尤其是向金砖国家的转移,以及考虑到巴西的人口规模、工业化的推进程度与经济发展的潜力等因素,本研究报告认为巴西也具有明显的本土市场规模的比较优势。

(二)巴西航空工业公司的发展②

从航空工业与航空工业公司的演化历程,无论是本土的产业升级还是国内企业的发展,均得到了巴西本土市场规模的涵养与支持。

巴西的航空工业可以追溯到 20 世纪初期。早在 20 世纪 30 年代,巴西的航空公司就开始生产自己的军用与民用飞机。然而,由于当时的巴西政府对本土企业制造的飞机缺乏信心,再加上第二次世界大战期间巴西能够以优惠的条款从美国购买所需要的飞机,这一时期巴西的航空工业发展非常缓慢,国内的两个航空制造企业——Aerotec 和 Instituto Aeronáutico Neiva,也基本上处于举步维艰的状态③。这种状况直到 20 世纪 60 年代才开始改变。在新的历史条件下,伴随国内经济的快速增长与"巴西奇迹"的持续,再加上当时军政府对国内工业化的强力推进等,巴西开始总结发展航空工业的经验教训,决定组建新的航空公司并结束从外国进口飞机的被动局面。在这样的背景下,1969 年 8 月 19 日,巴西航空工业公司应运而生。

在成立之初,面对全球范围航空工业已被发达国家所主导的客观现实,巴西航空工业公司很快就遇到了企业发展的全面挑战。但依托本土市场规模的涵养与支持,巴西航空工业公司还是成功地应对了这些挑战,并实现了持续的

---

① 2011 年巴西的经济规模超过了当时的英国,位居世界第六位;只不过由于 2012 年经济增长率的放缓,英国的经济规模才得以反超巴西。见 http://www.imf.org/external/chinese/index.htm。

② 数据如无特别说明,均来自于巴西航空工业公司的官方网站:http://www.embraer.com.cn。

③ 严剑锋:《巴西航空工业发展的历程、经验与启示》,《航空制造技术》2012 年第 3 期。

发展。首先是得益于本土市场的互动效应及其引致的需求发现，巴西航空工业公司精确地把握了本土市场的差异化需求——短距离通勤飞机的本土需求①，决定以"小而精"的拳头产品为主攻方向，推出了自行设计的"先锋号"19 座客机 EMB-110。这种产品取得了巨大的成功。截至 1988 年 6 月，"先锋号"19 座客机 EMB-110 共生产了 469 架，向 36 个国家出口了 241 架②，这种成功为巴西航空工业公司的持续发展奠定了坚实基础。其次是 1971 年巴西军方一次性签下了 100 架"先锋号"飞机的订单，这种规模化的国内市场需求为巴西航空工业公司的机型开发、流程改进与产品改良等拓展具有更高边际利润的行为提供了大额启动订单。从某种意义上讲，这一时期巴西军方的大额订单为巴西航空工业公司跨越企业生存的"门槛规模"，以及跨越经验积累、产品测试、技术研发等专业化生产的"门槛规模"，都提供了需求的保证。事实上，正是得益于对本土市场需求的精确把握、具有规模效应的本土市场需求的支持以及政府的强有力保护等③，巴西航空工业公司才得以快速发展。

得益于"先锋号"19 座客机 EMB-110 的巨大成功，进入 20 世纪 80 年代之后，巴西航空工业公司一方面开始了产品的更新换代，另一方面也加速了向国际市场的拓展。在这个过程中，无论是产品创新与升级还是国际市场的拓展，巴西的本土市场规模仍然涵养并支撑着巴西航空工业公司。首先是得益于具有规模效应的本土市场运营所提供的资源与资金的支撑，巴西航空工业公司才得以持续不断地开发新产品。事实上，早在 1977 年，巴西航空工业公司就开发了加压舱商务机——"兴谷号"，但最终以失败告终。这些失败并没有击垮巴西航空工业公司。得益于具有规模效应的本土市场运营所提供的资源与资金，尤其是国内军方所提供的巨额资源，失败之后的巴西航空工业公司在 20 世纪 80 年代又先后推出了"巨嘴鸟"教练机（EMB-312）、"巴西利亚"型 30 座涡旋飞机（EMB-120）等机型。这些产品都获得了巨大成功，1985 年英国就一次性向巴西航空工业公司订购了 130 架"巨嘴鸟"教练机；而"巴西

---

① 这种市场需求与当时工业化国家大规模、长距离的运输需求存在明显的差异。
② 廖美冬：《巴西航空工业发展策略》，《决策研究》1991 年第 1 期。
③ 为了保护飞机的国内市场，巴西政府决定不允许进口任何直接或间接与巴西国内生产相竞争的飞机，并向巴西航空工业公司承诺购买其生产的全部飞机。

利亚"型30座涡旋飞机在1982—1999年间共售出了350架,占到了同期国际通勤飞机市场份额的26%①。其次是在企业国际化方面,巴西航空工业公司的成功同样也离不开本土市场规模的支持。尽管在企业成立之初,巴西航空工业公司就确定出口导向型的发展战略,但是直到1975年巴西航空工业公司的出口产品仍然只占其全部销售产品的5%②。这种状况直到20世纪80年代才有所改善。在这个过程中,由于巴西航空工业公司在国内军用飞机领域的巨大成功,其军用飞机开始走向国际市场,尤其是"巨嘴鸟"教练机的出口更是取得了巨大突破。同样也是得益于与军方的密切合作,1985年巴西航空工业公司更是与意大利的Aeritalia公司和Aermacchi公司联合开发了AMX超音速战斗机,这种飞机被视为20世纪90年代具有世界先进水平的新一代航空产品。

伴随"巴西奇迹"的结束与国内军方合同的减少,在20世纪90年代巴西航空工业公司开始了大规模的私有化与转型。从本土市场规模与国内产业升级的相互作用机理来看,正是由于本土市场的需求条件与需求规模发生了翻天覆地的变化,巴西航空工业公司才被迫私有化与转型。在这个过程中,尽管巴西航空工业公司的产品开发已开始关注全球市场,但新产品开发的成功仍然离不开本土市场规模的涵养。以取得成功的50座ERJ-145喷气式飞机为例,这种机型主要是针对当时市场中尚未满足的支线航空的需求,产品开发定位于国际航空市场中大型飞机制造商所忽视的细分市场;但由于ERJ-145喷气式飞机是在"巴西利亚"型30座涡旋飞机基础上改进而来的,如果离开了本土市场实践的知识累积、1995年巴西国际开发银行1.15亿美元的贷款支持以及国内更为低廉的劳工成本等有利因素,ERJ-145喷气式飞机在国际市场中的巨大成功将难以想象。而得益于ERJ-145的巨大成功,巴西航空工业公司随后又相继推出了70座ERJ-170、78—88座的ERJ-175以及ERG-195等机型等。这一系列产品是巴西航空工业公司重新崛起的关键。目前,巴西航空工业公司已成为全球最大的支线喷气式客机的制造商,并跻身于全球三

---

① 严剑锋:《巴西航空工业发展的历程、经验与启示》,《航空制造技术》2012年第3期。
② 这也从另一个侧面证明:成立之初的巴西航空工业公司完全是依托本土市场需求而发展壮大的。

大商用飞机制造商之列。

综合上述研究,本研究报告认为:尽管巴西航空工业的发展与巴西航空工业公司的成功有多方面的因素,但产业升级与企业发展都充分发挥了本土市场规模的比较优势。这一方面表现为在企业成立之初,正是由于对本土市场中短距离通勤飞机的需求的精确把握,以及国内军方的巨额订单等有利因素,巴西航空工业公司才得以应对成立之初的各种挑战,并迅速跨越企业生存的"门槛规模"与专业化生产的"门槛规模";另一方面表现为在企业进一步发展的过程中,无论是 20 世纪 80 年代的新产品开发与国际市场拓展,还是在 90 年代的企业转型与产品升级等,这些拓展具有更高边际利润的价值创造活动都离不开本土市场的"主场优势"、国内市场实践的知识累积以及具有规模效应的本土市场运营的资源获取等有利因素。

二、印度的本土市场规模与国内产业升级:以印度塔塔汽车公司为例

印度作为亚洲地区的金砖国家,其市场规模及其发展潜力也十分突出;而在国内的产业升级与企业发展过程中,本土市场规模也发挥了明显的涵养与支撑作用。鉴于汽车产业在国家工业化过程中的地位与全球范围内的竞争程度,这个行业的发展能够代表一个国家产业的现代化水平;因此本研究报告将以印度的塔塔汽车公司为例,分析印度的本土市场规模与国内产业升级。

(一)印度的本土市场规模

印度位于亚洲南部,是南亚次大陆最大的国家,国土面积达到了 3289590平方公里,位居世界第七位;2011 年印度人口规模为 12.1 亿,成为仅次于我国的第二人口大国。从经济规模来看,尽管与创造"增长奇迹"的中国相比,印度经济发展的成绩要逊色许多;但 2012 年印度的 GDP 也达到了 1.823 万亿美元,在全球排名第十位,在亚洲排名第三位①;与此同时,考虑到印度经济的增长速度,尤其是作为世界上经济发展速度最快的国家之一,本研究报告认为印度完全具有成长为全球经济大国的可能,国内经济的发展潜力不容小觑。事实上,正是由于自 20 世纪 90 年代以来印度经济规模持续扩张

---

① 数据来源:http://www.imf.org/external/chinese/index.htm。

的速度令人注目①,美国国家情报网委员会就认为印度经济具有全面赶超中国的潜力,到21世纪末印度就有可能成为全球最大的经济体②。不但如此,如果以世界银行的购买力平价指标来衡量的话,目前印度的经济规模仅仅排在美国、中国之后,位居世界第三位,是全球最主要与最有潜力的消费市场之一。因此,尽管印度现阶段度的经济规模、人均GDP等指标排名并不靠前,甚至是落后于其他金砖国家;但考虑到其国土面积、人口规模、人才资源优势与经济发展潜力等因素,本研究报告认为印度也具有明显的本土市场规模的比较优势。

(二)印度塔塔汽车公司的发展③

在亚洲地区,印度是继日本之后第二个发展汽车制造业的国家。自20世纪40年代开始涉足汽车制造之后,汽车产业就一直是印度工业内部的支柱性产业。塔塔汽车公司在20世纪50年代开始涉足汽车制造,目前是印度最著名的综合性汽车制造企业。从某种程度上讲,塔塔汽车公司的兴起与发展就是印度整个汽车制造业的成长与发展。

塔塔汽车公司(Tata Motors)原名为塔塔机械和汽车公司,成立于1954年,是印度塔塔集团下属的子公司。在企业成立之初,由于国内经济发展缓慢、本土消费者的支付能力有限以及国内消费需求层次较低等因素的制约,印度的汽车市场规模十分狭小,汽车产业的发展也十分缓慢。事实上,这一时期印度的国内市场需求更多的是集中在火车车头、机车等公共运输工具或货物运输工具方面,私人汽车的需求规模十分有限。在这样的背景下,塔塔汽车公司的汽车制造举步维艰,业务主要依靠与德国奔驰公司的合作,并完全采用德国奔驰公司的部件、配件与零件来装配汽车。直到1969年,也就是在企业成立15年之际,塔塔汽车公司才能独立设计自己的汽车。需要强调的是,尽管

---

① 进入20世纪90年代之后,印度经济的增长速度就提升到了6%,进入21世纪之后,其经济的平价增长速度更是超过了8%,成为中国之后世界经济的又一个亮点。见李文编:《印度经济数字地理(2011)》,科学出版社2012年版。

② 资料来源:http://finance.qq.com/a/20121211/005871.htm。

③ 数据如无特别说明,均来自于印度塔塔汽车公司的官方网站:http://www.tatamotors.com。

这一时期塔塔汽车公司在私人汽车制造方面举步维艰，但得益于本土市场对公共运输工具或货物运输工具的庞大需求，再加上这一时期印度政府对国内市场的强有力保护，如对进口轿车实行严格的配额限制、国外整车企业必须与印度国内零配件厂商合作等，塔塔汽车公司在锻压车间、铸造车间、机车制造等方面仍然取得了长足进展。1957 年，塔塔汽车公司就达到了年产 100 台火车头和机车的指标，并且国产部件达到了 98%；到 1970 年，塔塔汽车公司共铸造了 1155 台火车头、机车，1000 压路机、2000 个客车座底架、5000 节火车火车①。从这一时期的发展来看，尽管塔塔汽车公司的汽车制造并没有得到快速发展，但依托本土市场对公共运输工具或货物运输工具的庞大需求，塔塔汽车公司仍然跨越了企业生存的"门槛规模"，并为随后汽车制造的专业化发展打下坚实的基础。

在 20 世纪 70—80 年代，塔塔汽车公司的业务仍然集中于机车制造、载货汽车制造等商用车方面。然而，伴随具有规模效应的国内市场的逐步放开，这一时期公司的发展开始遭受到进口汽车的激烈竞争，但依托本土市场的"主场"优势与市场需求的规模优势，塔塔汽车公司很快就扭转了进口产品蚕食本土市场的局面。以当时的轻型商用车为例，在 20 世纪 80 年代，日本的轻型商用车曾一度独自印度市场。面对这种情况，塔塔公司依托本土市场的互动效应及其对国内需求的精确把握，有针对性地开发出适应本国气候、道路的发动机，并在基础上推出了挑战日本轻型商用车的 407 地盘轻型卡车（4 吨位、70 马力）。这种卡车取得了巨大成功，很快就扭转日本货独自市场的局面，塔塔汽车公司也因此而跨越了企业专业化生产的"门槛规模"。而得益于此，塔塔公司又在 407 的基础上，开发了 608 型、609 型卡车。这三种产品在 20 世纪 90 年代就占到印度轻型车市场份额 54%②。随后，塔塔汽车公司又进一步针对国内市场中小吨位运货汽车的细分需求，开发出了 207 底盘的 1 吨位运货车——塔塔车；再一次得益于具有规模效应的本土市场需求，这种小吨位运货汽车也取得了巨大成功。截止到 20 世纪 80 年代末，塔塔汽车公司的

①　张敏秋：《印度塔塔集团——新兴市场中的成功典范》，清华大学出版社 2008 年版。
②　张敏秋：《印度塔塔集团——新兴市场中的成功典范》，清华大学出版社 2008 年版。

商用车产品已完全覆盖重型卡车、中吨位商用车与小吨位运货汽车等国内细分市场。

　　进入20世纪90年代之后,伴随印度经济发展速度的明显加快与本土市场规模的快速扩张,塔塔汽车公司引来了真正的辉煌时期。1993—1997年间,塔塔汽车公司的销售额就从250亿卢比迅速攀升到1000亿卢比①,实现了飞速发展。在这样的背景下,再加上这一时期印度本土市场需求层次的日益提升,国内的汽车(轿车)市场需求开始逐步形成并日益具有规模效应,塔塔汽车公司开始了企业转型与产品升级,并全面进入轿车制造产业。在这个过程中,同样也是受益于本土市场互动引致的需求发现,1998年塔塔汽车公司成功地推出了专门针对印度市场的 Indica 轿车,这种轿车由于具有外形优雅时尚、价格低、质量可靠等特点,很好地满足了当时印度市场的需求,1999年的订单就达到了11.5万辆。得益于 Indica 轿车的成功及其提供的运营支持,再加上对国内需求层次提升的精确把握,2002年塔塔汽车公司在改进Indica 轿车的基础上推出了 Indica V2,这种汽车在2002—2003年同类型汽车销售中独占鳌头,也取得了巨大成功。2003年,塔塔汽车公司再一次基于国内需求层次提升推出了中型轿车——Indigo,并在2004年推出了改进型的 In-digo-Marina 车。正是通过对本土市场需求的精确把握与具有规模效应的本土市场需求的相互影响、彼此促进,这些型号汽车在印度本土市场都取得了巨大成功,很快就成为塔塔汽车公司的主打品牌,并开始出口到欧洲、非洲、中东等地区。

　　得益于具有规模效应的本土市场需求的运营支撑,21世纪初塔塔汽车公司便开始了雄心勃勃的国际化。2004年,塔塔汽车公司就以1.62亿美元收购了韩国第二大商用车制造企业——大宇商用车;2005年,又以1200万欧元收购了西班牙 Hispano Carroceral SA 汽车公司的21%的股权;2006年塔塔汽车公司又分别和巴西的马可波罗汽车公司联合建立在巴西的合资企业,以及与泰国的 Thonburi 汽车装配公司在泰国建立了合营企业;2008年塔塔汽车公司以23亿美元的价格从福田公司手中收购了英国豪华品牌汽车捷豹和路虎,

---

　　①　张敏秋:《印度塔塔集团——新兴市场中的成功典范》,清华大学出版社2008年版。

开始进入世界豪华汽车市场。截止到目前,塔塔汽车公司已位列全球商业汽车制造业的前十甲之列,年营业额高达 20 亿美元。

综合上述研究,本研究报告认为:在印度塔塔汽车公司的演化历程中,无论是企业的发展与壮大,还是产品的拓展与升级,或者是业务的转型与创新等,都直接受益于印度的本土市场规模的涵养与支持。在 20 世纪 90 年代之前,正是由于印度国内对机车、公共运输工具与货物运输工具的庞大需求,政府对国内市场的强有力保护以及公司对本土市场需求的精确把握等,塔塔汽车公司才得以通过这些产品的运营,迅速跨越企业生存的"门槛规模"与专业化发展的"门槛规模",并为后来的企业转型、产品升级与业务创新打下坚实基础。而在 20 世纪 90 年代之后,正是伴随本土市场规模的快速扩张与国内市场需求层次的日益提升,以及得益于前期国内市场运营所积累的知识与资源的支撑等,塔塔汽车公司才得以进行企业转型、产品创新与升级,并全面进入轿车制造产业。在这个过程中,再一次通过本土市场的"主场优势"与市场需求的规模优势,塔塔汽车公司不但在国内的轿车汽车市场上取得了巨大成功,而且依托这种成功全面走向了国际市场。

三、南非的本土市场规模与国内产业升级:以南非萨索尔公司为例

南非作为新兴的金砖国家,其市场规模与发展潜力也具有相应的比较优势,而在国内的产业升级与企业发展过程中,本土市场规模也发挥了明显的涵养与支撑作用。基于工业内部结构的演进规律,并考虑到化工产业的技术含量及其在一国工业化过程中地位,本研究报告将以南非萨索尔公司为例,分析南非的本土市场规模与国内产业升级。

(一)南非的本土市场规模

南非位于非洲大陆的最南端,国土面积仅为 1221037 平方公里,2011 年的人口规模也仅为 5180 万;从经济规模来看,国际货币基金组织的数据显示,2012 年南非的 GDP 为 0.383 万亿美元,位居全球第 29 位[①],整体的经济规模要远远逊色于中国、巴西、俄罗斯与印度这四个金砖国家。因此,如果从市场

①　数据来源:http://www.imf.org/external/chinese/index.htm。

空间、人口规模与经济规模来看,南非的本土市场规模的比较优势并不突出;然而,如果考虑到南非在 20 世纪 90 年代之前的经济奇迹、现阶段的人均 GDP 水平以及国内经济发展的基础与潜力等因素,本研究报告认为南非的本土市场规模也不容小觑。事实上,作为非洲地区唯一的工业化国家、最大与最发达的经济体以及当仁不让的经济领头羊,南非以不到 6% 的非洲人口创造了全非洲 39% 的经济产值。因此尽管现阶段南非的本土市场规模要逊色于其他的金砖国家,但也要远远强于其他的发展中国家。从这个逻辑出发,本研究报告认为尽管南非的本土市场规模的比较优势并不是十分突出,但本土市场也具有相应的规模效应。

(二)南非萨索尔公司的发展①

化工产业是南非制造业内部的支柱产业。历史上,南非的化工产业主要是服务于本土采矿业的发展;但随着煤炭副产品加工业的迅速发展,南非的化工产业也开始迅猛扩张,并逐步建立起高分子化工和多元化的下游产业体系。目前,南非的化工产业已在全球占有一席之地,有些行业与技术甚至处于世界领先地位。作为化工产业内部的杰出代表,南非萨索尔公司不但是南非的第一大企业,而且是全球唯一进行大规模煤液化生产合成燃料的国际企业。从本土市场规模与国内产业升级的相互作用机理来看,萨索尔公司的发展与化工产业的升级都得到了南非具有规模效应的本土市场的涵养与支持。

南非萨索尔公司原名为南非煤炭石油天然气公司,成立于 1950 年 9 月。从企业成立的背景来看,这一时期正是南非创造经济奇迹之时②,工业化的加速推进与经济规模的快速扩张,使得本土市场对石油的需求十分旺盛。然而,南非本土的石油资源十分匮乏,再加上这一时期国际社会对南非的石油禁运与制裁,国内能源紧张的矛盾十分尖锐。在这样的背景下,基于本土煤炭资源十分丰富的比较优势,南非政府决定继续 20 世纪 30 年代就已开始的煤炭转

---

① 数据如无特别说明,均来自于南非萨索尔公司的官方网站:http://www.sasol.com。
② 1932—1970 年间,南非保持了高速的经济增长,平均 7.3 年国内经济规模就会翻一翻。见秦辉:《南非"经济奇迹"的背后》,《经济观察报》2010 年 6 月 7 日。

化为燃料油的尝试①，并成立了南非煤炭石油天然气公司，大规模进入煤生产燃料油的行业。

在成立之初，尽管萨索尔公司遇到了前所未有的挑战与无数次的失败，但得益于南非政府的强力支持，萨索尔公司于1955年成功地建立了第一座煤生产燃料油的Sasol-1厂，并利用低温费托反应技术（Fischer-Tropsch）生产出第一桶煤制柴油。在20世纪70年代出现石油危机之后，南非的石油供给也受到了严重影响。面对石油价格的节节攀升，萨索尔公司决定大规模扩张煤生产燃料油的规模，并于1980年、1982年又相继建成了Sasol-2厂与Sasol-3厂。三个工厂的用煤总量达到了4590万吨，燃料油产品达到了458万吨，可以满足南非40%的燃料油需求②。

得益于南非政府的强力支持与本土市场的庞大需求，萨索尔公司在国内市场不仅大规模实现了煤炭生产燃料油，而且成功解决了成本控制的难题。在本土市场取得了成功之后，萨索尔公司一方面依托煤生产燃料油决定进军国际市场并着手产品的多样化，另一方面则是进军天然气液化的产业运作。就前者而言，萨索尔公司于2001年接管了康迪雅（Condea）公司，这是一家总部位于欧洲、并在中国设有子公司的美国大型化学制品公司。通过兼并这家企业司，萨索尔公司不但将企业的市场空间成功地拓展到了美国与中国，而且依托进入日用品的化学制造还逐步降低了企业对煤生产燃料油、精炼油等业务的过度依赖。目前，南非萨索尔公司的业务已遍布亚洲、美洲与欧洲，产品范围也覆盖了汽油、柴油、蜡、乙烯、丙烯、聚合物、氨、醇、醛、酮等113种化工产品。就后者而言，萨索尔公司于2006年和卡塔尔联合组建了全球最大的天

---

① 煤炭转化为燃料油的技术起源德国。1923年，德国科学家弗朗兹·费希尔（Franz Fischer）将诸如铁、钴的催化剂将一氧化碳和氢转化为液体的碳水化合物，随后费希尔又证明了低等煤炭转化率可以转化为高等石油。这项发现很快就引起了煤炭资源丰富的南非的注意，南非政府决定开始尝试煤炭转化石油的研究与实验。1938年费希尔访问量南非，并帮助南非进行了煤炭转化为石油的尝试。但由于二战的爆发，这种合作被迫中止。见［美］安东尼·范·阿格塔米尔：《世界是新的——新兴世界崛起与争锋的世纪》，蒋永军译，东方出版社2007年版。

② 史士东、黄毅：《世界上最大的气化液化企业——南非萨索尔公司》，《中国煤炭报》2010年6月15日。

然气合成油厂,开始了将天然气转化为高质量的低硫柴油的产业化运作。目前,南非萨索尔公司的天然气液化业务也已覆盖欧洲、美洲与亚洲等地区,并与老牌石油公司,如英国皇家壳牌石油集团等,展开激烈竞争。

纵观南非萨索尔公司的发展历程,尽管煤生产燃料油的技术并不起源于南非,且南非也并不是唯一能够将煤转化为燃料油的国家,这也就是说南非的本土市场规模并没有诱导煤转化为燃料油的技术突破;但本土市场规模仍然涵养并支持了萨索尔公司的发展与化工产业升级。事实上,正是得益于20世纪50年代的特殊背景,尤其那一时期国际社会对南非的石油禁运与南非本土市场对石油的巨大需求,再加上南非丰富的煤炭资源与政府的强力支持等因素,萨索尔公司才需要并得以持续不断地从事煤生产燃料油的业务,并跨越了企业生存与专业化生产的"门槛规模";也正是通过半个世纪来持续不断的生产,萨索尔公司才得以通过"干中学"等方式攻克煤生产燃料油的成本控制难题并成为全球最具有生产经验与技术能力的第一大合成燃料企业。因此,从这些逻辑出发,如果没有丰富的国内资源、特殊的国内背景与具有规模效应的本土市场需求的涵养和支持,萨索尔公司就很可能如美国、英国、德国的企业一样,只是具有煤生产燃料油的成熟技术但无法实现商业化的运作。

第三节　本土市场规模与国内产业升级:
理论模型的调整与完善

无论是工业化国家的经济演化与产业升级,还是金砖国家的企业发展与产业升级,上述案例都从不同角度证明了本土市场规模与国内产业升级之间存在相互作用的机理;而基于上述案例间与案例内的逻辑论点,并围绕这些逻辑论点与经济学文献的循环,理论模型中本土市场规模与国内产业升级之间的作用机理还可进一步调整与完善。

一、本土市场规模与国内产业升级之间存在相互的作用机理

从美国、日本等工业化国家的经济演化与产业升级来看,本土市场规模与国内升级之间存在明显的相互作用机理。尽管通过本土市场的互动效应、市

场规模的诱致效应、本土规模市场的终端需求效应等维度，这两个国家的本土市场规模对国内产业升级的支持作用并不如理论模型所描述地那样全面，但也至少从需求发现、技术能力演化、价值链拓展与运营支撑等方面涵养并支持了其国内的产业升级。与此同时，美国与日本的实践也表明，通过对消费需求与投资需求的引致与扩张，这两个国家的产业升级也进一步扩张了其本土市场规模。由此可知这二者之间存在相互影响、彼此促进的互惠关系。在小国的案例中，瑞士的产业升级表明离开了具有规模效应的本土市场的涵养与支持，一个国家仍然可以推进工业化与产业升级；但这个国家的产业发展及其转型升级则需要规避与大国的竞争，集中于行业内部的细分更细的市场中，这是一个艰难的选择。然而，瑞士的案例也表明本土市场的需求条件、资源禀赋等异质性特征仍然能够影响国家的产业发展与转型升级；不但如此，由于特殊的文化背景、政治立场、地理空间与经济关系等因素的影响，瑞士的产业升级也受到了超越国界的"本土"市场规模的涵养与支持。

在部门分析中，无论是工业化国家的美国苹果公司、日本丰田汽车，还是金砖国家的巴西航空工业公司、印度塔塔汽车公司、南非萨索尔公司，这些全球性领导企业的发展也再一次表明本土市场规模能够支持并涵养国内的企业发展与产业升级。首先是上述五家企业的成立都受到了各自国家当时的需求引导，没有哪一家企业在成立之初就是以国际市场需求为导向并直面国际市场的竞争；其次是这些国家的本土市场的需求条件、资源禀赋、政府行为等因素也深远地影响上述企业的发展方向，美国对新兴产品的需求引导、巴西国内的短距离通勤需求、南非的石油匮乏等因素都不同程度地影响各自企业的发展，并为企业的后续成功奠定了基础；第三是在进一步发展的过程中，上述五家企业之所以能顺利跨越企业生存与专业化的"门槛规模"，都无一例外地受益于本土市场的"主场优势"与国内需求的规模优势；第四是上述五家企业都是依托具有规模效应的本土市场的运营来支持企业转型、产品创新与国际化，都是在国内市场取得巨大成功之后才开始走向国际市场并拓展国际地位；不但如此，上述五家企业也都很好地把握了自身发展过程中的全球化与本地化的协调。

二、本土市场规模与国内产业升级：作用机理的调整与完善

基于上述案例之间的逻辑论点，并考虑经济学的理论逻辑，本研究报告认为需要从以下几个方面进一步调整并完善本土市场规模与国内产业升级之间的作用机理：

首先是尽管本土市场规模与国内产业升级之间存在相互影响、彼此促进的互惠关系，但本土市场规模并非国内产业升级的充分条件。瑞士的产业升级就表明，虽然离开具有规模效应的本土市场的涵养与支持，国内产业的发展及其转型升级的方向选择需要面对更大的挑战，但小国仍然可以推进国内的产业升级；而美国、日本的经济演化与产业实践也表明，除了本土市场规模的涵养与支持之外，国内产业升级还需要完善的产业发展策略与制度安排，并需要全社会的共识予以长期支持。

其次是尽管在理论模型中通过本土市场的互动效应、市场规模的诱致效应、本土规模市场的终端需求效应三个维度，本土市场规模能够从需求发现、技术能力演化、参与式合作、价值链拓展与运营支撑等方面涵养并支持国内的产业升级；但案例研究表明，本土市场规模能够支持国内产业升级，但支持的维度与方面会因为各国的异质性特征而呈现出多样性的特点。这也就是说，更多的时候本土市场规模只是从需求发现、技术能力演化、参与式合作、价值链拓展与运营支撑等维度的某些方面支持国内产业升级。

第三是对比工业化国家的产业升级与金砖国家的产业升级，工业化国家的本土市场规模更多的是从需求发现、技术能力演化、价值链拓展与运营支撑等维度支持国内产业升级，而金砖国家的本土市场规模更多的则是从需求发现、参与式合作、运营支撑等维度支持国内产业升级。需要强调的是，在产业升级的需求发现中，工业化国家的需求发现主要是针对高端市场中新兴产品的需求发现；而金砖国家的需求发现更多是针对低端市场中的需求发现，并经历了从低端市场、低价→低端市场、高质、低价→中高端市场、高质、低价的演化过程。

第四是在部门分析中，无论是工业化国家的美国苹果公司、日本丰田汽车，还是金砖国家的巴西航空工业公司、印度塔塔汽车公司、南非萨索尔公司，尽管这些企业的发展都经历了不同程度的起伏，但依托对本土市场需求的精

确把握与具有规模效应的国内市场需求的支撑,都无一例外地取得成功。在这个过程中,不但这些企业的成立、发展与国际化离不开本土市场规模的涵养与支持,而且在其成为领导性的跨国企业之后,这些企业仍然会高度关注最初使它们取得成功的本土市场。

第五是尽管案例研究证明了通过消费需求与投资需求的引致与扩张,国内产业升级有助于本土市场规模的扩张;但在本土市场规模的扩张过程中,无论是美国、日本等工业化国家,还是巴西、印度、南非等金砖国家,政府行为都起到了重要的作用。这种政府行为不但涵括了对本土市场的深化与发展,而且包括了对本土市场的某种保护。

第四章　我国的本土市场规模：特征事实、演化趋势及其对国内产业升级的影响

既然在理论上存在本土市场规模与国内产业升级的作用机理，而且工业化国家与"金砖"国家的产业实践也表明具有规模效应的本土市场能够内生促进国内的产业升级；因此我国的产业升级就必须高度重视并充分利用本土市场规模的比较优势。这首先就需要明晰我国本土市场规模的特征事实、演化趋势及其对国内产业升级的影响等①。

第一节　我国的本土市场规模：特征事实

经过改革开放以来 30 多年的高速发展，尤其是近年来城市中等收入群体的出现与快速扩张，我国正在由传统的制造业大国转变为全球最主要的消费型经济体，并开始扮演着全球产品购买者的角色。在这样的背景下，我国的本土市场规模开始迅速扩张，并逐步位居世界前列。

一、我国的本土市场规模：总量分析

鉴于国内学术界对本土市场规模的测度尚未形成一致的看法，再加上本课题的研究并不需要精确测算我国的本土市场规模，因此本研究报告将基于本土市场规模的影响因素，如果经济总量（GDP）、人口规模与人均 GDP、进口

---

① 本章的数据来源如无特别说明，则表示数据来源于各年份的《中国统计年鉴》。

总额等指标,来间接推测我国的本土市场规模。

　　从经济增长指标以及经济总量指标来看,得益于改革开放以来国民经济的持续、快速增长,我国经济总量已位居世界前列,成为仅次于美国的全球第二大经济体。图4-1的数据显示,1978年我国国内生产总值仅为3645.2亿元,到2012年就迅速攀升到519322亿元,34年间共增长了515676.8亿元,年均增长15166亿元。剔除价格因素之后,1978—2012年间,我国经济总量的年均增长速度已接近10个百分点,国民经济实现了持续、高速的增长,并创造了令人瞩目的“中国奇迹”。得益于此,我国经济总量在全球的排名也节节攀升:2005年我国经济总量就超过了意大利成为全球第六大经济体,2006年则是一举超过法国、英国并成为全球第四大经济体,2007年我国又进一步超过德国成为全球第三大经济体,2010年我国经济总量超过日本成为仅次于美国的第二大经济体。

（单位：亿元）

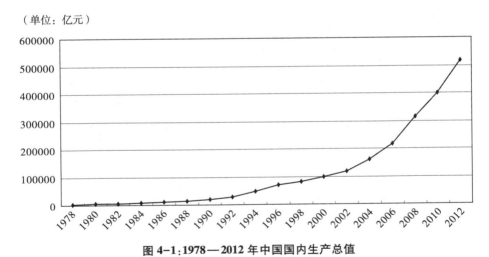

图4-1:1978—2012年中国国内生产总值

数据来源:国家统计局:《中国统计年鉴》,http://www.stats.gov.cn/tjsj/ndsj;2012年的数据来源于国家统计局:《中华人民共和国国民经济和社会发展统计公报》,http://news.xinhuanet.com/politics/2013-02/23/c_114772758.htm。

说明:按当年价格计算,2012年为初步数据。

　　其次从人口规模与人均GDP指标来看,目前我国人口规模已位居世界第一,但人均GDP在全球排名并不靠前。根据国家统计局公布的数据,2012年

（单位：元）

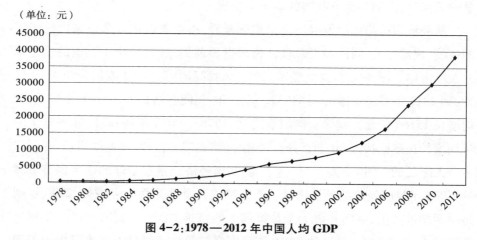

图 4-2：1978—2012 年中国人均 GDP

数据来源：国家统计局：《中国统计年鉴》，http://www.stats.gov.cn/tjsj/ndsj；2012 年的数据来源于国家
统计局：《中华人民共和国国民经济和社会发展统计公报》，http://news.xinhuanet.com/
politics/2013-02/23/c_114772758.htm。
说明：按当年价格计算，2012 年为初步数据。

我国人口规模已达到 135404 万人，较 1978 年增长了 39145 万人，年均增长
1151.3 万人，位居世界第一。就人均 GDP 指标而言，图 4-2 的数据显示，
1978—2012 年，我国人均 GDP 也实现了持续、快速的扩张。1978 年我国人均
GDP 仅为 381 元，到 2012 年就迅速攀升到 38354 元，34 年间共增长了 37973
元，年均增长 1116.9 元。然而，由于人口规模十分庞大，我国人均 GDP 在全
球的排名并不靠前。根据国家货币基金组织提供的数据，2012 年我国人均
GDP 在全球 100 多个国家中仅排在第 84 位，人均 GDP 不但远远落后于美国、
日本、德国等工业化国家，而且落后于巴西、南非等"金砖"国家，甚至还落后
于其他一些发展中国家，在全球处于中下游水平①。
　　第三是从进口规模来看，近年来伴随我国经济的持续、快速扩张，进口规
模也开始位居世界前列。图 4-3 的数据显示，1978—2012 年间，作为内需市
场的延伸，我国的进口规模也实现了持续、快速的扩张。1978 年我国进口总
额仅为 108.9 亿美元，到 1995 年就达到了 1320.8 亿美元，突破 1000 亿美元；

---

　　①　数据来源：http://www.imf.org/external/chinese/index.htm。

（单位：亿美元）

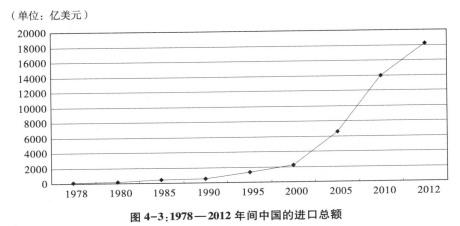

图4-3:1978—2012年间中国的进口总额

数据来源:国家统计局:《中国统计年鉴》,http://www.stats.gov.cn/tjsj/ndsj;2012年的数据来源于国家
　　　统计局:《中华人民共和国国民经济和社会发展统计公报》,http://news.xinhuanet.com/
　　　politics/2013-02/23/c_114772758.htm。
说明:按当年价格计算,2012年为初步数据。

进入21世纪后,我国进口总额的规模扩张更为明显,2005年进口总额就达
到了6599.5亿美元,突破了5000亿美元,到2010年则达到了13962.4亿
美元,突破10000亿美元大关。从1978年的108.9亿美元到2012年的
18178亿美元,我国的进口总额在34年内共增长了18069.1亿美元,年均
增长531.4亿美元。得益于此,近年来我国进口贸易的总体规模也开始位
居世界前列。

　　从其他一些指标来看,如基尼系数、国内市场一体化的程度等指标,尽管
我国在这些指标方面不如工业化国家①,甚至还不如部分发展中国家;但这些
指标对本土市场规模的影响远远不如经济增长率、经济总量与人口规模等指
标。因此,基于高速的经济增长率、不断扩张的经济总量、快速提升的人均收
入以及规模庞大的国内人口等指标的综合考虑,本研究报告认为我国具有显
著的本土市场规模的比较优势,整体规模已开始位居世界前列。

---

① 作为一个转型中的国家,近年来我国的基尼系数一直居高不下,国内收入分配的不均衡
　较为严重;与此同时,国内市场分割的问题也不同程度存在,这些都不可避免会影响到
　我国市场规模的扩张。

二、我国的本土市场规模：结构分析

由于本土市场的内需结构能够影响市场规模的演化趋势，因此研究本土市场规模的特征事实既需要探讨其总量规模，也需要分析其内需结构。鉴于宏观总量分析中的需求结构可分为消费需求、投资需求与净出口，本部分将主要从这几方面来分析我国的本土市场规模。

首先从消费需求来看，尽管伴随消费需求的持续、快速增长，我国消费需求的整体规模也在快速扩张，但由于消费需求扩张的速度要明显低于经济扩张的速度，我国消费需求在总需求中的比重出现了持续下滑的趋势。表 4-1 的数据显示，1978—2011 年间，伴随国民经济的高速增长，我国最终消费支出在整体上也实现了持续、快速的增长，1978 年我国最终消费支出还只有 2239.1 亿元，到 2011 年最终消费支出就迅速攀升到 228561.3 亿元，33 年间共增长率 226322 亿元，年均增长 6858.2 亿元。然而，由于在大多数年份内经济总量的增长速度要高于消费支出的增长速度，我国最终消费支出占国内生产总值的比重开始日益下降。表 4-1 的数据显示，在 1978—2011 年间，只有在 20 世纪 80 年代初，我国最终消费率才出现了上升的趋势，但无论是年均的上升幅度还是总体上升幅度都极其有限；而在其余年份，尤其是进入 20 世纪 90 年代之后，我国最终消费率则是出现了明显下滑的趋势，1993 年最终消费率首次跌破 60 个百分点，仅为 59.3%；随后尽管最终消费率又出现了小幅上升趋势，但在 2002 年又再次跌破 60 个百分点，到 2007 年进一步跌破 50 个百分点，到 2010 年我国最终消费率更是下滑到 48.2%；2011 年尽管最终消费率又小幅上扬到 49.1 个百分点，但仍然是远远低于改革开放初期的最终消费率。与美国、日本、德国等发达国家相比，尽管在整体上我国消费需求规模仍然十分庞大，并已日益成为支撑国民经济增长的稳定性力量，但我国消费需求在整个国民经济中所占的比重则是要远远低于发达国家[①]，也低于其他的一

① 以美国为例，20 世纪 70 年代美国仅私人消费在 GDP 中所占比重就达到了 62.4%，进入 21 世纪后则是进一步扩张到 70.8%。事实上，如果再加上政府的公共消费，美国的最终消费支出所占其 GDP 的比重高达 90% 左右，这几乎是现阶段我国最终消费所占 GDP 比重的 2 倍。藏旭恒：《转型时期消费需求升级与产业发展研究》，经济科学出版社 2012 年版，第 114 页。

些"金砖"国家与发展中国家。

表 4-1：1978—2011 年我国 GDP 与最终消费支出

年　份	国内生产总值（亿元）	最终消费支出（亿元）	最终消费率（%）
1978	3605.6	2239.1	62.1
1979	4092.6	2633.7	64.4
1980	4592.9	3007.9	65.5
1981	5008.8	3361.5	67.1
1982	5590	3714.8	66.5
1983	6216.2	4126.4	66.4
1984	7362.7	4846.3	65.8
1985	9076.7	5986.3	66
1986	10508.5	6821.8	64.9
1987	12277.4	7804.6	63.6
1988	15388.6	9839.5	63.9
1989	17311.3	11164.2	64.5
1990	19347.8	12090.5	62.5
1991	22577.4	14091.9	62.4
1992	27565.2	17203.3	62.4
1993	36938.1	21899.9	59.3
1994	50217.4	29242.2	58.2
1995	63216.9	36748.2	58.1
1996	74163.6	43919.5	59.2
1997	81658.5	48140.6	59
1998	86531.6	51588.2	59.6
1999	91125	55636.9	61.1
2000	98749	61516	62.3
2001	109028	66933.89	61.4
2002	120475.6	71816.52	59.6
2003	136613.4	77685.51	56.9
2004	160956.6	87552.58	54
2005	187423.5	99357.54	53.

续表

年 份	国内生产总值 （亿元）	最终消费支出 （亿元）	最终消费率 （%）
2006	222712.5	113103.8	50.8
2007	266599.2	132232.9	49.6
2008	315974.6	153422.5	48.6
2009	348775.1	169274.8	48.5
2010	402816.5	194115	48.2
2011	465731.3	228561.3	49.1

数据来源：国家统计局：《中国统计年鉴》，http://www.stats.gov.cn/tjsj/ndsj/。
说明：按当年价格计算，2011 年为初步数据。

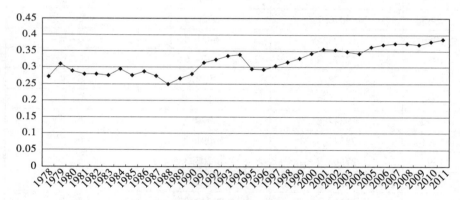

图 4-4：1978—2011 年间我国政府消费支出与居民消费支出之比

数据来源：国家统计局：，中国统计年鉴》，http://www.stats.gov.cn/tjsj/ndsj/。
说明：按当年价格计算，2011 年为初步数据。

　　进一步细分消费需求的内部结构还可发现，1978—2011 年间，尽管我国居民消费支出与政府消费支出都在增长，但政府消费支出的扩张速度要明显快于居民消费的扩张速度，进而导致居民消费支出与政府消费支出之间的差距明显缩小。图 4-4 的数据显示：1978 年，政府消费支出与居民消费支出之比仅为 0.273，即政府消费支出只占到了居民消费支出的 27.3%，但伴随政府消费支出的持续、快速扩张，到 2011 年政府消费支出与居民消费支出之比就上升到 38.6%，33 年间上升了 11.3 个百分点，年均上升 0.34 个百分点。

　　从投资需求来看,伴随国民经济的持续、高速增长,无论是投资需求的增长速度还是投资需求的整体规模都实现了快速扩张。表4-2的数据显示:1978—2011年间,我国资本形成总额就从1377.9亿元迅速攀升至225006.7亿元,33年间共增长了223628.8亿元,年均增长6776.6亿元,实现快速、高速的扩张。不但如此,从投资率来看,表4-2的数据显示:尽管在20世纪90年代之前,我国投资率在个别年份也曾达到了40%左右,但在大多数年份内还只是维持在38%左右,有些年代还只有31%左右,整体上处于较低水平;然而,自进入21世纪以来我国投资率却出现了高速扩张的趋势,2003年突破41%,2009年达到了47.2%,到2011年更是扩张到48.3%。从1978年的38.2%到2011年的48.3%,我国投资率的年均扩张速度达到了0.31个百分点。投资率的持续扩张与我国最终消费率的持续下滑形成鲜明对比,表明1978—2011年间我国资本形成总额的增长速度要远远快于我国消费需求的增长速度与经济总量的扩张速度,对国民经济的驱动作用日益突出。

表4-2:1978—2011年我国GDP与投资需求

年　份	国内生产总值 （亿元）	资本形成总额 （亿元）	投资率 （%）
1978	3605.6	1377.9	38.2
1979	4092.6	1478.9	36.1
1980	4592.9	1599.7	34.8
1981	5008.8	1630.2	32.5
1982	5590	1784.2	31.9
1983	6216.2	2039	32.8
1984	7362.7	2515.1	34.2
1985	9076.7	3457.5	38.1
1986	10508.5	3941.9	37.5
1987	12277.4	4462	36.3
1988	15388.6	5700.2	37
1989	17311.3	6332.7	36.6
1990	19347.8	6747	34.9
1991	22577.4	7868	34.8

年　份	国内生产总值 （亿元）	资本形成总额 （亿元）	投资率 （%）
1992	27565.2	10086.3	36.6
1993	36938.1	15717.7	42.6
1994	50217.4	20341.1	40.5
1995	63216.9	25470.1	40.3
1996	74163.6	28784.9	38.8
1997	81658.5	29968	36.7
1998	86531.6	31314.2	36.2
1999	91125	32951.5	36.2
2000	98749	34842.8	35.3
2001	109028	39769.4	36.5
2002	120475.6	45565	37.8
2003	136613.4	55963	41.0
2004	160956.6	69168.4	43.0
2005	187423.5	77856.82	41.5
2006	222712.5	92954.08	41.7
2007	266599.2	110943.2	41.6
2008	315974.6	138325.3	43.8
2009	348775.1	164463.2	47.2
2010	402816.5	193603.9	48.1
2011	465731.3	225006.7	48.3

数据来源：国家统计局，《中国统计年鉴》，http://www.stats.gov.cn/tjsj/ndsj/。
说明：按当年价格计算，2011 年为初步数据。

　　从货物与服务的净出口规模来看，我国净出口规模已由负转正，总量规模十分庞大。图 4-5 的数据显示：在 20 世纪 90 年代中期之前，大多数年份内我国净出口规模为负，其中 1978 年为 -11.4 亿元，1985 年则下滑到 -367 亿元，随后尽管净出口规模有所回升，但在 1993 年又进一步下滑到 -679.5 亿元；进入 20 世纪 90 年代中期之后，我国净出口规模才开始迅猛扩张，1995 年我国净出口规模就达到了 998.6 亿元，到 1996 年则一举突破了 1000 亿元大关，到 2005 年净出口规模进一步突破了 10000 亿元大关，达到了 10209.1 亿元，到

2007 净出口规模再一次突破 20000 亿元大关,达到了 23423.1 亿元,2008 年更是创纪录地达到了 24226.8 亿元;自 2009 年开始,我国净出口规模开始迅速回落,2009 年就跌破 20000 亿元大关,到 2012 年更是回落到 2312 亿元。

（单位：亿元）

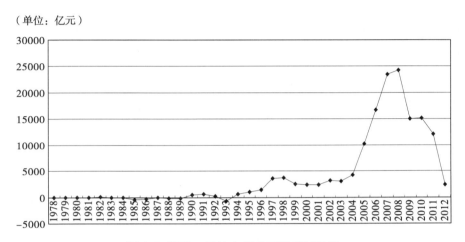

图 4-5:1978—2011 年间我国净出口规模

数据来源:国家统计局:《中国统计年鉴》,http://www.stats.gov.cn/tjsj/ndsj;2012 年的数据来源于国家
统计局:《中华人民共和国国民经济和社会发展统计公报》,http://news.xinhuanet.com/
politics/2013-02/23/c_114772758.htm。

说明:按当年价格计算,2012 年为初步数据。

综上所述,本研究报告认为:鉴于我国净出口规模的大幅度回落,本土市场规模主要以国内的消费需求与投资需求为主;与此同时,考虑到国内居民消费支出的增长缓慢、再加上投资需求的快速扩张,我国的本土市场规模的内部结构呈现出居民消费、公共支出与投资需求"三足鼎立"的局面。

三、我国的本土市场规模:存在的问题

尽管我国的本土市场规模已位居世界前列,并具有显著的比较优势;但与美国、日本、德国等主要工业国家的本土市场规模相比,我国的本土市场规模也存在不少的问题。目前,这些问题不但制约了本土市场规模的进一步扩张,而且不同程度地影响本土市场规模对国内产业升级的驱动。

首先是本土市场内部的消费需求不足,尤其是居民消费需求不足已开始

制约本土市场的规模扩张,并影响了国内产业的发展与转型升级。表 4-3 的数据就显示:1978—2011 年间,尽管我国居民消费支出依然保持着持续上升的趋势,但增长幅度要远远低于全国同期国民经济的增长速度,这就直接导致居民消费支出占 GDP 的比重出现了持续下滑的趋势。1978 年,我国居民消费支出为 1759.1 亿元,占 GDP 的比重为 48.8%;尽管在 20 世纪 80 年代,我国居民消费支出占 GDP 的比重出现了小幅上扬,并一度超过了 50%,有些年份甚至达到了 52%;但进入 20 世纪 90 年代之后,我国居民消费支出占 GDP 的比重则是出现了持续下滑的趋势,1990 年居民消费支出占 GDP 的比重重新回落到 50%以内,2005 年居民消费支出占 GDP 的比重进一步下滑到 40%以内;到 2011 年尽管我国居民消费支出已快速增长到 164945.2 亿元,但其占 GDP 的比重却下滑至 35.4%,较 1978 年下滑了 13.4 个百分点。与此形成鲜明对比的则是我国的投资需求,1978—2011 年间,我国资本形成总额的增长速度要远远高于同期我国居民消费支出的增长速度,也高于全国经济的增长速度,这就导致了投资需求占 GDP 的比重出现了持续上升的趋势。1978 年,我国资本形成总额仅为 1377.9 亿元,占 GDP 的比重仅为 38.2%,较当年居民消费支出占 GDP 的比重低了 10.6 个百分点;尽管在 20 世纪 80 年代,我国资本形成总额占 GDP 的比重出现了小幅下滑,与居民消费支出占 GDP 的比重的差距也进一步扩张;但进入 20 世纪 90 年代之后,我国资本形成总额占 GDP 的比重则出现了持续上升的趋势,1993 年我国资本形成总额占 GDP 的比重就突破 40%,达到了 42.6%,与居民消费支出占 GDP 的比重的差距开始明显缩小;2004 年,我国资本形成总额占 GDP 的比重上升到 43%,并首次超过居民消费支出占 GDP 的比重;到 2011 年,由于投资需求的持续、快速扩张,我国资本形成总额已迅猛扩张到 225006.7 亿元,占 GDP 的比重上升到 48.3%,较1978 年上升了 10.1 个百分点,较同期居民消费支出占 GDP 的比重反超了12.9 个百分点。纵观主要工业化国家的经济发展历程,国内消费需求对本土市场规模的扩张效应、对经济内生增长的驱动效应以及对产业升级的促进作用等均要远远强于投资需求。从这个逻辑出发,目前我国本土市场规模内部的消费需求不足、投资需求日益扩张等不但严重影响了本土市场规模的快速扩张,而且诱导了产业发展与经济增长对投资的路径依赖。

表4-3:1978—2011年我国的居民消费、公共消费与投资需求

(单位:亿元)

年份	国内生产总值	居民消费支出及其占 GDP 的比重		公共消费支出及其占 GDP 的比重		资本形成总额及其占 GDP 的比重	
1978	3605.6	1759.1	0.488	480	0.133	1377.9	0.382
1979	4092.6	2011.5	0.491	622.2	0.152	1478.9	0.361
1980	4592.9	2331.2	0.508	676.7	0.147	1599.7	0.348
1981	5008.8	2627.9	0.525	733.6	0.146	1630.2	0.325
1982	5590	2902.9	0.519	811.9	0.145	1784.2	0.319
1983	6216.2	3231.1	0.520	895.3	0.144	2039	0.328
1984	7362.7	3742	0.508	1104.3	0.150	2515.1	0.341
1985	9076.7	4687.4	0.516	1298.9	0.143	3457.5	0.381
1986	10508.5	5302.1	0.505	1519.7	0.145	3941.9	0.375
1987	12277.4	6126.1	0.499	1678.5	0.137	4462	0.363
1988	15388.6	7868.1	0.511	1971.4	0.128	5700.2	0.370
1989	17311.3	8812.6	0.509	2351.6	0.136	6332.7	0.366
1990	19347.8	9450.9	0.488	2639.6	0.136	6747	0.349
1991	22577.4	10730.6	0.475	3361.3	0.149	7868	0.348
1992	27565.2	13000.1	0.472	4203.2	0.152	10086.3	0.366
1993	36938.1	16412.1	0.444	5487.8	0.149	15717.7	0.426
1994	50217.4	21844.2	0.435	7398	0.147	20341.1	0.405
1995	63216.9	28369.7	0.449	8378.5	0.133	25470.1	0.403
1996	74163.6	33955.9	0.458	9963.6	0.134	28784.9	0.388
1997	81658.5	36921.5	0.452	11219.1	0.137	29968	0.367
1998	86531.6	39229.3	0.453	12358.9	0.143	31314.2	0.362
1999	91125	41920.4	0.460	13716.5	0.151	32951.5	0.362
2000	98749	45854.6	0.464	15661.4	0.156	34842.8	0.353
2001	109028	49435.9	0.453	17498.03	0.160	39769.4	0.365
2002	120475.6	53056.6	0.440	18759.95	0.156	45565	0.378
2003	136613.4	57649.8	0.422	20035.7	0.147	55963	0.410
2004	160956.6	65218.5	0.405	22334.1	0.139	69168.4	0.430
2005	187423.5	72958.7	0.389	26398.83	0.141	77856.82	0.415
2006	222712.5	82575.45	0.371	30528.4	0.137	92954.08	0.417

续表

年份	国内生产总值	居民消费支出及其占 GDP 的比重		公共消费支出及其占 GDP 的比重		资本形成总额及其占 GDP 的比重	
2007	266599.2	96332.5	0.361	35900.37	0.135	110943.2	0.416
2008	315974.6	111670.4	0.353	41752.09	0.132	138325.3	0.438
2009	348775.1	123584.6	0.354	45690.18	0.131	164463.2	0.472
2010	402816.5	140758.6	0.349	53356.31	0.132	193603.9	0.481
2011	465731.3	164945.2	0.354	63616.1	0.137	225006.7	0.483

数据来源:国家统计局:《中国统计年鉴》,http://www.stats.gov.cn/tjsj/ndsj/。
说明:按当年价格计算,2011 年为初步数据。

　　其次从居民消费需求的内部特征来看,规模庞大的农民在居民消费市场中所占的份额出现了持续下滑,城乡之间的消费差距日益扩大。这种客观现实也严重制约了我国居民消费需求与本土市场规模的扩张,并影响了国内产业升级。表 4-4 的数据显示:1978—2011 年间,尽管我国农村消费支出保持了持续、快速扩张的趋势,但其占全国居民消费支出的比重却出现了急速下滑的趋势。1978 年,我国农村居民消费支出为 1092.4 亿元,占当年居民消费支出的比重为 62.1%,高出城镇居民消费支出 425.7 亿元、高出城镇居民消费支出占全国居民消费支出的比重 24.2 百分点;进入 20 世纪 80 年代之后,尽管我国农村居民消费支出仍然维持了持续的增长,但增长速度要明显低于同期全国城镇居民消费支出的增长速度,受此影响城市居民消费支出与农村居民消费支出的差距开始明显缩小;进入 20 世纪 90 年代之后,农村居民消费支出的增长速度仍然是明显低于同期全国城镇居民消费支出的增长速度,城镇居民消费支出占全国居民消费支出的比重开始反超农村居民消费支出占全国居民消费支出的比重;到 2011 年,我国农村居民消费支出尽管已增长到 37394.6 亿元,但占当年全国居民消费支出的比重却下滑到 22.7%,低于城镇居民消费支出 90156 亿元、低于城镇居民消费支出占全国居民消费支出的比重 54.7 百分点。尽管城乡居民消费支出的这种特征与我国城镇化有很大的关系,即与我国城镇化的快速扩张与城市人口的急剧膨胀紧密相关;但根据国家统计局的数据,2011 年我国城镇化率仅为 51.27%,城乡人口各占一半的事实对比城镇居民消费支出约为农村居民消费支出 3.4 倍的事实,意味着我国农村居民消费支出尽管实现了持续、快速的增长,但增长速度要远远低于同期城市居民消费支出的增长速度、也要远远低于同期全国经济扩张的增长速度,这表明我国农村居民消费市场还有很大的潜力。从这个逻辑出发,本研究报告认为农村居民消费不足不但严重制约了我国本土市场规模的持续扩张,而且影响了国内产业升级的推进。

表 4-4:1978—2011 年我国的农村居民消费支出与城镇居民消费支出

（单位:亿元）

年份	居民消费支出	农村居民消费支出及其占居民消费支出的比重		城镇居民消费支出及其占居民消费支出的比重	
1978	1759.1	1092.4	0.621	666.7	0.379
1979	2011.5	1252.9	0.623	758.6	0.377
1980	2331.2	1411	0.605	920.2	0.395
1981	2627.9	1603.8	0.610	1024.1	0.390
1982	2902.9	1787.5	0.616	1115.4	0.384
1983	3231.1	2010.5	0.622	1220.6	0.378
1984	3742	2312.1	0.618	1429.9	0.382
1985	4687.4	2809.6	0.599	1877.8	0.401
1986	5302.1	3059.2	0.577	2242.9	0.423
1987	6126.1	3428.9	0.560	2697.2	0.440
1988	7868.1	4174	0.530	3694.1	0.470
1989	8812.6	4545.7	0.516	4266.9	0.484
1990	9450.9	4683.1	0.496	4767.8	0.504
1991	10730.6	5082	0.474	5648.6	0.526
1992	13000.1	5833.5	0.449	7166.6	0.551
1993	16412.1	6858	0.418	9554.1	0.582
1994	21844.2	8875.3	0.406	12968.9	0.594
1995	28369.7	11271.6	0.397	17098.1	0.603
1996	33955.9	13907.1	0.410	20048.8	0.590
1997	36921.5	14575.8	0.395	22345.7	0.605
1998	39229.3	14472	0.369	24757.3	0.631
1999	41920.4	14584.1	0.348	27336.3	0.652

年份	居民消费支出	农村居民消费支出及其占居民消费支出的比重		城镇居民消费支出及其占居民消费支出的比重	
2000	45854.6	15147.4	0.330	30707.2	0.670
2001	49435.86	15790.99	0.319	33644.87	0.681
2002	53056.57	16271.71	0.307	36784.86	0.693
2003	57649.81	16305.72	0.283	41344.1	0.717
2004	65218.48	17689.86	0.271	47528.62	0.729
2005	72958.71	19958.41	0.274	53000.3	0.726
2006	82575.45	21785.96	0.264	60789.49	0.736
2007	96332.5	24205.56	0.251	72126.93	0.749
2008	111670.4	27677.26	0.248	83993.15	0.752
2009	123584.6	29005.33	0.235	94579.29	0.765
2010	140758.6	31974.6	0.227	108784	0.773
2011	164945.2	37394.6	0.227	127550.6	0.773

数据来源:国家统计局:《中国统计年鉴》,http://www.stats.gov.cn/tjsj/ndsj/。
说明:按当年价格计算,2011年为初步数据。

第三是尽管投资需求扩张迅猛并已成为我国经济增长的支配性力量;但本土市场规模内部的无效供给过剩与有效供给不足的矛盾仍然十分突出,这表明我国投资需求虽然具有明显的规模优势,但这种需求的质量仍然有待于进一步提升。表4-2的数据显示,2011年我国的资本形成总额已高达225006.7亿元,投资率也创纪录地达到了48.3%,这表明我国产业发展与经济增长已严重依赖投资驱动。然而,我国高投资并没有逻辑地缓解本土市场中有效供给不足的矛盾。目前,市场内部大量商品积压、无效供给过剩的问题仍然十分普遍,而公共产品、新型产品与服务、价廉质优产品、高科技产品等能够满足居民需求的有效供给仍然严重不足。这表明现阶段我国的投资需求更多还是流向了传统产业领域,而新兴产业、高加工度、高科技含量的产业领域的投资需求仍然没有得到有效满足。这种状况不但影响了我国居民消费需求的转型升级与规模扩张,而且会影响了我国投资需求的转型升级与规模扩张,最终制约了本土市场规模的总量扩张并影响了国内产业升级的推进。

第二节　我国的本土市场规模:演化趋势

目前,尽管我国的本土市场规模已逐步位居世界前列,但伴随我国经济的快速发展,本土市场规模进一步扩张的趋势仍然十分明显;不但如此,伴随我国城镇化的推进、中等收入群体的扩张与需求层次的提升,本土市场规模的结构也必然会发生翻天覆地的变化。

一、本土市场规模的总量演化趋势

首先从经济增长率以及经济总量指标来看,尽管未来一段时间内我国经济增长速度不可避免会有所缓慢,但仍然会保持较快的增长趋势,受此影响总量经济规模仍然会持续扩张。世界银行、国务院发展研究中心的研究结果(2012)就表明:虽然驱动中国经济增长的有利因素,如劳动人口的增长、全要素生产率的提升、投资需求的增长、出口规模的快速扩张等,均不可避免会有所放缓,有些因素甚至会消失,受此影响中国经济增速的放缓将是一个不可逆转的趋势;但伴随中国经济的进一步调整与结构性改革的推进,尤其是新型城镇化的全面推进与城镇中等收入群体的持续扩张,消费型的经济扩张将会部分抵消上述不利影响,得益于此中国经济仍然会保持较快的增长趋势①。具体而言,在2015年之前,尽管中国经济的年均增长速度不会继续维持在10个百分点左右,但仍然会高达8.6个百分点;在2016—2020年间,尽管中国经济的增长率会进一步下滑,但仍然可以实现年均7个百分点的增长速度;在2021—2025年间,中国经济的增长率虽然会继续下滑,但也能实现年均5.9个百分点的增长速度;在2026—2030年间,中国经济的年均潜在增长率还能实现5个百分点(表4-5)。得益于此,中国经济的总量规模仍然保持持续扩张的趋势,并具有全面超越美国成为全球第一大经济体的可能。事实上,英国经济学人信息部(Economist Intelligent Unit,EIU)在2006年出版的《Foresight

---

① 世界银行、国务院发展研究中心:《2030年的中国——建设现代、和谐、有创造力的社会》,中国财政经济出版社2013年版。

2020：Economic Industry and Corporation Trends》中就已预测：在未来 10 年内，中国 GDP 占全世界 GDP 的比重（以购买力平价计算，PPP）将超过 16.6%，到 2020 年更是能够与美国、欧盟并驾齐驱，并以占全球 GDP 的 19.4% 而成为全世界 GDP 规模最大的国家之一①。世界银行也认为，如果中国经济能够继续保持上述增长速度，那么按照市场价格计算，2020 年中国将成为世界上最大的经济体（世界银行、国务院发展研究中心，2012）②。从这些逻辑出发，本研究报告认为由于我国经济在未来仍然会保持一定的增长速度且国民经济的总量规模仍然会持续扩张，我国本土市场规模的比较优势将更为突出，并很有可能成为全球最大的本土市场。

表 4-5：中国经济增长远景展望　　　　（单位：%）

	1995—2010	2011—2015	2016—2020	2021—2025	2025—2030
GDP 潜在增长率	9.9	8.6	7.0	5.9	5.0
就业增加率	0.9	0.3	-0.2	0.2	-0.4
劳动生产率的增长率	8.9	8.3	7.1	6.2	5.5

资料来源：世界银行、国务院发展研究中心：《2030 年的中国——建设现代、和谐、有创造力的社会》，http://www.shihang.org/zh/country/china/research。

　　其次从人口规模与人均 GDP 指标来看，尽管中国人口规模的扩张速度已全面收缩，但得益于国内经济的持续、快速扩张，我国人均 GDP 的扩张趋势仍将持续，这也意味着中国的本土市场规模仍然具有进一步扩张的潜力。目前，由于国内人口的自然增长速度已全面放缓，因此尽管中国人口的绝对规模仍在继续扩张，但扩张速度极其有限。在这样的背景下，未来一段时间内中国人口规模虽然会继续维持世界第一，但占全球人口的比重却在迅速下滑。然而，得益于国内经济的持续、快速扩张，中国将逐步步入"高收入国家"行列。在这样的背景下，中国居民的人均 GDP 将会大幅度扩张。根据国际货币基金组

---

① 毛蕴诗、李洁明：《从"市场在中国"剖析扩大消费内需》，《中山大学学报（社会科学版）》2010 年第 5 期。

② 世界银行、国务院发展研究中心：《2030 年的中国——建设现代、和谐、有创造力的社会》，中国财政经济出版社 2013 年版。

织的数据:2012 年,中国人均 GDP 仅为 6076 美元,在全球排在第 84 位,不但远远落后于美国、日本等工业化国家,而且落后于南非、巴西等新兴市场国家①;但只要中国经济能够继续保持前面分析中的增长速度,那么到 2020 年其人均 GDP 将能够突破 10000 美元(中国社会科学院,2011)②,到 2030 年其人均 GDP 将能够达到 1. 6 万美元,是目前国内人均 GDP 的 2. 7 倍,接近现在韩国的人均 GDP 水平,并略微超过美国人均 GDP 的 1/3(世界银行、国务院发展研究中心,2012)③。从这个角度来看,即使我国人口的绝对规模出现下降,但得益于人均 GDP 的快速扩张,我国本土市场规模也必然会继续扩张。

从进口指标来看,尽管我国持续强劲的竞争力可能会导致对进口的进一步挤出,但受益于国内经济的持续、快速扩张,我国进口的增长趋势仍将持续,并会超过出口的增长速度(World Bank,2011)④。从这个逻辑出发,在其他条件不变的假定下,进口规模的扩张就意味着本土市场规模也将进一步扩张。从其他一些指标来看,如基尼系数、国内市场一体化程度等来看,伴随国内经济的进一步调整与结构性改革的全面推进,未来我国在这些指标方面的表现可能仍然不如工业化国家;但较之现在而言,基尼系数的下降与国内市场一体化程度的加速推进将是一个不可逆转的过程,这些也有助于我国本土市场规模的进一步扩张。

综上所述,本研究报告认为:无论是从经济增长率与总量指标来看,还是从人口规模与人均 GDP 的指标来看,或是从进口指标、基尼系数或国内市场一体化程度等指标来看,我国的本土市场规模不但具有进一步扩张的潜力,而且具有超越美国成为全球最大的本土市场的可能。

---

① 数据来源:http://www.imf.org/external/chinese/index.htm。
② 中国社会科学院:《新兴经济蓝皮书——金砖国家经济社会发展报告(2011)》,中国社会科学出版社 2011 年版。
③ 世界银行、国务院发展研究中心:《2030 年的中国——建设现代、和谐、有创造力的社会》,中国财政经济出版社 2013 年版。
④ 世界银行:《2020 年的中国——宏观经济情景分析》,http://www. shihang. org/zh/country/china/research,2011。

二、本土市场规模的结构演化趋势

在本土规模市场进一步扩张的同时,伴随国民经济的增长与人均收入的增加,我国本土市场的内部结构也必须会发生显著变化。

首先是投资需求的扩张速度将会明显收缩,而消费需求则会迅猛扩张,受此影响,本土市场规模的内部结构将由现阶段居民消费需求、公共消费需求与投资需求"三足鼎立"的局面将会转化为消费需求"独大"的局面。世界银行、国务院发展研究中心(2012)的研究成果就表明,伴随我国经济的进一步调整与结构性改革的推进,尤其是新型城镇化的全面推进与城镇中等收入群体的持续扩张,经济总量的持续扩张必然会带动消费需求规模的迅猛扩张;受益于此,2030 年之前我国消费需求的扩张速度将会远远超过投资需求的扩张速度①,消费需求将重新在本土市场规模内部占据绝对的主导地位,中国也将因此成为全球最大的消费市场②。具体而言,我国投资需求与消费需求的演化趋势如图 4-6 所示:在 2011—2015 年间,我国投资需求占 GDP 的比重将会从 2005—2010 年间的 48.6%迅速下滑到 42%,而消费需求占 GDP 的比重则会迅速扩张到 56%,消费需求的整体规模将会重新超过投资需求的整体规模,国内经济的增长模式也将重新回归到消费驱动的模式;在 2016—2020 年间,我国投资需求与消费需求之间的差距将会进一步扩张,其中消费需求占 GDP 的比重将会达到 60%,而投资需求占 GDP 的比重则会进一步下滑到 38%,二者之间的差距将由 2011—2025 年间的 14 个百分点扩大到 22 个百分点;在 2021—2025 年间,伴随消费需求的持续扩张,消费需求占 GDP 的比重将会继续上升并达到 63%,而投资需求占 GDP 的比重则会继续下滑并维持在 36%左右,我国消费需求的整体规模将会达到投资需求规模的 1.75 倍;到 2026—2030 年间,我国消费需求占 GDP 的比重将会继续上升并创纪录地达到 66%,消费需求的整体规模将接近于投资需求规模的 2 倍,这一比重已接近于现阶段美国、日本、德国等工业国家的消费需求占 GDP 比重,此时我国本土市场规模内部消费需求占绝对主导地位的局面将完全形成。

---

① 世界银行、国务院发展研究中心:《2030 年的中国——建设现代、和谐、有创造力的社会》,中国财政经济出版社 2013 年版。

② 国家商务部:http://finance.sina.com.cn/roll/20120529/031912166540.shtml。

（单位：%）

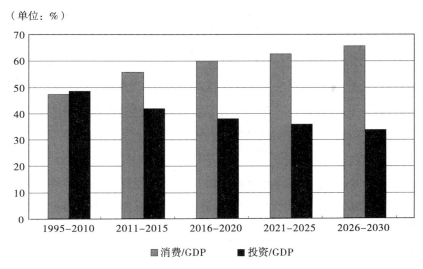

图4-6：我国消费需求、投资需求的远景展望

资料来源：世界银行、国务院发展研究中心：《2030年的中国——建设现代、和谐、有创造力的社会》，http://www.shihang.org/zh/country/china/research.2012。

表4-5：我国城镇居民家庭人均消费支出的结构变化

（人均消费支出＝100）

年份	食品	衣着	居住	家庭设备及用品	交通通信	文教娱乐	医疗保健	其他
1985	52.25	14.56	4.79	8.60	2.14	8.17	2.48	7.02
1900	54.25	13.36	6.98	10.14	1.20	11.12	2.01	0.94
1995	50.09	13.55	8.02	7.44	5.18	9.36	3.11	3.25
2000	39.44	10.01	11.31	7.49	8.54	13.40	6.36	3.44
2001	37.94	10.05	10.32	8.27	8.61	13.00	6.47	5.35
2002	37.68	9.80	10.35	6.45	10.38	14.96	7.13	3.25
2003	37.12	9.79	10.74	6.30	11.08	14.35	7.31	3.30
2004	37.73	9.56	10.21	5.67	11.75	14.38	7.35	3.34
2005	36.69	10.08	10.18	5.62	12.55	13.82	7.56	3.50
2006	35.78	10.37	10.40	5.73	13.19	13.83	7.14	3.56
2007	36.29	10.42	13.29	9.83	6.99	13.58	6.02	3.58
2008	37.89	10.37	12.08	10.19	6.99	12.60	6.15	3.72

年份	食品	衣着	居住	家庭设备及用品	交通通信	文教娱乐	医疗保健	其他
2009	35.67	10.72	9.89	6.74	6.47	14.73	12.08	3.71
2010	35.67	10.72	9.89	6.74	14.73	12.08	6.47	3.71
2011	36.32	11.05	9.27	6.75	14.18	12.21	6.39	3.83

数据来源:国家统计局:《中国统计年鉴》,http://www.stats.gov.cn/tjsj/ndsj/。
说明:按当年价格计算,2011 年为初步数据。

　　其次是伴随人均收入的持续扩张与消费需求规模的急速扩张,我国消费需求内部的结构也将会随之发生变化,耐用消费型、享受类型、居住类型等消费需求将明显增加。根据麦肯锡全球研究所(Mckinsey Global Institute,MGI)的研究,家庭收入 5000 美元是人们可以消费各种必需品的临界点,而随着收入超过 5000 美元家庭消费结构也将会随之发生变化①。因此伴随我国人均GDP 从 6000 美元向 10000 美元、16000 美元的扩张,我国消费需求内部的结构升级也将是一个不可逆转的趋势。借鉴我国统计局的划分标准,即按照用途将居民消费支出分为食品、衣着、家庭设备及用品、交通通信、文教娱乐、医疗保健、其他等类型,并考虑 1985—2011 年间我国居民消费需求的结构性变化的趋势,一定程度上我们也可以预测我国居民消费需求的演化趋势。从表4-5 的数据来看:1985 年,我国城镇居民消费支出的排序依次为食品、衣着、家庭设备及用品、文教娱乐、其他、居住、医疗保健、交通通信,其中食品消费支出占全部消费支出的比重超过了 50%,如果再算上衣着消费支出,两项消费共占到了全部消费支出的 66.81%,属于典型的温饱型消费;到 2011 年,我国城镇居民消费支出的排序发生了明显变化,其排序依次为食品、交通通信、文教娱乐、衣着、居住、家庭设备及用品、医疗保健、其他,其中食品消费支出明显下降而交通通信、文教娱乐、居住等消费支出则明显上升,属于典型的住行型消费。按照这种发展趋势,本研究报告认为:伴随人均收入的持续增长,未来一段时间内我国城镇居民的温饱型消费将继续下滑,而在交通通信、文教娱

---

①　毛蕴诗、李洁明:《从"市场在中国"剖析扩大消费内需》,《中山大学学报(社会科学版)》2010 年第 5 期。

乐、居住、医疗保健等方面的消费支出将会继续扩张。

　　从表4-6的数据来看：1985年，我国农村居民消费支出的排序依次为食品、居住、衣着、家庭设备及用品、医疗保健、交通通信、文教娱乐、其他，其中食品消费支出占全部消费支出的比重也超过50%，也属于典型的温饱型消费；但与同期城镇居民消费有所差异的则是，农村居民的居住消费支出占到了全部消费支出的18.23%，排在第二位①，如果再加上衣着消费支出，农村居民在吃、住、穿等方面的消费支出就占到全部消费支出的85.71%，其他消费支出几乎可以忽略。到2011年，与同期城镇居民的消费支出相类似，我国农村居民消费支出的排序也发生了明显变化，其排序依次为食品、居住、交通通信、医疗保健、文教娱乐、衣着、家庭设备及用品、其他，其中食品消费支已大幅度下降，居住消费支出维持不变，而交通通信、医疗保健、文教娱乐等消费支出则明显上升，开始呈现出住行型消费的特征。按照这种发展趋势，本研究报告认为：伴随人均收入的持续增长，未来一段时间内我国农村居民的消费需求的结构仍然会继续发生变化，其中温饱型消费将继续下滑，而在交通通信、文教娱乐、医疗保健等方面的消费支出将会继续扩张。

表4-6：我国农村居民家庭人均消费支出的结构变化
（人均消费支出＝100）

年份	食品	衣着	居住	家庭设备及用品	交通通信	文教娱乐	医疗保健	其他
1985	57.79	9.69	18.23	5.1	2.42	1.76	3.89	1.12
1990	58.80	7.77	17.34	5.29	1.44	5.37	3.25	.074
1995	58.62	6.85	13.91	5.23	2.58	7.81	3.24	1.76
2000	49.13	5.75	15.47	4.52	5.58	11.18	5.24	3.14
2001	47.71	5.67	16.03	4.42	6.32	11.06	5.55	3.24
2002	46.25	5.72	16.36	4.38	7.01	11.47	5.67	3.14
2003	45.59	5.67	15.87	4.2	8.36	12.13	5.96	2.21

----

　　① 这种状况与我国城乡长期以来实施的二元分割的体制有很大关系，这一时期我国城镇居民的居住需求基本上还是依托单位的"福利"，居住开支很小；而农村居民的居住需求只能依靠自身，吃、住必然是其消费支出的绝对主体。

续表

年份	食品	衣着	居住	家庭设备及用品	交通通信	文教娱乐	医疗保健	其他
2004	47.23	5.5	14.84	4.09	8.82	11.33	5.98	2.21
2005	45.48	5.81	14.49	4.36	9.59	11.56	6.58	2.13
2006	43.02	5.94	16.58	4.47	10.21	10.79	6.77	2.23
2007	43.08	6	17.8	4.63	10.19	9.48	6.52	2.3
2008	43.67	5.79	18.54	4.75	9.84	8.59	6.72	2.09
2009	40.97	5.82	20.16	5.13	10.09	8.53	7.20	2.11
2010	41.09	6.03	19.06	5.34	10.52	8.37	7.44	2.15
2011	40.40	6.50	18.40	5.90	10.50	7.60	8.40	2.30

数据来源:国家统计局:《中国统计年鉴》,http://www.stats.gov.cn/tjsj/ndsj/。
说明:按当年价格计算,2011年为初步数据。

　　综上所述,本研究报告认为:伴随本土市场规模的进一步扩张,我国消费市场有望成为全球最大的消费市场,而得益于此我国消费需求的总量规模将会全面超越投资需求与净出口的整体规模,成为本土市场规模的支配性力量;与此同时,伴随人均收入的持续增长,我国消费需求内部的交通通信、文教娱乐、居住、医疗保健等方面的消费支出将明显增加,消费需求将由目前的温饱型消费全面转向住行型消费。

第三节　本土市场规模演化对我国产业升级的影响

　　在国内产业升级的过程中,更好地利用本土市场规模的比较优势不但需要明确本土市场规模的特征事实及其演化趋势,而且需要全面探讨本土市场规模的演化对我国产业升级的影响。目前,我国的本土市场规模正处于快速扩张与急剧变化的过程中,这一演化趋势已对我国产业升级产生了深远影响。

一、本土市场规模的总量扩张为我国产业升级提供了新的机遇

　　既然具有规模效应的本土市场能够涵养并支撑国内的产业升级,那么伴

随本土市场规模的总量扩张并逐步演化为全球范围内规模最大的国内市场,我国的本土市场规模就能够为国内的产业升级提供新的机遇。

首先是本土市场规模的总量扩张为我国产业升级规避工业化国家与跨国企业的打压提供了可能。正如在全面分析中所指出的那样,自第一次工业革命以来,美国、日本、英国等主要工业化国家及其控制的跨国企业不但一直主导着全球范围内的产业升级,而且积极利用其在国际分工中的优势地位与全球价值链中的技术能力打压其他国家的产业升级。目前,我国产业的分工地位与企业的技术能力仍然全面落后于竞争对手,在产业的国际竞争中也处于明显不利的状况。这样的现实背景意味着在技术能力还没有赶超发达国家之前,我国的产业升级就需要在某种程度上规避与工业化国家及其控制的跨国公司的全面竞争。由于具有规模效应的本土市场能够影响全球产业的竞争格局与跨国企业的市场行为,我国快速扩张的本土市场规模就能够为国内产业升级规避工业化国家与跨国企业的打压提供可能。这主要是因为每个国家都会本能保护本国的市场,再加上本土市场的互动效应与本土规模市场的终端需求效应等,这种"主场优势"通过与"规模优势"的相互作用与彼此催化,一方面就有助于国内经济行为主体在发展的早期阶段,通过立足于本土市场的运营来规避与工业化国家在国际市场的激烈竞争;另一方面是国内经济行为主体也完全可以依托具有规模效应的本土市场来跨越企业生存与专业化的"门槛规模",而不需要通过国际市场的激烈竞争来获取规模优势与竞争优势①。

其次是本土市场规模的总量扩张为我国产业升级提供了新的市场空间。正如在前面分析中所指出的那样:产业升级是一个漫长与痛苦的过程,需要长期的投资与足够的资源支撑。对于发展中国家的微观经济行为主体而言,受制于企业技术能力的落后与工业化国家的打压,要想有效获取国内产业升级

---

① 需要强调的是,本书并不认为——为规避与工业化国家的全面竞争,本土企业就不需全面参与国际市场的竞争;而是认为——本土企业要通过本土市场规模的涵养与支持,在快速进入成长期并具有较强竞争力之后,再全面参与国际市场的竞争。事实上,无论是工业化国家的跨国企业,还是案例分析中"金砖"国家的跨国企业,都是依托本土市场规模的涵养来获取竞争优势,以此为基础才全面进入国际市场并确立其行业的领导地位。

所需要的投资与资源,最好的方式就是立足于新兴市场,尤其是具有"主场优势"的增量市场;而不是直接与工业化国家控制的跨国企业相竞争并将这些企业从其已经占领的市场中驱逐出去①。从这个逻辑出发,在市场规模与发展空间已成为全球竞争核心的背景下,快速扩张的本土市场规模所孕育的新兴市场空间对国内的产业升级就十分重要。具体而言,本土市场规模的总量扩张所孕育的新兴市场空间及其对产业升级的促进作用主要体现在以下几个方面:首先是对一个具有显著规模效应且正处于持续、快速扩张过程中的本土市场而言,必然存在大量的、尚未开发的且具有一定规模效应的利基市场,本土企业就可以立足于这些利基市场的经营来获取必要的经济资源,并以此支撑国内产业升级的行为。其次是我国的本土市场不但具有显著的规模优势,而且具有高端市场需求与低端市场需求并存的"双元需求架构"特征。显然,通过本土市场规模的持续扩张,国内的高端市场需求与低端市场需求也必然会具有显著的规模优势,我国企业就有可能依托这种具有规模效应的双元需求市场在国内构建起与全球价值链中治理者与一般参与者相类似的"承包、发包"、"高端、低端"的价值控制关系。第三是我国的本土市场规模不但具有显著的规模优势,而且这种规模优势还在持续、快速扩张,这也有助于国内企业实现进一步发展所必需的规模报酬递增,从而为国内的产业升级奠定基础。

二、本土市场规模的结构变化对我国产业升级提出了新的要求

本土市场规模的总量扩张能给我国产业升级提供新的机遇,而本土市场规模的结构变化则对我国产业升级提出了新的要求②。

首先本土市场内部消费需求的扩张趋势,尤其是居民消费需求的扩张趋势,不但会要求我国企业调整其投资重点、战略方向与优先发展顺序,而且要求我国产业的转型升级也要顺应这种发展趋势。这主要是因为我国作为全球

---

① 需要强调的是,本书并没有否认国际市场,尤其是工业化国家已占领的国际市场的重要作用;而是认为由于本国增量市场的竞争不但弱于国际市场的竞争,而且本国的增量市场还具有"主场优势",这就赋予了国内企业在战略上的主动,并为发展中国家的企业赶超与产业升级提供了可能。

② 需要强调的是,如果国内经济行为主体与产业产业能够很好地满足这些要求,企业与产业的国际竞争力就能由此产生。

第二大经济体与第一大人口国,其本土市场的内部需求不可能如古典经济学所假定的那样,完全可以依托进口予以满足。在现实经济中,由于大国能够影响全球经济的运行①,如果纯粹依赖进口来满足我国本土市场不断扩张的消费需求,进口产品的价格必然会节节攀升,国内消费者也必然会牺牲更多的消费者剩余。事实上,近年来进口奶粉价格的节节攀升与居高不下就是典型例证。不但如此,有些消费类产品,如粮食、通信、能源等,不但关系到国计民生,而且能够影响国防安全等,这些产品在更大程度上只能依靠本国生产与供给。事实上,即使按照最为严格的古典经济学的假定,在经济全球化的条件下大国的内部市场需求也不能完全依赖进口。从这个逻辑出发,本研究报告认为大国内部的市场需求在更大程度上只能依赖内部经济行为主体的供给。因此,国内不断扩张的消费需求,尤其是居民消费需求,虽然会通过"看不见的手"诱导微观经济行为主体生产与供给相应的产品;但从另一方面来看,也可以将其视为对我国企业现有的战略重点与优先发展顺序、国内产业的发展与升级方向、各级政府的激励与规制政策等提出了新的要求。国内的经济行为主体也只有全面满足这种要求,才能生产适销对路的产品,也才能以此获取产业的国际竞争力并推动产业升级等。具体而言,我国消费需求的扩张趋势首先会要求企业调整现有的投资模式、战略方向与优先发展顺序,将重点从目前的生产类产品转向消费类产品,尤其是居民消费类产品,这就意味着产业体系内部生产消费类产品的产业将能得到快速发展;其次会通过本土市场的引致需求,要求国内经济行为主体供给生产消费类产品的工业机械、设备等,也必然要求这些产业能够更快发展。

其次是消费需求内部的结构变迁,如耐用消费型、享受类型、居住类型等消费需求的明显增加,也会对我国产业升级提出新的要求。首先是国内消费需求的结构变迁就会要求国内经济行为主体调整其战略方向与优先发展顺序,即要求国内企业不但需要快速转向消费类产品的生产与供给,而且需要集中于耐用消费型、享受类型、居住类型等消费产品的生产与供给,国内企业与

---

①　在经济全球化的条件下,小国在更多的时候只能去适应经济环境的变迁,而不能影响这种变迁;但大国则不同,大国具备影响全球经济环境变迁的能力。以世界利率为例,小国只能是世界利率的接受者,但大国却能够影响世界利率。

产业的发展方向就只能顺应这种趋势。其次是由于我国消费需求的结构变化既体现在耐用消费型、享受类型、居住类型等方面，也体现在其他一些预期性的消费需求方面。这就要求国内经济行为主体必须具备相应的技术能力，才能提前进入并快速扩张这些行业，也才能够呼应本土消费者的需求。事实上，这种预期性消费需求十分关键，如果本土产业与国内企业在这方面失去先机，产业升级与企业发展就会面临更多的挑战。第三是伴随经济的扩张与收入的增长，国内消费者对耐用消费型、享受类型等产品的需求扩张不只体现在产品数量上，而且体现在产品质量、产品造型与精致服务等方面。根据工业化国家的经验，消费者对产品质量的挑剔与经济发展程度正相关，经济越发达，消费者对产品质量的挑剔就越苛刻。从这个逻辑出发，国内的经济行为主体只有迎合消费者对质量的苛刻要求并密集供给符合这些要求的新产品，才能维持企业发展；国内的产业升级也只有满足这种要求，才能维持基本的竞争力并全面转型升级。

综上所述，本研究报告认为：无论是顺应国内消费需求的整体扩张趋势，还是呼应消费需求内部的结构变迁，或者是响应预期性消费与高质量、高品位消费需求的演化趋势，本土市场规模的结构变化不但要求我国产业与本土企业必须调整其战略方向与优先发展顺序，而且要求我国产业与本土企业必须具备更高的技术能力与更强的行业竞争力。

三、本土市场规模的演化趋势给我国产业升级带来了新的挑战

在给我国产业升级带来新的机遇并提出新的要求的同时，本土市场规模的总量扩张与结构变迁也给我国产业升级带来新的挑战。正如在前面所一再强调的那样，作为一个发展中的国家，我国企业的技术能力与本土产业的国际分工地位仍然全面落后于工业化国家及其控制的跨国企业。因此即使本土市场规模的总量扩张能为我国产业升级暂时规避与工业化国家的竞争提供可能，但如果本土企业没有充分把握这种机遇、或者是本土企业还不具备充分利用这种机遇的技术能力等，我国的产业升级不可避免就会在本土市场内部直面工业化国家的全面竞争。这对现阶段的我国产业升级仍然是一个严峻的挑战。事实上，近年我国部分产业的内部已经开始出现这种状况。

　　如果再进一步考虑经济全球化条件下国际资本的跨国流动趋势,本土市场规模的演化趋势则会进一步加剧我国产业升级面临的严峻挑战。目前,伴随经济全球化的快速推进,国际资本不但正在加速进入发展中国家与地区,尤其是那些市场容量与潜在需求巨大的新兴市场国家;而且通过并购、股权投资等形式正在这些国家布局产业,尤其是那些高附加值、高技术含量的新兴产业。由于我国本土市场规模已位居世界前列,并正在演化为全球最大的国内市场,"看不见的手"必然会诱导跨国资本蜂拥而至。在这个过程中,虽然国家会本能地保护本土市场,国内企业也具有一定的"主场优势",但伴随跨国资本在我国的本土化运作,国家对国内企业的保护以及国内企业所具有的优势必然会逐步丧失,最终本土企业还得要与国际资本在本土市场内部展开直接竞争。事实上,进入 21 世纪以来,伴随我国本土市场规模的持续、快速扩张,蜂拥而至的跨国资本在我国饮料、化工、医疗、电子、机械、汽车等行业中的影响已日益突出,本土企业面临的竞争也更为激烈。从这个逻辑出发,本研究报告认为本土市场规模的演化趋势,尤其是总量规模急速扩张的趋势,必然会通过诱导国际资本的进入,会进一步放大我国产业升级面临的严峻挑战。

第五章　我国的产业升级:特征事实、演化趋势及其对本土市场规模的影响

由于本土市场规模与国内产业升级能够相互影响、彼此促进,因此高度重视本土市场规模的比较优势并以此促进本土市场规模与国内产业升级的内生演化,不但需要明晰我国的本土市场规模的特征事实、演化趋势及其对国内产业升级的影响,而且需要明晰我国产业升级的特征事实、演化趋势及其对本土市场规模的影响①。

第一节　我国产业升级:特征事实

经过 30 多年的产业扩张之后,我国各个地区也开始面临产业升级的严峻挑战。尤其是在后金融危机时代②,伴随国际经济竞争环境的改变以及国民经济运行中的各种压力,如通货膨胀、人民币升值、能源价格上涨、劳动力成本上升、环保法规的日益趋严等逐步显现,我国产业升级的压力更是日益凸显。目前,从整体上看我国产业升级尽管已取得巨大进展,但仍然无法满足国民经济快速发展的要求。这就需要全面探讨我国产业升级的现状及其演化趋势等。鉴于国内对产业升级的探讨存在"产业结构范式"与"价值链范式"等研

---

① 本章的数据来源如无特别说明,则表示数据来源于各年份的《中国统计年鉴》。
② 指的是爆发于 2008 年的金融危机,本次金融危机的影响到现在都没有完全消除,全球经济仍然集体处于低迷状态,经济系统何时能够走出本轮萧条仍然是未知。

究路径①，本研究报告就从三次产业结构、工业内部结构、典型行业的价值链分析以及企业层面的分析等角度探讨我国产业升级的现状。

一、我国产业升级：三次产业结构的考察

从三次产业结构来看，即从第一产业、第二产业、第三产业的结构来看，我国的产业升级已取得明显进展，三次产业结构也得到了明显优化；但我国三次产业的就业结构仍然明显滞后于三次产业的产值结构，即三次产业的就业比仍然远远滞后于三次产业的产值比，就业结构与产值结构的偏离仍然严重；不但如此，与处于相同发展阶段的其他国家而言，我国产业结构的高度化、服务化仍然不足，三次产业结构仍然有进一步优化的空间。

表 5-1：1978—2012 年我国三次产业的产值与结构 （单位：亿元）

	第一产业	第二产业	第三产业	三次产业结构
1978	1027.535	1745.2	872.48293	28∶48∶24
1979	1270.192	1913.5	878.88748	31∶47∶22
1980	1371.593	2192	982.03083	30∶48∶22
1981	1559.463	2255.5	1076.5978	32∶46∶22
1982	1777.401	2383	1162.9503	33∶45∶22
1983	1978.387	2646.2	1338.0642	33∶44∶23
1984	2316.089	3105.7	1786.2622	32∶43∶25
1985	2564.397	3866.6	2585.0397	28∶43∶29
1986	2788.691	4492.7	2993.7884	27∶44∶29
1987	3233.041	5251.6	3573.9741	27∶43∶30
1988	3865.362	6587.2	4590.2608	26∶44∶30
1989	4265.923	7278	5448.396	25∶43∶32
1990	5062	7717.4	5888.4224	27∶41∶32
1991	5342.2	9102.2	7337.0994	24∶42∶34

① 虽然本书将产业升级界定为微观机制作用下产业内价值增值的宏观涌现，但由于微观数据获取的困难，本书除了从价值角度分析我国产业升级之外，也采用"产业结构范式"的研究方法。这样做的目的是为了从多个维度更好地分析我国的产业升级。

	第一产业	第二产业	第三产业	三次产业结构
1992	5866.6	11699.5	9357.3765	22：43：35
1993	6963.763	16454.431	11915.731	20：46：34
1994	9572.695	22445.399	16179.763	20：46：34
1995	12135.81	28679.458	19978.46	20：47：33
1996	14015.39	33834.959	23326.243	20：47：33
1997	14441.89	37543.002	26988.147	18：48：34
1998	14817.63	39004.189	30580.466	18：46：36
1999	14770.03	41033.582	33873.445	16：46：38
2000	14944.72	45555.878	38713.954	15：46：39
2001	15781.27	49512.291	44361.611	14：45：41
2002	16537.02	53896.768	49898.902	14：45：41
2003	17381.72	62436.312	56004.726	13：46：41
2004	21412.73	73904.312	64561.292	14：46：40
2005	22420	87598.094	74919.275	12：47：41
2006	24040	103719.54	88554.884	11：48：41
2007	28627	125831.36	111351.95	11：47：42
2008	33702	149003.44	131339.99	11：47：42
2009	35226	157638.78	148038.04	10：46：44
2010	40533.6	187383.21	173595.98	10：47：43
2011	47486.21	220412.81	204982.53	10：47：43
2012	52377	235319	231626	10：45：45

数据来源:国家统计局:《中国统计年鉴》,http://www.stats.gov.cn/tjsj/ndsj;2012 年的数据来源于国家
　　统计局:《中华人民共和国国民经济和社会发展统计公报》,http://news.xinhuanet.com/poli-
　　tics/2013-02/23/c_114772758.htm。

说明:按当年价格计算,2012 年为初步数据。

　　从三次产业的产值结构来看,表 5-1 的数据显示,1978—2012 年间,伴随
我国第一、第二、第三产业的持续、快速增长,三次产业结构也日趋完善。1978
年,我国第一、第二、第三产业的产值分别为 1027.5 亿元、1745.2 亿元、
872.48 亿元,三次产业的产值结构为 28:48:24;虽然第二产业在国民经济中
的所占比重明显占优,但农业所在比重仍然高达 28%,三次产业结构的高度

化、服务业的趋势并不突出。在 1978—2012 年间,尽管在整体上我国的三次产业都实现了持续、快速的增长,但由于第二产业、第三产业的增长速度要明显快于第一产业的增长速度,第一产业在国民经济中的所占比重出现了迅速下降的趋势、第二产业在国民经济中的所占比重也略有下降,而第三产业在国民经济中的所占比重则出现了明显上升的趋势。到 2012 年,尽管第一产业的增加值已攀升到 52377 亿元,但由于第二产业、第三产业的增加值也已增长到 235319 亿元、231626 亿元,我国的三次产业的产值结构变更为 10∶45∶45。与 1978 年相比,第一产业在国民经济中的所占比重下降了 18 个百分点,第二产业在国民经济中的所在比重也下降了 3 个百分点,第三产业在国民经济中的所在比重则上升了 21 个百分点①,并与第二产业在国民经济中的所在比重基本持平。这表明我国三次产业结构的高度化、服务化的趋势开始凸显。

从三次产业的就业结构来看,表 5-2 的数据显示,伴随第二产业、第三产业中就业人员的迅猛增长,我国三次产业的就业结构也得到了明显改善。1978 年,我国第一、第二、第三产业的就业人员分别为 28318 万人、6945 万人、4890 万人,三次产业的产业结构为 71∶17∶12,第一产业的就业比重占据了绝对优势,并呈现出“一、二、三”的就业结构特征。1978—2011 年间,虽然第一产业的就业规模变化不大,但由于第二、第三产业的就业人员出现了迅猛增长,我国第一产业的就业比重明显下降,而第二、第三产业的就业比重则明显上升,三次产业的就业结构也开始呈现以服务业为主的结构性特征。到 2011 年,第一产业的就业人员下降到了 26594 万人,虽然整体的就业人员较 1978 年只下降了 1724 万人,但第一产业的就业比重却较 1978 年下降了 36 个百分点,下滑到了 35%;第二产业的就业人员则增长到了 22544 万人、较 1978 年增长了 15590 万人,第二产业的就业比重也上升到 29%、较 1978 年上升了 12 个百分点;第三产业的就业人员则是迅速增长到 27282 万人、较 1978 年增长了 22392 万人,第三产业的就业比重也上升到了 36%,较 1978 年上升了 24 个百分点,并成为我国吸纳就业人员最多的产业。由此可以判断,1978—2011

---

① 实际上是第三产业所占比重略超第二产业所在比重,只不过由于“四舍五入”的计算,才导致二者比重的相同。

年间,我国三次产业的就业结构也得到了明显改善,并开始呈现出服务化的趋势。

表 5-2:1978—2012 年我国三次产业的就业人员与结构 (单位:万人)

	第一产业	第二产业	第三产业	三次产业结构
1978	28318	6945	4890	71:17:12
1979	28634	7214	5177	70:18:12
1980	9122	7707	5532	69:18:13
1981	29777	8003	5945	68:18:14
1982	30859	8346	6090	68:18:14
1983	31151	8679	6606	67:19:14
1984	30868	9590	7739	64:20:16
1985	31130	10384	8359	62:21:17
1986	31254	11216	8811	61:22:17
1987	31663	11726	9395	60:22:18
1988	32249	12152	9933	59:23:18
1989	33225	11976	10129	60:22:18
1990	38914	13856	11979	60:21:19
1991	39098	14015	12378	60:21:19
1992	38699	14355	13098	58:22:20
1993	37680	14965	14163	56:23:21
1994	36628	15312	15515	54:23:23
1995	35530	15655	16880	52:23:25
1996	34820	16203	17927	51:24:26
1997	34840	16547	18432	50:24:26
1998	35177	16600	18860	50:23:27
1999	35768	16421	19205	50:23:27
2000	36042.5	16219.13	19823.38	50:22:28
2001	36398.5	16233.73	20164.77	50:22:28
2002	36640	15681.92	20958.08	50:21:29
2003	36204.38	15926.98	21604.65	49:22:29
2004	34829.82	16709.4	22724.78	47:22:31

续表

	第一产业	第二产业	第三产业	三次产业结构
2005	33441.86	17765.99	23439.16	45:24:31
2006	31940.63	18894.46	24142.92	43:25:32
2007	30730.97	20186.03	24404	41:27:32
2008	29923.34	20553.41	25087.25	40:27:33
2009	28890.47	21080.18	25857.35	38:28:34
2010	27930.54	21842.14	26332.33	38:29:35
2011	26594	22544	27282	35:29:36

数据来源:国家统计局:《中国统计年鉴》,http://www.stats.gov.cn/tjsj/ndsj。
说明:按当年价格计算,2011年为初步数据。

　　虽然从产值结构、就业结构来看,我国三次产业的结构升级已取得明显进展,但三次产业的产值结构与就业结构的偏离仍然严重,这表明我国三次产业结构仍然需要进一步优化与升级。表5-1与5-2的数据显示:1978年,我国三次产业的产值结构与就业结构分别为28:48:24与71:17:12,第一次产业的就业比重高出其产值比重43个百分点,而第二产业、第三产业的产值比重则分别超出其就业比重31个百分点、12个百分点,三次产业的就业结构与产值结构严重偏离。经过改革开放以来30多年的发展,虽然我国三次产业的产值结构与就业结构都得了明显优化,但二者的偏离仍然严重。到2011年,虽然第一产业的产值比重与就业比重分别下降到了10%与35%,但就业比重仍然高出产值比重25个百分点;虽然第二产业的产值比重与就业比重分别上升到了47%与29%,但产值比重仍然高出就业比重18个百分点;虽然第三产业的产值比重与就业比重分别上升到了43%与36%,但产值比重仍然高出就业比重7个百分点。第一产业的就业比重远远超出其产值比重、第二产业与第三产业的产值比重分别超过其就业比重的现状表明我国第三产业的发展仍然严重滞后,不但制约了劳动力的非农化转移,而且导致了产业结构的高度化与服务化明显不够。
　　从与美国、日本等工业化国家的横向比较来看,我国的三次产业结构,包括产值结构与就业结构也需要进一步优化与升级。以美国的产值结构为例,

（单位：亿美元）

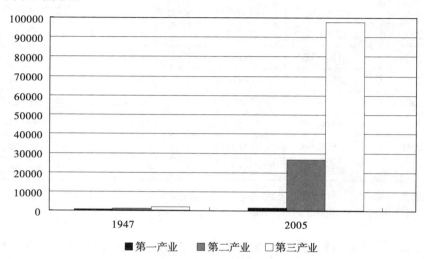

图 5-1：1947 年与 2005 年美国的三次产业

数据来源：卢中原：《世界产业结构变动趋势与我国的战略抉择》，人民出版社 2009 年版，第 264 — 265 页。

图 5-1 的数据显示，1947 年美国第一产业①、第二产业、第三产业的产值分别为 199.46 亿美元、806.64 亿美元、1437.45 亿美元，三次产业结构为 8∶33∶59，产业结构的高度化与服务化已超过我国在 2012 年的三次产业的产值结构②。1947—2005 年间，尽管美国的三次产业都实现了持续增长，但三次产业间的比重却发生了翻天覆地的变化。到 2005 年，美国第一产业的产值虽然已增长到 1231 亿美元，但在国民经济中所占比重却下降到不足 1 个百分点；第二产业的产值虽然已扩张至 26049.42 亿美元，但在国民经济中所占比例也

---

① 美国的第一产业包括农业、渔业、林业以及狩猎业，第二产业包括建筑业、制造业、公用设施以及采矿业，第三产业包括批发零售、交通运输及仓储业、信息业、金融保险与房地产租赁业、专业及商业服务业、教育医疗保健及社会救助业、艺术休闲娱乐及餐饮住宿业、政府等。

② 虽然强调的是，尽管美国第二产业比重仅占 33%，但这并不意味着美国第二产业发展不足，相反正是由于第二产业，尤其是工业的充分发展，才出现了美国经济重心从第二产业向第三产业的转移。具体而言，美国第二产业的发展史，尤其是工业化的快速推进，具体可以参考［美］斯坦利·L.恩戈尔曼、罗伯特·E.高尔曼：《剑桥美国经济史》第 3 卷，蔡挺、张林、李雅菁译，中国人民大学出版社 2008 年版。

下滑到了 21%;与此形成鲜明对比的则是,伴随美国第三产业的产值迅猛扩张到 97227.93 亿美元,其在国民经济中的所占比重也史无前例地增长到了78%。1∶21∶78 的三次产业的产值结构不但充分体现了美国产业结构的高度化与服务化,而且表明我国三次产业结构既需要进一步完善产值结构与就业结构的匹配,还需要进一步优化产值结构。

表 5-3:1950—2005 年印度的三次产业结构(产值结构)　(单位:万人)

	第一产业	第二产业	第三产业
1950—1951	55.4	16.1	28.5
1960—193	50.9	20.0	29.1
1970—1971	44.5	23.6	31.9
1980—1981	38.1	25.9	36.0
1990—1991	34.9	24.5	40.6
2000—2001	26.7	24.9	48.9
2001—2002	26.3	24.4	49.3
2002—2003	23.8	25.0	51.2
2003—2004	24.0	24.6	51.4
2004—2005	22.8	24.8	52.4

数据来源:卢中原:《世界产业结构变动趋势与我国的战略抉择》,人民出版社 2009 年版,第 559 页。

从与印度、巴西等"金砖"国家的横向比较来看,我国三次产业结构的高度化与服务化仍然明显不足,尤其是第三产业更是严重滞后于国民经济的发展。以印度为例,表 5-3 的数据显示:1950—2005 年间,印度的第一产业在国民经济中所占比重已由 55.4%下降到 22.8%,呈现出迅速下滑的趋势;第二产业在国民经济中所占比重则由 16.1%上升到 24.8%,出现了一定程度的上升;第三产业在国民经济中所占比重则由 28.5%上升到 52.4%,呈现出明显扩张的趋势。2005 年,印度的三次产业的产值结构为 22.8∶24.8∶52.4,与我国三次产业的产值结构(12∶47∶41)相比(见表 5-1),印度的第一产业与第二产业的发展要滞后于我国的第一、第二产业,尤其是第二产业更是要远远滞后我国的第二产业,2005 年印度第二产业在国民经济中所占比重就要落后于我国第二产业在国民经济中所在比重的 22.2 个百分点;但印度第三产业的发展则是明显快于我国,2005 年其在国民经济中的比重也要高出我国第三产业在国民经济所在比重的 11.4 百分点。这表明尽管我国的三次结构已呈现出高度化的发展趋势,并领先于印度等发展中国家,但第三产业的发展仍然严重滞后。

二、我国产业升级:工业内部结构的考察

从工业内部结构来看①,尽管我国工业发展的重工业化趋势已日益明显,但工业结构的高加工度、高技术含量等高度化仍然明显不足。

从轻工业与重工业的结构来看,表 5-4 的数据显示,1978—2011 年间,伴随我国轻工业、重工业的持续、快速增长,工业内部结构已呈现出明显的重工业化趋势。1978 年,我国轻工业、重工业的产值分别为 1826 亿元、2411 亿元,轻重工业比为 43.1:56.9。此时虽然重工业化已超过轻工业,但这主要是得益于 1978 年前我国重工业化优先发展的战略,并不是工业自身演化的结果。1978 年之后,伴随我国逐步矫正重工业化优先发展的战略,国内轻工业得到了迅速发展,其产值在 1981 年更是首次超过了重工业的产值。尽管重工业的产值在 1983 年又再次超过轻工业的产值,但在 2000 之前我国工业内部的结构基本上是轻工业、重工业各占"半壁江山"。进入新世纪之后,伴随重工业的加速发展,我国工业结构的重工业化趋势日益明显。2000 年,我国轻工业、重工业的产值分别为 34095 亿元、51579 亿元,轻重工业比为 39.8:60.2,重工业在工业总产值中的比重超过轻工业在工业总产值中的比重近 21 个百分点;到 2011 年,尽管我国轻工业的产值已迅速扩张至 237700 亿元,但占工业总产值的比重却下降到 28.2%,较 1978 年下降了近 15 个百分点;与此形成鲜明对比的则是重工业凭借 606569 亿元的总产值,在工业总产值中的比重迅速攀升到了 71.8%。工业内部轻重工业结构由 43.1:56.9 向 28.2:71.8 的演化表明我国工业已进入重工业化阶段,产业结构升级取得了较为明显的进展。

---

①　传统的产业升级理论既考察了三次产业结构的转型升级,也探讨了工业内部的结构升级;与此同时,鉴于工业在国民经济中的重要地位,以及我国工业化的具体进展等,本书认为——从结构范式来探讨我国的产业升级,就需要分析工业内部的结构变化。

表 5-4:1978—2011 年我国轻工业、重工业的产值及其比重（单位:亿元）

	轻工业	重工业	轻重工业结构
1978	1826	2411	43.1∶56.9
1979	2045	2636	43.7∶56.3
1980	2430	2724	47.1∶52.9
1981	2781	2679	50.9∶49.1
1982	2919	2892	50.2∶49.8
1983	3135	3326	48.5∶51.5
1984	3608	4409	45.0∶55.0
1985	4575	5141	47.1∶52.9
1986	5330	5864	47.6∶52.4
1987	6656	7157	48.2∶52.8
1988	8979	9245	49.3∶50.7
1989	10761	11256	48.9∶51.1
1990	11813	12111	49.4∶50.6
1991	12887	13738	48.4∶51.6
1992	16123	18476	46.6∶53.4
1993	22507	25859	46.5∶53.5
1994	32491	37685	46.3∶53.7
1995	43466	48428	47.3∶52.7
1996	47932	51663	48.1∶51.9
1997	55701	58032	49.0∶51.0
1998	58673	60375	49.3∶50.7
1999	62051	64060	49.2∶50.8
2000	34095	51579	39.8∶60.2
2001	37637	57812	39.4∶60.6
2002	43356	67421	39.1∶60.9
2003	50498	91774	35.5∶64.5
2004	63819	137903	31.6∶68.4
2005	78280	173339	31.1∶68.9
2006	94846	221743	30.0∶70.0
2007	119640	285537	29.5∶70.5

续表

	轻工业	重工业	轻重工业结构
2008	145429	361856	28.7∶71.3
2009	161498	386813	29.5∶70.5
2010	200072	498519	28.6∶71.4
2011	237700	606569	28.2∶71.8

数据来源：国家统计局工业统计司：《中国工业统计年鉴(2012)》，中国统计出版社2012年版。

表5-5：我国工业内部行业的分类

类　别	行　业
劳动密集型产业	农副食品加工业,食品制造业,饮料制造业,烟草制品业,纺织业,纺织服装、鞋、帽制造业,皮革、毛皮、羽毛(绒)及其制品业,木材加工及木、竹、藤、棕、草制品业,家具制造业,造纸及纸制品业,印刷业和记录媒介的复制,文教和体育用品制造业
资源资本密集型产业	煤炭开采和洗选业,石油和天然气开采业,黑色金属矿采选业,有色金属矿采选业,非金属矿采选业,其他采矿业,电力、热力的生产和供应业,燃气生产和供应业,水的生产和供应业,石油加工、炼焦及核燃料加工业,化学原料及化学制品制造业,医药制造业,化学纤维制造业,橡胶制品业,塑料制品业,非金属矿物制品业,黑色金属冶炼及压延加工业,有色金属冶炼及压延加工业,金属制品业
技术密集型产业	通用设备制造业,专用设备制造业,交通运输设备制造业,电气机械及器材制造业,通信设备、计算机及其他电子设备制造业,仪器仪表及文化、办公用机械制造业,工业品及其他制造业,废弃资源和废旧材料回收加工业

尽管我国重工业化的趋势已日益明显,但工业内部技术密集型产业的发展仍然不足,工业结构的高加工度与高技术含量仍然有进一步发展的空间。借鉴石奇、孔群喜(2012)的研究方法①,本研究报告将工业分为劳动密集型、资源资本密集型、技术劳动密集型三大类,其中劳动密集型产业包括12个行业、资源资本密集型产业包括18个行业、技术密集型行业包括8个行业(表5-5)。

按照这种分类,2001—2001年间,尽管我国工业内部资源资本密集型产业、技术密集型产业都实现了持续、快速的增长,但资源资本密集型产业占工

---

① 石奇、孔群喜：《实施基于比较优势要素和比较优势环节的新式产业政策》,《中国工业经济》2012年第12期。

（单位：亿元）

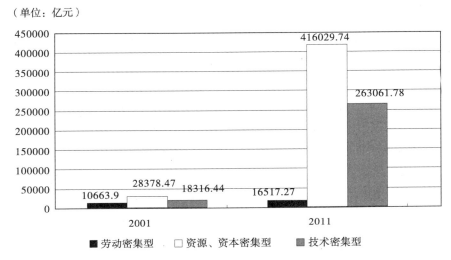

图5-2:2011年我国工业内部分行业的产值

数据来源:国家统计局:《中国统计年鉴》,http://www.stats.gov.cn/tjsj/ndsj/。

说明:只计算了规模以上企业;由于统计口径不一致,2001年劳动密集型产业包括了木材及竹材采运业,而技术密集型产业则没有工业品及其他制造业,废弃资源和废旧材料回收加工业;其他口径不一致的行业以2011年为标准,将2001年的调整对应(括号中为2001年的行业)农副食品加工业(食品加工业),烟草制品业(烟草加工业),纺织服装、鞋、帽制造业(服装及其他纤维制品制造业),印刷业和记录媒介的复制(印刷业),通用设备制造业(普通机械制造业),通信设备、计算机及其他电子设备制造业(电子及通信设备制造业)。

业总产值的比重依然占优,表明我国工业内部结构的高加工度、高技术含量等高度化仍然不够。图5-2的数据显示,2001年我国工业内部劳动密集型产业,资源资本密集型产业、技术密集型产业的产值分别为10663.9亿元、28378.47亿元、18316.44亿元,其产值比为19:49:32;到2011年,虽然劳动密集型产业,资源资本密集型产业、技术密集型产业的产值分别增长到16517.27亿元、416029.74亿元、263061.78亿元,均实现了持续、快速的增长;但三者的产值比却变更为2:60:38,工业内部的劳动密集型产业的所在比重出现了迅速下滑,而资源资本密集型产业的所在比重则上升到了60%;虽然技术密集型产业的所在比重也上升到38%,但其增幅仍然低于资源资本密集型产业的增长幅度。我国工业内部资源资本密集型产业的增幅及其比重明显占优的现状表明:虽然我国工业内部的重工业化趋势非常明显,但工业结构的高度化与高技术化仍然不足,仍然需要进一步转型与升级。

三、我国产业升级:典型行业与企业层面的分析

典型行业与企业层面的分析主要是基于"价值链范式"的研究方法,从微观视角来探讨我国的产业升级。考虑到本研究报告的主要目的并不在于全面评价我国的产业升级[①],行业层面的产业升级分析将以典型部门为例,即通过典型行业的部门分析来探讨并评价我国的产业升级。这种替代尽管会存在"以偏概全"等问题,但也能够从一个侧面反映我国微观或中观层面的产业升级,并能够对前面的三次产业结构与工业内部结构等宏观层面的产业升级分析进行补充与完善。从这个逻辑出发,并考虑到汽车业不仅能够标志一个国家工业的现代化水平,而且是支撑我国经济发展的主导产业,本研究报告将以汽车产业为例,分析我国产业层面与企业层面的产业升级。

从纵向发展来看,自 1953 年"第一汽车制造厂"在长春动工兴建以来,我国汽车产业从无到有,再到行业内部的门类齐全及其产销量的全球第一,汽车产业实现了迅猛发展,产业升级也取得了长足进展。首先就演化过程与产销规模而言,我国汽车产业依次经历了改革开放之前的基本建设阶段、20 世纪 90 年代之前的探索成长阶段、20 世纪 90 年代的调整与发展阶段、21 世纪以来的快速发展阶段。表 5-6 的数据显示,在 21 世纪之前,尽管我国汽车产业仍然维持着持续增长的趋势,但其增幅基本上都在 10 个百分点以内,有些年份的增长幅度甚至只有 1 个百分点;然而,进入 21 世纪之后,我国汽车产业则呈现"井喷"的发展趋势,产销量的年均增长速度都远远超过 10 个百分点,有些年份的增长率甚至接近于 40 个百分点;到 2009 年我国汽车产业就已凭借 1379.10 万辆、1364.48 万辆的产销量跃居全球第一,成为全球最瞩目的区域市场;2012 年,尽管我国汽车产业的产销增长率已分别下降到 4.6% 与 4.3%,但产量与销售量仍然高达 1927.18 万辆与 1930.64 万辆,产品的产销量已接近全球汽车市场的 1/4[②]。其次就行业内

---

① 本书的主要目的在于探讨本土市场规模与国内产业升级之间是否存在相应的作用机理,如果存在那么会存在什么样的作用机理,我国该如何利用本土市场规模的比较优势以及这种作用机理来促进国内的产业升级,并以此实现本土市场规模与我国产业升级的内生演化。

② 国务院发展研究中心产业经济部、中国汽车工程学会、大众汽车集团(中国)编:《中国汽车产业发展报告(2012)》,社会科学文献出版社 2012 年版,第 22 页。

部的门类体系而言,经过 60 年来的持续发展,我国汽车产业的产品不但涵括轿车、客车、火车、商用车、载重货车等传统汽车产品及其零部件制造,而且已经全面涉足电能、氢能、太阳能、生物能源、混合能源等新能源汽车,根据中国工业汽车协会的预测,2013 年我国新能源汽车的产销量就有望突破 1.5 万辆[1]。第三就产业的自主品牌而言,经过 20 世纪 90 年代的兼并重组与 21 世纪初的迅猛发展之后,自主品牌汽车的市场占用率也达到了一定的规模,并在"一汽、东风、上汽、广汽"等传统大型汽车集团的基础上涌现了安徽奇瑞汽车、浙江吉利汽车、重庆长城汽车、深圳比亚迪汽车等知名骨干企业,以及 QQ、旗云、骏捷、帝豪、奔腾、风云、比亚迪等知名品牌。近年来,国产的"红旗"汽车更是高调复兴,并开始占据中高端的轿车市场[2]。根据中国工业协会的统计数据,2012 年我国自主品牌乘用车的销售量达到了 648.50 万辆,同比增长 6.1%,占到了乘用车销售市场的 41.9%;其中,自主品牌轿车的销售量为 34.86 万辆,同比增长 3.5%,占到了 28.4% 的国内轿车市场份额,并高出"德系车"的市场份额约 5 个百分点[3]。第四是就产业的技术能力而言,通过早期的"市场换技术",以及近年来的"建立研发中心、创建产业联盟以及在国外兼并同行业的知名企业"等方式,我国汽车产业的自主创新能力也实现了持续提升,并在某些核心技术方面取得了一定突破。如奇瑞汽车自主开发的发动机、北汽集团的拥有 100% 自主知识产权的 2.0 升涡轮增压汽油发动机等,均超过了引进前的技术水平或达到了世界先进水平[4]。正是基于产销规模、产品种类、品牌运作与企业技术能力等"价值链分析范式"的综合考虑,本研究报告认为我国汽车业已实现迅猛发展,产业升级也取得了长足进展。

---

① 数据来源:http://auto.sohu.com/20130509/n375298344.shtml。
② 在本书撰写之际,外交部的官方微博显示时任外交部长的王毅已将"红旗 H7"做为其公务用车。
③ 在我国轿车市场中,德系车的市场占有率排名第二。数据来源:http://auto.hexun.com/2013-01-30/150759159.html。
④ 资料来源:奇瑞汽车的官方网站:http://www.chery.cn/;北汽集团的官方网站:http://www.baicmotor.com/。

表 5-6:1994—2012 年间我国汽车业的产销量及其增长率

年份	产　量 （万辆）	同比增长 （%）	销售量 （万辆）	同比增长 （%）
1994	135.34	4.36	133.73	—
1995	145.27	7.34	144.18	7.81
1996	147.49	1.53	145.87	1.17
1997	158.26	7.30	156.59	7.35
1998	162.78	2.86	160.31	2.37
1999	183.16	12.52	183.30	14.34
2000	206.82	12.92	207.84	13.39
2001	234.15	13.22	237.11	14.08
2002	325.12	38.85	324.81	36.99
2003	444.37	36.70	403.98	35.20
2004	507.05	14.11	507.11	15.50
2005	570.70	12.55	575.82	13.54
2006	727.97	27.32	721.60	25.13
2007	888.24	22.02	1879.15	21.84
2008	934.51	5.21	938.05	6.70
2009	1379.10	48.30	1364.48	46.15
2010	1826.47	32.44	1806.19	32.37
2011	1841.89	0.84	1850.51	2.45
2012	1927.18	4.6	1930.64	4.3

数据来源:根据中国汽车工业协会(http://www.caam.org.cn)的数据整理。

　　从横向比较来看,尽管我国汽车业的产销量已位居世界第一,产业升级也已取得长足进展,但与美国、德国、日本等传统的汽车强国相比,我国还只是一个汽车大国,而非汽车强国,汽车产业仍然具有很大的升级空间。首先是企业的自主技术能力仍然落后于欧美发达国家的跨国企业,核心技术与关键零部件仍然依赖技术引进与产品进口,这与我国汽车产业在国际市场中的重要地位不相匹配。以 2011 年为例,我国汽车产业的零部件累积进口金额就高达 310.23 亿美元,同比增长 19.14%。其中,发动机进口 111.65 万台,进口金额达到了 31.03 亿美元,同比增长 17.57%;汽车零件、附件及其车身进口金额达到了 252.65 亿美元,同比增长 18.49%[①]。其次是自主品牌轿车的市场主要集中于中低端市场,而高端市场仍然是"德系车"、"美系车"与"日系车"的天下,这表明我国汽车产业的附加价值还有很大的升值空间。目前,尽管我国自主品牌轿车已开始涉足中高端汽车市场,并推出了广汽吉奥奥轩 G5、奔腾 B9 概念车、比亚迪 S6、奇瑞汽车的瑞麟 G6,一汽集团的红旗 H7 等中高端汽车,但产品的市场开拓并未取得预期效果,整体市场占有率仍然很低。事实上,有些自主品牌汽车的高端产品不但没有拓展企业的价值增值的空间,反而拖累企业的发展,奇瑞汽车的高端化发展就是如此。在这样的背景下,2012 年我国主流中高级轿车的销量排行榜的前 15 位无一家是我国自主品牌汽车,仍然是跨国公司的天下[②]。第三是产业的新产品开发,尤其是产品升级,仍然滞后于跨国公司。以新能源汽车为例,目前无论是一汽、二汽、上汽等大型汽车集团,还是奇瑞、比亚迪、长安、吉利、长城等新兴骨干企业,虽然均开始了新能源汽车的产业化运作,但均未进入规模化生产阶段,技术能力与产销规模均落后于美国、日本、德国。2012 年,美国各类电动车与混合动力车的在美总销售量就已达到 482575 辆,约占新车总销量的 3.3%,而我国新能源汽车的产量仅为 12552 辆,还不到美国全年销量的 1/3[③]。

综上所述,本研究报告认为:虽然在纵向发展上我国汽车产业的升级已取得长足进展,但与美国、日本、德国等主要工业化国家的汽车产业相比,我国还只能是一个汽车大国,汽车产业还需要进一步转型升级。我国其他产业,如家电行业、电子信息产业、机械装备制造等产业,虽然其产业升级与汽车产业的升级存在一定程度的差异;但整体也是纵向比较的长足进展与横向比较的不足,各行业的产业升级仍然还有巨大的空间。

① 国务院发展研究中心产业经济部、中国汽车工程学会、大众汽车集团(中国)编:《中国汽车产业发展报告(2012)》,社会科学文献出版社 2012 年版,第 25 页。
② 盛梢光:《2012 年汽车销量排行榜分析》,http://www.xincheping.com/News/22510/1.htm。
③ 数据来源:http://newenergy.in-en.com/html/newenergy-14161416441748123.html。

第二节　我国产业升级：演化趋势

伴随我国经济的持续发展与工业化的加速推进，无论是三次产业结构的升级，还是工业内部结构的升级，或者是行业层面与企业层面的产业升级，必然会发生一些新的变化。结合工业化国家的经验并考虑到现阶段全球产业的发展趋势，本研究报告认为我国产业升级的演化将具有以下一些趋势。

一、三次产业结构的服务化趋势

三次产业结构的服务化趋势是指第三产业，即广义上服务业的产值比重与就业比重将出现普遍的、持续的上升趋势[①]，三次产业结构将全面演化为"三、二、一"的排序。

目前，尽管我国第三产业的产值比重已经超过第二产业的产值比重，但第三产业在国民经济中的比重仍然远远滞后于工业化国家与其他发展中国家；不但如此，我国第三产业的产值比重还要远远高出其就业比重，三次产业的产值比重与就业比重的偏离仍然严重。这表明我国三次产业结构并没有全面呈现出"三、二、一"的排序特征。根据三次产业的演化规律与主要工业化国家的发展经验，伴随经济发展的持续与工业化的推进，第三产业在国民经济体系中的产值比重与就业比重的上升将是一个不可逆转的趋势。与此同时，全球服务业的发展趋势也表明第三产业的快速发展及其在国民经济中所占比重的提升也已成为一个全球化的演化趋势。

表5-6、5-7的数据就表明，1990—2004年间，虽然巴西、埃及、印度尼西亚等个别发展中国家的服务业的产出比重出现了小幅下降，但其就业比重仍然保持着持续上升的趋势；不但如此，剔除这些个别国家的异常现象之后，无论从全世界的整体状况来看，还是从高收入国家来看、或者是从中等收入国家与低收入国家来看，这一时期这些国家的第三产业都呈现出来快速发展的趋

---

① 虽然服务业是一个内涵日益丰富、外延不断拓展的产业，且服务业也不完全等同于第三产业；但在概念上，服务业几乎可视为第三产业。

势，包括产值比重的明显提升，以及男性、女性的就业比重的快速增长等。如
美国、日本、英国、印度、墨西哥等不同类型国家的第三产业的产值比重就分别
提升了 7 个百分点、10 个百分点、10 个百分点、11 个百分点与 6 个百分点；其
男性、女性的就业比重也出现了不同程度的上升。从这些发展规律与演化趋
势来看，本研究报告认为伴随我国经济的持续增长与工业化的加速推进，尤其
是本土消费需求的持续扩张，第三产业在整个国民经济体系中的地位也将不
断上升，无论是对全国产出的贡献还是对国内就业的贡献都将呈现出持续扩
张的趋势；得益于此，我国的三次产业结构不但会呈现出明显的服务化趋势，
而且会全面演化成"三、二、一"的排序。

表 5-6：1990—2004 年间不同收入国家、典型代表国家服务业
的产出比重及其变化 （单位:%）

		1990	2004	变化幅度（百分点）
全世界		61	68	7
低收入国家		42	49	7
下中等收入国家		42	46	4
上中等收入国家		51	62	11
高收入国家		63	72	8
发达国家	美 国	70	77	7
	日 本	58	68	10
	德 国	61	70	9
	英 国	63	73	10
发展中国家	巴 西	53	50	−3
	埃 及	52	48	−4
	印 度	41	52	11
	印度尼西亚	42	41	−1
	墨西哥	64	70	6

数据来源：World Bank.World development indicators2006,http://www.worldbank.org/。

　　基于主要工业化国家的发展经验与全球服务业的演化趋势，我国的第三

产业在整体扩张的同时,其内部的行业结构也必然会发生翻天覆地的变化,并呈现出新的结构性特征。其中,最突出的表现就是新兴服务业的发展将会明显快于其他服务业部门,在第三产业内部的比重也将日益提升。所谓新兴服务业是指伴随全球技术变革的推进,尤其是信息技术的突破与知识经济的出现,经济系统内生演化出来的具有更高附加值、能够满足更高层次与多样性需求的服务业。从行业属性来看,新兴服务业可分为生产性新兴服务业与生活性新兴服务业。前者包括金融保险、电子商务、互联网信息服务、法律服务、仓储物流、创意产业、会计与专业协会等行业,后者包括家庭与养老服务业、房地产服务、再生资源回收、电子银行等行业。由于新兴服务业能够影响经济系统的供给能力,并日益成为现代经济发展的先导与社会运转的主要载体,新兴服务业正在逐步成为全球经济中成长最快的行业之一。在这样的背景下,伴随我国经济发展的持续与第三产业的进一步发展,国内新兴服务业也必然会迅猛发展,并将逐步演化为第三产业内部的主导产业。

表 5-7:1990—2004 年间不同收入国家、典型代表国家服务业的
就业比重及其变化   (单位:%)

		男　性		女　性	
		1990—1992	2000—2004	1990—1992	2000—2004
上中等收入国家		46	51	70	71
高收入国家		56	60	77	83
发达国家	美　国	62	65	85	88
	日　本	39	46	72	84
	德　国	45	53	72	81
	英　国	55	64	82	89
发展中国家	巴　西	43	49	65	71
	埃　及	41	50	37	62
	菲律宾	29	37	55	63
	印度尼西亚	35	45	32	42
	墨西哥	64	70	71	75

资料来源:World Bank.World development indicators2006,http://www.worldbank.org/。

二、工业内部结构的高技术化与高加工度化趋势

工业内部结构的高技术化趋势是指工业内部行业发展的要素投入日益依赖高新技术,产业发展也主要是由高新技术驱动;工业内部结构的高加工度化趋势是指工业内部行业的加工程度,即加工的次数、环节、持续时间的长短等,将日益精细与复杂。

目前,尽管我国工业内部的产业升级已取得长足进展,但工业结构的高度化与高技术化等高度化仍然不足,仍然需要进一步转型与升级。根据主要发达国家的工业化经验,伴随科学技术的进步与产业分工的细化,工业内部的行业演化都经历了技术含量与加工程度逐步提升、高技术含量与高加工度的产业在工业内部结构中逐步占据优势地位并日益起主导作用的过程。从世界范围内的工业演化趋势来看,无论是就全世界的整体状况而言,还是就最不发达国家、发展中国家或者是工业化国家而言,各国工业内部的行业发展也存在技术含量与加工程度逐步增加的趋势。

表 5-8:1985—1998 年间不同收入国家的工业技术结构　　　（单位:%）

	1985			1998		
	资源型	低技术	中高技术	资源型	低技术	中高技术
世　界	27.1	16.2	56.8	27.1	14.1	58.7
工业化国家	25.5	15.3	59.3	25.5	13.3	61.2
发展中国家	37.1	20.4	42.5	33.7	17.6	48.7
下中等收入国家	54.0	19.9	26.1	43.9	20.7	35.4
低收入国家	32.5	20.6	46.9	31.7	18.4	49.9
最不发达国家	52.1	25.0	22.9	44.4	31.6	24.0

资料来源:UNIDO.Industrial Decelopment Report(2002/2003).United Nations Industrial Development Organization,2002。

说明:工业技术结构是不同技术水平产品占制造业增加值的比重。

表 5-8 的数据就显示,1985—1998 年间,尽管全世界与工业化国家的工业内部的低技术与中高技术的产业比重并未发生变化,但中高技术的产业比重均出现了不同程度的上升;其他发展中国家的工业内部的低技术与中高技术的产业比重均出现了明显上升,而且是经济越不发达的国家,其低技术与中

高技术的产业比重上升就越明显。以最不发达国家为例,1985—1998 年间,其工业内部的低技术与中高技术产业的比重上升最为明显,达到了近 8 个百分点,在所有类型国家中排在第一位。目前,尽管工业在全球产业体系中的地位已逐步降低,但工业对经济发展的驱动作用并没有因此而降低,工业依然是全球经济发展的强大引擎。尤其是 2008 年的金融危机发生之后,美国等主要工业化国家更是提出"再工业化"[①],均寄希望于重新工业化来驱动国内经济的持续发展。在这样的背景下,美国工业内部的行业,如制造业的劳动生产率在整个社会的平均劳动生产率的增长中仍然处于领先地位,对国家经济增长的贡献仍然十分重要(卢中原,2009)[②]。从这些发展规律与演化趋势来看,本研究报告认为伴随技术变革的全面推进与产业分工的日益细化,我国工业内部的产业升级速度尽管会所有放缓,但仍然会呈现出高技术化、高加工度化的演化趋势。

工业内部结构的演化固然可以依赖传统工业的改造升级来实现产业的高技术化与高加工度化,但更重要的还是需要依赖工业体系中先进制造业的迅猛发展。所谓先进制造业是指通过不断吸收高新技术成果,并将这些先进制造技术综合运用于制造业的产品设计、生产制造、营销服务等方面,从而实现优质、高效、低耗、清洁生产的制造业。从这个逻辑出发,并结合主要工业化国家的产业实践与现有技术革命的演化趋势,本研究报告认为我国传统工业的改造升级固然有助于工业内部结构的高技术化与高加工度化,但先进制造业的迅猛发展对工业内部结构的高技术化与高加工度化的贡献更为突出。目前,尽管我国工业内部结构仍然是以传统制造业为主体,但伴随技术变革的全面推进与产业分工的日益细化,未来一段时间内以微电子、计算机、生物制造、航天航空、环保节能等为重点的先进制造业将会实现快速发展,并日益成为工业体系的主导产业。得益于此,我国工业化也将逐步进入一个融柔性化、智能

---

① "再工业化"尽管是西方学者针对工业化国家的工业在各产业中的地位不断下降、工业品在国际市场中的竞争力相对下降、大量工业性投资转移海外而使得国内工业投资不足的现状,提出的一种"回归"战略,即重新回到实体经济;但金融危机之后美国的"再工业化"绝不是简单的"实业回归",而是要依托高新技术,大力发展具有更高的技术含量、加工程度与附加价值的先进制造业。

② 卢中原:《世界产业结构变动趋势和我国的战略选择》,人民出版社 2009 年版。

化、敏捷化、精益化、人性化为一体的崭新时代。

三、行业发展的高附加值化趋势

行业发展的高附加值化趋势是指在产业升级的过程中,行业内部企业所能得到的产品附加值不但会超过原有产品附加值,而且会呈现出持续增长的趋势。

目前,从整体上看我国行业层面的产业升级仍然呈现出纵向比较的长足进展与横向比较的严重不足等特征,由于国际分工地位与企业技术能力严重滞后于发达国家的跨国企业,行业层面的新增加价值多被全球价值链中的跨国企业所控制,产业发展过程中本土企业所能得到附加值十分有限。从"价值链分析范式"的理论来看,由于产业升级本就是异质企业沿着全球价值链的阶梯依次向两端攀升并获取高附加值的过程;同时根据工业化国家的发展经验,伴随企业技术能力的进步与产业内分工的日益细化,行业层面的产业升级也存在着附加值逐步增加的趋势。事实上,目前各国制造业的发展也表明产业升级过程中行业发展的高附加值化将是一个不可逆转的趋势。

表 5-9:2004—2008 年典型国家制造业的增加值　（单位:亿美元）

国　家	2004	2005	2006	2007	2008
美　国	20496.12	22040.95	23055.9	—	—
德　国	5297.97	5340.88	5763.01	—	—
法　国	2606.17	2661.47	2703.19	—	3062.8
英　国	2681.5	2692.7	—	—	—
意大利	2577.34	2597.93	2744.5	—	—
澳大利亚	713.03	797.28	821.82	—	957.3
印　度	667.4	—	—	—	1773.1
俄罗斯联邦	932.73	1244.86	1571.4	—	2561.8
南　非	367.05	400.04	418.52	462.43	410.2
墨西哥	697.43	784.34	868.38	—	1994.2
波　兰	525.49	600.54	570.46	—	802.3
伊　朗	210.43	—	—	—	408

续表

国　家	2004	2005	2006	2007	2008
土耳其	469.47	448.39	523.63	——	1181.2
摩洛哥	64.06	76.29	77.87	90.18	——
捷克共和国	262.46	280.51	322.26	——	479.8
罗马尼亚	96.99	113.46	136.4	188.73	——
斯洛伐克	66.08	73.02	87.02	——	——

资料来源:根据李廉水:《中国制造业发展研究报告(2011)》,科学出版社2012年版,国家统计局:《国家统计年鉴(2010)》,http://www.stats.gov.cn/tjsj/qtsj/gjsj/2010/整理所得。

说明:本表2004—2007年数据由本币换算而来,本币数据源自《国际工业统计年鉴》;汇率来自联合国统计数据库,http://unatats.un.org/unsd/databases.htm。

　　表5-8的数据表明,在纵向比较中,2004—2008年间,无论是美国、德国、法国等发达国家,还是俄罗斯、印度等"金砖国家",或者是波兰、伊朗、墨西哥、罗马尼亚等发展中国家,这些国家制造业的增加值的增长幅度尽管呈现出了多样性的特征,但无一例外都出现了持续增长的趋势。在横向比较中,越是经济发达国家,其制造业的增加值就越明显,如美国制造业的增加值就一直是遥遥领先于世界其他国家;2004年美国制造业增加值为20496.12亿美元,远远超过世界其他国家制造业的增加值;2005年美国制造业增加值为22040.95亿美元,总体规模继续扩张;2006年美国制造业的增加值仍然位居首位,并创纪录地达到了23055.9亿美元。不但如此,表5-8的数据还表明,经济发展速度越快的国家,其制造业增加值的增长速度就越明显,如"金砖国家"中的印度与俄罗斯,2004—2008年间其制造业的增加值就分别由667.4亿美元、932.73亿美元增长到了1773.1亿亿美元、2561.8亿美元,这一增长速度远远超过发达国家与其他发展中国家①。

　　综上所述,本研究报告认为:无论是根据工业化国家的发展经验还是基于现有产业发展的演化趋势,伴随我国企业技术能力的演化与国际分工地位的提升,产业升级过程中我国行业发展也必然会呈现出高附加值化的演化趋势。

①　表中的金砖国家只分析了印度、俄罗斯与南非,没有考虑中国与巴西;而且此处增速的排名仅仅只是针对表中的国家。

四、战略性新兴产业的快速扩张趋势

由于一国的产业升级既可依赖传统产业的转型升级，又可依赖新兴产业的发展及其对传统产业的替代，因此我国产业升级的演化还会表现出战略性新兴产业的快速扩张趋势。所谓战略性新兴产业的快速扩张趋势是指我国所确定的新能源产业、新材料产业、新能源汽车产业、生物产业、节能环保产业、新一代信息技术产业、高端装备制造业等战略性新兴产业将逐步由产业萌芽期进入产业成长期，产品质量将不断完善、主导设计将日趋形成、市场地位将日益巩固，在国民经济体系中也将逐步占据主导地位。

虽然在理论上培育与发展新兴产业是产业升级的永恒话题，但在实践中我国战略性新兴产业的提出主要基于本轮金融危机的挑战。2008 年的金融危机发生之后，全球经济已从整体上步入衰退，直到现在各大经济体都还集体处于低迷状态，经济系统何时能够走出本轮萧条仍是未知。为从根本上改变这种状况，世界各国都将加快科技创新与发展新兴产业作为实现经济振兴与抢占新一轮国际竞争制高点的重要突破口，正在加速新兴技术与产业的战略布局。其中，美国提出了"以新能源为主导"的新兴产业革命，欧洲提出了"绿色技术"革命，日本提出了低碳与新能源革命，全球经济开始步入以资讯和生物科技为主导，以新能源、新材料、微电子、生物科技、机器人等为主要内容的新兴产业时代。在这样背景下，我国政府也明确提出要加快培育和发展新兴产业，并将新能源产业、新材料产业、生物产业、新能源汽车产业、节能环保产业、新一代信息技术产业、高端装备制造业作为战略性新兴产业进行重点突破。

目前，尽管信息技术已取得突破，但由于其他新兴产业的核心技术、共性技术等仍未取得突破性进展（张国胜，2013）①，从整体上看各国所重点发展的

---

①　尽管在 20 世纪 90 年代信息技术取得了突飞猛进并驱动了全球经济的增长，部分学者也因此判断全球经济正步入信息技术时代，但这并不意味着本轮技术变革已取得全面突破。相反，金融危机的持续以及全球经济的低迷则意味着我们正面临新一轮技术变革的全新机会。事实上，从技术发展来看，目前除信息技术已取得突破外，各国政府所重点支持的其他技术仍然处于"尝试—纠错—尝试"阶段，激进创新并没有完成优胜劣汰的市场选择。因此，本书认为本轮技术变革在整体上仍处于初始优化期，新技术与新方法尚未成熟。见张国胜：《技术变革、范式转换与我国产业技术赶超》，《中国软科学》2013 年第 3 期。

新兴产业仍然处于产业萌芽与形成阶段,我国的战略性新兴产业也是如此。然而,考虑到自金融危机以来新兴技术的演化趋势:首先是新兴技术正在由企业的自组织(Self-Organization)行为向政府引导与推动的社会化行为转变,技术创新过程中政府的作用明显加强。以美国为例,金融危机发生之后,美国政府就决定酝酿一场跨产业技术革命,并投入 189 亿美元资助能源输配和替代能源研究,投入 218 亿美元开发节能技术,投入 200 亿美元进行电动汽车的研发等(郑雄伟,2011)①。其次是技术创新正在将一系列相互联系的突变式激进创新连接起来形成整个技术体系的"群体变革",这就意味着新兴产业的技术突破将会超越"点的突破"并呈现出"群体突破"的形式;最后就是突变式激进创新正在加速转换为现实生产力,技术创新的产业化速度将明显加快(张国胜,2013)②,各国的新兴产业也必然会加速进入产业成长期。从这个逻辑出发,并结合我国的战略性产业的发展趋势,以及政府对战略性新兴产业的扶持力度等,本研究报告认为我国战略性产业也必然会加速进入产业成长期,并呈现出快速扩张的趋势。

第三节　我国产业升级的演化趋势
对本土市场规模的影响

本土市场规模的演化趋势能够影响国内产业升级,国内产业升级的演化趋势也能够影响本土市场规模。目前,我国的产业升级正呈现出服务化、高技术化、高加工度化、高附加值化以及战略性新兴产业的快速扩张等演化趋势,这些演化趋势不可避免会深远影响我国的本土市场规模。

一、我国产业升级的演化趋势有助于扩张本土市场规模的总量

正如在前面分析中所指出的那样,产业升级不但能够通过降低产品价格、

---

① 数据来源于郑雄伟:《2010 年世界新兴产业发展报告》,载中国网,http://www.china.com.cn/economic/txt/2010-11/12/content_21331253.htm。

② 张国胜:《技术变革、范式转换与战略性新兴产业发展:一个演化经济学视角的研究》,《产业经济研究》2012 年第 6 期。

改善产品属性、提升产品功能、改变消费者偏好等方式扩张本土市场的消费需求,而且能够通过产业升级本身的投资引致行为扩张本土市场的投资需求。就我国目前的产业升级趋势而言,无论是三次产业结构的服务化、工业内部结构的高技术化与高加工度化,还是行业发展的高附加值化、战略性新兴产业的快速扩张等演化趋势,都能够通过作用于本土市场的消费需求与投资需求,从而扩张本土市场规模的总量。

首先是通过生产并供给新的产品与服务,我国产业升级的演化趋势不但能够引导并创造新的市场需求,而且可以将潜在的市场需求转换为现实的市场需求。以三次产业结构的服务化趋势为例,由于这种趋势既是我国产业升级内生演化的结果,也是长期以来服务业发展滞后的一种反弹与矫正。就前者而言,产业升级的内生演化可以在仓储物流、电子商务、电子金融、互联网信息服务、研发设计服务等新兴服务业方面提供全新的产品与服务,新的市场需求就能由此产生①。就后者而言,目前我国市场中本就存在对服务业的巨大需求,如居民的社会保障需求、医疗卫生需求、高质量的教育培训需求、信息服务需求等,只是由于经济系统现在无法有效供给这些产品,才导致了第三产业的有效供给不足及其发展滞后。显然,通过服务业的快速发展,尤其是新兴服务业的快速发展,三次产业结构的服务化趋势就有助于本土企业生产并供给这些服务与产品,从而将消费者的潜在需求转换为现实需求。需要强调的是,考虑到我国服务业发展的严重滞后以及潜在市场需求规模的庞大,本研究报告认为潜在市场需求转化为现实市场需求必然会明显扩张我国的市场规模。产业升级的其他趋势也具有这种效果,如果工业内部结构先进制造业的快速发展、战略性新兴产业的快速发展等也能够创造出全新的产品,如新能源汽车、机器人等,这些同样也有助于刺激新的市场需求的形成。

其次是通过产业内与产品内分工的细化,我国产业升级的演化趋势能够放大投资乘数效应,从而扩张本土市场的投资需求。以生产性服务业、先进制造业为例,伴随企业技术能力的演化与产业内分工的细化,生产性服务业、先

---

① 这一点类似于"供给自行创造需求"。尽管萨伊定理受到广泛的批评,但在现实经济中也确实存在有效供给创造新的市场需求的典型案例。苹果集团就做到这一点。见前文苹果的案例分析。

进制造业及其相关产业的融合能够形成柔性生产体系。所谓柔性生产体系（Flexible manufacturing system）是指企业通过分解企业内部原本一体化的研发、设计、生产、营销、服务等环节，不但能够将专业化的生产组装、管理咨询、会计服务、信息服务、研发服务等外包给生产性服务企业，而且可以将连锁经营、金融保险、仓储物流等环节外包给消费类服务企业，最终形成产业间与企业间的生产网络。在这个过程中，企业内部原本一体化的行为分解及其在空间上的重组首先就能够衍生许多新的部门，并诱发新的投资需求；其次是这种分解与重组能够进一步密切产业间与企业间的联系，从而放大任何一个部门的投资需求，即某一部门的投资增加，必然会通过对相关资本品需求的引致投资，扩大其他部门的生产与投资。我国产业升级的其他趋势，如战略性新兴产业的快速扩张趋势，也具有扩张投资需求的效应。事实上，与传统产业相比，战略性新兴产业对投资需求的扩张效应会更明显。这主要因为传统产业的基础设施已相对完善、产业链条也相对完整，而新兴产业的基础设施则需要全部新建①、产业链条也需要全面构建，在这个过程中，战略性新兴产业的本身投资加上其新建基础设施以及构建产业链条的投资，对本土市场的投资需求的扩张效应自然就会更加明显。以电动新能源汽车为例，其投资需求不但包括新能源汽车的研发、设计、生产、营销、售后服务等产业链条之间的投资，而且包括在城市之间、城乡之间建设大规模的充电设备所需要的投资②。如果再考虑充电设备这个行业的投资及其引致的投资，电动新能源汽车所引发的投资需求将十分庞大，最终将会远远超过传统汽车产业所引发的投资需求。

二、我国产业升级的演化趋势能够影响本土市场规模的结构

在扩张本土市场规模的同时，我国产业升级的演化趋势还能够影响总需求中消费需求、投资需求的比例关系，以及消费需求、投资需求的内部结构，从

---

① 这种基础设施是产业发展所需要的，如加油站就可看做是汽车产业的基础设施；显然，电动汽车等新能源汽车则需要充电站等新的基础设施。

② 这种充电设备类似与目前的加油站。只不过加油站是传统汽车的配套基础设施，而充电站则是电动新能源汽车的配套基础设施。

而影响本土市场规模的结构①。

从工业化国家的发展经验来看,在工业化的早期,随着人均国民收入水平的提升,维持生存所必须的食品消费将逐步下降,而工业化制成品的需求则明显上升,由此会引致第二产业在国民经济中所占比重的快速上升,在这个过程中消费率下降与投资率上升的并存意味着本土市场需求将以投资需求为主;随着工业化的进一步推进,尤其是进入工业化的中后期之后,伴随人均国民收入水平的持续上升,居民的消费需求将逐步以工业品消费为主全面转向以住房、教育、旅游、金融、医疗保健等服务类产品为主,此时尽管服务业的投资需求也出现了明显增长,但由于消费需求的扩张速度要明显快于投资需求的增长速度,本土市场规模将以消费需求为主。从我国产业升级的演化趋势来看,目前虽然工业内部结构已经呈现出高技术化、高加工度化的发展趋势,先进制造业、战略性新兴产业也出现了快速发展的趋势;但由于三次产业结构的服务化趋势日益明显,第三产业在国民经济中将逐步占据主导地位,这种发展趋势意味着我国第二产业内部的投资需求的增长速度将会有所放缓,而由第三产业引发的对教育、医疗、旅游、住房、金融保险、信息服务、专业咨询等消费需求将明显扩张,得益于此本土市场规模也必然会呈现出以消费需求为主的结构性特征。

我国产业升级的演化趋势还能够影响投资需求、消费需求的内部结构。首先就投资需求的内部结构变化而言,我国产业升级的演化趋势不但会逐步改变投资需求在第一、第二、第三产业之间的比重,而且会调整工业内部结构的投资需求。目前,虽然从整体上看我国第三产业的投资需求已经出现快速扩张的趋势,但由于长期以来的投资需求主要集中于第二产业,我国投资需求仍然是以第二产业为主,并主要集中于电子通讯制造、汽车制造、能源、住房以及传统的钢铁、机械、建材、化工等工业产品方面。在产业升级的过程中,伴随我国三次产业结构的服务化趋势,第三产业在国民经济中所在比重的显著提

---

① 需要强调的是,本土市场内部的结构性变化是我国经济内生演化的结果,本土市场自身的演化本就可以导致这种结果;这一部分的分析主要在于强调——国内产业升级的演化趋势能够加快本土市场内部的结构性变化。

升将会逐步改变现阶段投资需求以第二产业为主的局面;不但如此,伴随我国工业内部结构的高技术化、高加工度化以及先进制造业、战略性新兴产业的快速扩张,传统工业的投资需求将明显减少,计算机、生物制造、航天航空、环保节能、新能源汽车等先进制造业与战略性新产业的投资需求也会明显扩张,第二产业内部的投资需求结构将呈现出以先进制造业、战略性新兴产业为主的特征。其次就消费需求的结构变化而言,现有的温饱型消费结构也会逐步让位于享受型消费结构。目前,从整体上看,我国的居民消费需求仍然集中于传统的衣、食、住、行等温饱型消费方面,旅游、文化、娱乐、保健等享受型消费方面仍然明显不足。不过,伴随人均国民收入水平的提升,三次产业结构的服务化以及第三产业内部新兴服务业的快速发展必然会逐步推动我国消费需求的升级。在这个过程中,本土消费需求的内部结构也必然会呈现出以享受型消费为主的结构性特征。

三、我国产业升级的演化趋势能够影响本土市场规模的条件

我国产业升级的演化趋势不但能够影响本土市场规模的总量与结构,而且能够影响本土市场规模的条件,即本土市场的需求条件与竞争环境等。

首先是伴随国内产业升级的推进,本土市场的需求条件将日趋苛刻,消费者对产品的挑剔性需求将成为本土市场的常态。这一点在任何一个工业化国家的产业升级过程中都能得到佐证。如日本的产业升级过程就是其本土消费者的需求条件日趋苛刻的过程。目前,我国产业升级的趋势,尤其是三次产业结构的服务化、工业内部结构的高技术化与高加工度化、行业发展的高附加值化等趋势,不但能够有效改善国民经济的整体效益,而且可以显著提升居民的收入水平;在这个过程中,伴随居民收入水平的日益提升,本土消费者的也日趋成熟与挑剔,本土消费者的偏好也不再只是定位于功能性的产品消费,也就是说消费者不仅仅只是关注产品的功能,而是更加偏好高品质的产品与服务,精致型需求将逐步成为本土市场的主流①。

其次是伴随国内产业升级的演化,本土市场需求的变迁将日趋频繁,市场

---

①   如果国内企业能够很好地适应这种精致性需求,产业的国际竞争力就可以由此产生。

竞争也更为激烈。这一方面是因为在产业升级的过程中,伴随工业内部结构的高技术化、高加工度化与战略性新兴产业的快速发展,企业技术能力与消费者收入水平的提升使得本土市场的需求开始具备引领全球消费需求的能力,预期性消费需求开始成为可能。这也就是说国内企业不仅需要关注本土市场的现实需求,而且需要发现并引导本土市场的预期性需求。另一方面是在产业升级的过程中,伴随国内收入水平与本土消费者的支付能力的提升,本土市场将逐步成为全球最主要的消费市场。这不但会进一步加剧国内企业之间业已存在的激烈竞争,而且会诱导跨国企业的大规模进入,从而导致本土市场的竞争日趋激烈。

第六章　本土市场规模与我国产业升级：
作用机理的扭曲

在前面的分析中，无论是经济学理论的逻辑推导，还是工业化国家与"金砖国家"的产业实践，二者均证明了本土市场规模与国内产业升级之间存在相互影响、彼此促进的作用机理。然而，就我国的现实状况而言，一方面是本土市场规模已逐步位居世界前列，并具有成为全球最大的国内市场的潜力，本土市场规模的比较优势十分突出；另一方面则是我国的产业升级虽已取得长足进展，但仍然无法满足国民经济持续、快速发展的要求，国内产业升级的挑战依然严峻。这种理论与现实的错位表明我国的本土市场规模与国内产业升级之间的作用机理可能发生了扭曲，也就是说存在某些影响因素阻碍了我国具有规模效应的本土市场对国内产业升级的内生驱动，因此需要全面研究这些影响因素及其所引发的扭曲效应。基于这样的逻辑考虑，本章将从本土市场扭曲、海外市场偏好、国内经济系统的多样性特征等维度探讨上述影响因素，以及这些因素是如何扭曲了上述作用机理。

第一节　本土市场扭曲与我国产业升级的受阻

尽管在推导本土市场规模与国内产业升级的作用机理的过程中，本研究报告并没有强调正常发挥二者之间的作用机理所需要的假定前提；但理论模型的构建仍然遵循了经济学的基本假定①。然而，由于各国市场化程度的差

---

① 本书之所以没有强调这些假定，主要是因为这些假定都是经济学的基本假定，遵循照经济学的理论逻辑就等同于默认了这些基本假定。

异,这些理论上的基本假定在各个国家仍然会呈现出多样性的特征,从而会影响本土市场规模与国内产业升级间作用机理的发挥。就我国而言,现代市场经济发展至今,虽已取得巨大成就,但也存在不少的问题,这些都会影响具有规模效应的本土市场对国内产业升级的驱动。具体而言,我国本土市场的扭曲与国内产业升级的受阻主要体现在以下几个方面:

一、市场竞争的失衡与我国产业升级的受阻

市场竞争是现代市场经济的命脉与本质性特征。所谓市场竞争是指微观经济行为主体为实现自身利润的最大化,而对同类经济行为主体采取的利益争夺行为的宏观涌现。通过"看不见的手"的引导与"优胜劣汰"的达尔文法则,市场竞争能够迫微观经济行为主体改善管理、强化创新、降低成本等,从而实现提高效率、优化资源配置并最大限度释放经济行为主体的积极性与创造性。因此,市场竞争是现代市场经济有效性的根本保证①。需要强调的是,发挥市场竞争的这种积极作用需要确保市场竞争的有效,否则就难以在经济行为主体之间实现"优胜劣汰"。从现代市场经济的理论逻辑与工业化国家的运行经验来看,有效的市场竞争包含了竞争的公平、竞争的相对充分、竞争的规范有序等。其中,竞争的公平是指通过法律、法规、政策等方式,确保各个经济行为主体能够进行公开、公平、公正的市场竞争。这一方面需要在市场准入、要素获取、法律保护等方面为经济行为主体创造平等竞争的市场环境,实现竞争过程的公平;另一方面需要确保经济行为主体能够公平地获取各种市场机会,实现竞争起点的公平②。竞争的相对充分是指通过打破市场垄断、消除行政干预等方式,确保经济行为主体之间的利益争夺的相对充分。这一方面需要在市场进入与市场退出等方面消除微观经济行为主体的各种经济性与行政性障碍并实现市场竞争的充分,另一方面需要在企业规模、市场集中度等

---

① 完善社会主义市场经济体制的课题组:《现代市场经济的五大特征》,http://www.china.com.cn/chinese/OP-c/366828.htm。

② 即使符合理论要求的各种假定,现代市场经济也会产生机会的不平等。如在知识经济条件下,人力资本越高,就业机会就越多,收入水平也就越高等。因此,本书所强调的市场机会的公平并不是要在所有方面均要实现机会的公平,更多地还是强调要防止行政权力与市场垄断造成的市场机会的不平等。

方面确保微观经济行为主体能够有效开展市场竞争并确保市场经济的活力。竞争的规范有序是指微观经济行为主体的竞争是在规范、有序的市场秩序中进行,并符合现代市场经济的"游戏规则"。这一方面需要政府、立法机构、行业协会等组织按照市场运行的客观要求制定经济行为主体都必须遵守的法律、法规、制度与章程等,构建现代市场经济正常运转所需要的"游戏规则";另一方面需要严格制止欺诈、造假、低价倾销、价格卡特尔等不正的竞争行为等,确保现代市场经济的"游戏规则"落到实处。

从我国的实际情况来看,虽然微观经济行为主体之间已经展开了充分的市场竞争,但与理论上有效的市场竞争相比,我国的市场竞争无论是在竞争的公平,还是在竞争的相对充分,或者是在竞争的规范有序等方面,都存在较大的差距,整体上的市场竞争仍然处于失衡的状态之中。首先就市场竞争的公平而言,无论是在竞争起点上,还是在竞争过程中,国内各个经济行为主体之间还远远没有实现公平、公开、公正的竞争。目前,在市场准入、要素获取、法律保护与市场机会等方面,国有企业、外资企业与本地区企业都能够在某种程度享受"超国民待遇";而民营企业,尤其是非本地区的民营企业,则很难享受基本的"国民待遇";国有企业与非国有企业之间、外资企业与内资企业之间、本地区企业与非本地区企业之间的不平等竞争还远远没有消除。其次就市场竞争的相对充分而言,我国的市场竞争也还远远没有实现最大程度的充分竞争。这一方面体现为某些行业(如能源行业、电信行业、金融行业等)的市场集中度过高,经济性障碍使得市场竞争的相对充分更多的只是体现在民营企业之间,国有企业与非国有企业之间还远远没有实现竞争的相对充分;另一方面体现为在企业设立、退出市场、资源配置、要素获取等方面,还存在许多行政性审批与不必要的进入门槛,再加上地方保护主义与腐败问题等,都造成了经济行为主体之间无法实现最大程度的充分竞争。最后就市场竞争的规范有序而言,我国的市场经济仍然还没有建立起规范、有序的竞争秩序。这一方面表现为在经济转型的过程中,现代市场经济有序竞争所需要的各种法律、法规与制度等"游戏规则"仍然不够健全,例如涉及意识形态、政治体制、公务员管理、公共权力约束等方面的法律、法规就非常稀缺;另一方面体现为各种违法违规的不正当竞争行为,包括政府公权力的异化与腐败、行业垄断、尤其是国有企业的垄断等问题都不同程度地存在,严重影响了市场竞争的规范与有序①。

虽然现实中有效的市场竞争很难达到理论上有效的市场竞争的程度,而且在前面的案例分析中,工业化国家与"金砖国家"的市场竞争在公平性、充分性与有效性等方面也存在这样或那样的问题;然而,无论是与市场竞争的理论要求相比,还是与现实中工业化国家与"金砖国家"相比,我国的现代市场经济由于脱胎于从计划经济向市场经济的转型,不但远远没有实现有效的市场竞争,而且与上述国家相比也有很大差距。正是由于我国市场经济的失衡,或者说国内市场竞争受到了严重制约,才影响了微观经济行为主体的积极性与创造力以及现代市场经济的活力,最终制约了具有规模效应的本土市场对国内企业的诱导与刺激,并钳制了本土企业的价值创造能力与国内产业升级的推进。因此,才出现了本土市场规模逐步位居世界前列,但国内产业升级仍然举步维艰的现象。需要强调的是,这种现象是国内多种因素综合作用的结果,市场竞争的失衡只是众多影响因素中的一个。

二、要素市场的扭曲与我国产业升级的受阻

要素市场也称之为生产要素市场,包括金融市场、劳动力市场、土地市场等。要素市场的培育与发展是发挥市场在资源配置中起基础性作用的必要条件,是发展现代市场经济的必然要求。其中,金融市场是资金供应者和资金需求者双方通过信用工具进行交易而融通资金的市场(曹龙骐,2006)②。金融市场是现代市场经济中最国际化、最现代化、最核心和起其主导作用的要素市场(杨干忠、廖代文,2011)③,不但能够实现资本积累,推动社会储蓄向社会投资转化;而且能够优化资源配置,推动经济资源由低效率部门向高效率部门转移;最后还能够产生"优胜劣汰"的效应,达到调节经济结构的目的。劳动力市场又称为人才市场、劳动市场或劳工市场等,是劳动力就业、流动的场所与

---

① 完善社会主义市场经济体制的课题组:《现代市场经济的五大特征.》,http://www.china.com.cn/chinese/OP-c/366828.htm。
② 曹龙骐:《金融学》,高等教育出版社 2006 年版。
③ 杨干忠、廖代文:《社会主义市场经济概论》,中国人民大学出版社 2011 年版。

渠道,其基本内涵据是劳动力的供给方与需求方通过市场竞争,自主达成劳动契约关系。在现代市场经济中,劳动力市场的显著特征是劳动力能够在地区之间、产业之间、部门之间、企业之间自由流动;而通过这种自由流动,劳动力市场不但能够实现劳动力资源在各产业、各部门、各企业之间的优化配置;而且可以促使劳动者不断提升其人力资本(王珏,2008)[1]。土地市场又成为地产市场,是指以土地及其地上建筑物和其他附着物作为商品交换对象的市场。在现代市场经济中,土地市场不但能够优化土地资源的配置,而且可以间接调整产业结构并促进生产力的优化布局。需要强调的是,无论是金融市场,还是劳动力市场,或者是土地市场,生产要素的优化配置与最佳组合必须建立在要素市场的健全与完备的基础之上,这也就是说生产要素的优化配置不但需要上述各个市场,而且需要确保各个市场能够正常发挥作用。

　　从我国的实际情况来看,虽然国内已经建立了金融市场、劳动力市场、土地市场等,整个要素市场体系已经开始完备;但各个子市场的发育仍然滞后,并已成为阻碍我国现代市场经济发展的障碍。具体而言,要素市场的发育滞后主要体现在以下几个方面:

　　首先是劳动力市场仍然不健全。目前,从形式上看我国的劳动力虽然已经实现自由流动、自由择业,劳动力市场建设也取得了巨大成就;但由于受制于“二元结构”体制,尤其是户籍制度的“城乡分割”,我国劳动力市场的分割与分层等问题仍然十分严重。从整体上看,我国劳动力市场仍然是一个典型的“二元”劳动力市场,即城市、经济发达地区的高级劳动力市场与农村、欠发达地区的次级劳动力市场。两个劳动力市场之间不但相互分割,很难彼此流动;而且由于制度扭曲,次级劳动力市场的工资还出现“制度性”贬值与就业歧视,如农民工的就业歧视与低工资待遇就是一个典型(张国胜、陈瑛,2013)[2]。其次是金融市场的市场化程度还不高,优化配置资源的功能还不完善。在这方面,最突出的表现就是我国利率还远远没有实现市场化的操作,政府的行政干预仍然无处不在。在这样的背景下,长期以来,我国的官方利率水

---

① 　王珏:《市场经济概论》,中共中央党校出版社2008年版。
② 　张国胜、陈瑛:《社会成本、分摊机制与我国农民工市民化:基于政治经济学的分析框架》,《经济学家》2013年第1期。

平要远远低于市场利率水平,这就导致了能够以低利率获取资本的国有企业等经济行为主体对资本的过度需求与依赖;与此同时,虽然政府规定民间利率最高不得超过基准利率的 4 倍,但在实际中的利率水平却又远远超过了这个水平,也超出了正常的市场利率水平,并导致了"高利贷"的出现。事实上,我国金融市场也存在某种程度的"双轨制",即一方面是国有企业等经济行为主体能够以低于市场利率水平的利率获取资金,另一方面是民营企业等经济行为主体只能以高于市场利率水平的利率获取资金,有时候还很难通过正常渠道获取资金。第三是土地市场的不规范等问题也十分突出。与工业化国家相比,我国的土地市场是一个典型的卖方垄断市场,离真正的市场化目标还很远①。目前,各个政府不但能够掌握土地供应的速度与面积,而且可以在某种程度上控制土地价格的变动(李长安,2010)②。

在产业升级的过程中,与市场竞争的失衡相比,要素市场的扭曲更能影响本土市场规模效应,对本土产业升级的阻碍作用也更为突出,更为直接③。首先是在本土产业升级的过程中,资源在产业之间的优化配置水平取决于市场价格能够准确反映资源的稀缺程度;然而,要素市场的价格扭曲不但会导致价格信号失灵,从而损害资源配置效率,而且会诱导追逐利润最大化的微观经济行为主体对低价要素的过度依赖,从而导致本土产业升级的停滞不前。其次是要素市场扭曲,尤其是次级劳动力市场上农民工的就业歧视与工资贬值,再加上地方政府对环境保护的漠视等,使得一些本该被市场淘汰的低端产业能够凭借低成本优势,来获取必要的利润并维持其生存。根据花旗银行的调研报告,由于能源价格、资源税率与劳动力成本被压低,中国能源与原材料的成本扭曲达到了 16230 亿元,环境成本扭曲达到了 10800 亿元,再加上劳动力成本的扭曲,中国的生产成本扭曲规模总共达到了 3.8 万亿人民币,约为 2007

---

① 在"土地财政"的模式下,我国的土地市场只不过是地方政府获取预算外收入的一种场所,还没有远远没有实现市场化。

② 李长安:《要素市场已成为我国经济发展的"短腿"》,《上海证券报》2010 年 12 月 30 日。

③ 需要强调的是,前面案例分析中的工业化国家与"金砖国家",尽管在市场竞争方面均不同程度地存在这样或那样的不足,但这些国家的要素市场的市场化程度都要远远高于我国。

年我国名义 GDP 的 15.5%(张翃、李聪,2008)①。这部分扭曲的成本就自然转化为低端产业的利润,并影响了高端产业对低端产业的替代。第三是要素市场的扭曲削弱了微观经济行为主体的创新动力。目前,从整体上看我国企业多位于产业价值链的下游,处于加工、组装的环节。由于要素价格的扭曲,微观经济行为主体完全可以依托低价格的要素获取企业利润,并以此参与国际市场竞争。这也就是说,由于缺乏市场竞争与成本压力,国内企业,尤其是工业内部的制造业企业,也就没有动力进行技术创新,也没有动力将企业的投入要素从低级生产要素转向技术、人力资本等高级生产要素;在这种模式下,技术创新的匮乏不可避免会导致我国产业升级的放缓与停滞。

三、政府行为的失范与我国产业升级的受阻

尽管不同学者对政府在现代市场经济中的作用仍然存在广泛的争论,但伴随古典市场经济向现代市场经济的演化②,越来越多的学者也认为由于市场失灵、市场行为主体对经济行为的认识偏差以及对自身利益的不同追求等因素的综合作用,"看不见的手"并不能自动引导形成规范的经济行为与利益关系,这也就说良好的市场经济秩序以及市场经济的有效运转等均离不开政府的作用。具体而言,现代市场经济所需要的政府行为包括以下几个重点:首先需要通过法律、法规等明确并规范政府的职能。在现代市场经济中,尽管政府的作用必不可少,但政府与市场也必须保持必要的距离。这主要是因为如果政府作用过大,政府行为与市场行为不分,不但会影响到微观经济行为主体的自由抉择,而且会损害市场经济的效率。从这个原则出发,一个有限与有效的政府一方面需要通过产权的界定与保护、合同的履行、公平的竞争、自由的交易、反垄断等方式构建现代市场经济正常发挥作用所需要的外部条件;另一方面需要供给经济系统不愿供给的教育、国防、科研等公共产品等,从而服务

---

①　张翃、李聪:《中国正逐渐失去"扭曲"的低成本优势》,http://www.caijing.com.cn/2008-04-18/100057634.html。

②　古典的市场经济也称为传统市场经济,其显著特征是分散的微观经济行为主体根据市场价格自主决定资源的配置;现代市场经济则认为政府与经济关系密切,但政府与经济必须保持必要的距离。

并促进市场经济的健康发展。其次需要通过法律、法规、制度、章程等严格约束政府的公共权力,并对干预市场经济的方式、范围、内容、权限等进行明确规定。与市场中其他经济行为主体相比,政府的公共权力具有天然优势。这也就是说,如果不对政府的公共权力加以必要的约束,尤其是对政府干预微观经济行为主体的自由抉择行为进行约束,现代市场经济所需要的独立企业制度与自由交易规则就难以得到保障。因此,在现代市场经济中,政府的行为必须受到法律、法规的严格约束。第三需要有效抑制政府官员的腐败与公共权力的异化等。在现代市场经济中,腐败与公共权力的异化不但会引致各种"寻租"行为,从而大幅度提升市场经济的交易成本;而且会损害有效竞争的市场环境,从而降低市场经济的运行效率与"优胜劣汰"的选择结果。事实上,现有的研究都表明,腐败活动是导致不规范、无效,甚至是坏的市场经济的最主要的因素。因此,在规范政府行为的同时,现代市场经济还需要有效抑制腐败与公权力的异化等①。

　　从我国的实际情况来看,尽管伴随市场化改革的持续推进,政府行为也开始趋向现代市场经济所要求的"良性治理";但由于我国市场经济脱胎于传统的计划经济体制,"路径依赖"下的政府行为仍然没有达到"有限与有效的政府"的高度。具体而言,目前我国政府行为的失范主要体现在以下几个方面:首先是政府对市场经济行为的行政干预过多,政府"越位"的行为还较为普遍。这一方面表现为通过利率管制、土地批租、基础设施建设垄断与行政审批等方式,政府不但严重削弱了市场配置资源的基础性作用,而且使得公权力配置资源的能力大为强化,并引致了腐败等问题;事实上,从某种程度上讲,我国的土地、资本等要素市场主要还是由政府所掌控,资源配置也带有很强的行政色彩;另一方面表现为通过财政、税收、金融、汇率等方式,政府还过多地干预到了微观经济行为主体的市场活动,并影响了企业的最优化抉择。其次现代市场经济所需要的外部基础设施仍然存在有效供给不足的问题,政府行为的"缺位"较为突出。这一方面表现为合同履行、公平竞争、自由交易、反垄断等

---

　　①　完善社会主义市场经济体制的课题组:《现代市场经济的五大特征》,http://www.china.com.cn/chinese/OP-c/366828.htm。

现代市场经济所需要的外部条件仍然不够完善,并不同程度地影响了市场经济"优胜劣汰"的选择结果;另一方面表现为社会保障、基础教育等公共物品的供给也严重不足,社会收入差距过大等问题也开始威胁我国经济的持续发展。第三是政府行为的腐败问题也较为突出,如利用干预市场活动的行政权力进行权钱交易、利用所有制关系的调整将公共财产占为己有、利用转型过程中市场的不规范谋取暴利等腐败行为均较为严重;不但如此,由于经济改革没有完全到位,政府权力不但顽固不肯退出市场,反而强化了对市场的控制;在这样的背景下,随着行政权力对经济活动的干预加强和寻租空间的扩张,我国的腐败问题非常突出。根据 1989—2008 年独立学者的研究,中国寻租的租金总额高达 4 万亿至 5 万亿,达到了 GDP 比例的 20%—30%(吴敬琏,2010)①。

　　政府行为的失范对我国产业升级的影响也非常突出,甚至可以说政府行为的失范阻碍我国产业升级的推进②。首先是政府行为的失范使得政府不仅没有通过"看得见的手"来解决"看不见的手"的失灵;反而是通过"看得见的手"过多干预市场经济的活动,造成了"政府失灵"与"市场失灵"的并存,并恶化了"看不见的手"的失灵。这不但提升了市场的交易成本并加重了企业的负担,而且阻碍了具有创新活力的中小企业的发展,从而从根本上制约了本土市场规模效应的发挥与本土产业升级的推进。其次是由于长期以来我国各级政府支配生产要素的权利不增反减,再加上腐败问题突出,诱导了一些微观经济行为主体不是依靠技术创新与组织创新,而是试图通过结交政府官员来寻求某些特殊照顾,并以此实现企业发展。这种行为不但扭曲了具有规模效应的本土市场对产业升级的诱导与激励,而且从根本上破坏市场经济的内生效率,并严重制约了市场经济的活力。第三是政府行为的失范,尤其是地方政府对市场经济的行政干预,更是造成了低端产业的重复建设与产能过剩,并阻碍本土产业的转型升级。由于政府能够通过行政手段干预地方产业的选择,在GDP 为主要政绩考核指标的刺激下,地方政府就会出于自身收益的需要,通

---

①　吴敬琏:《当代中国经济改革教程》,上海远东出版社 2010 年版。

②　需要强调的是,政府行为的失范不但能够单独影响国内的产业升级,而且能够与其他因素共同作用影响国内的产业升级。本书不具体分析哪些是单独的影响渠道,哪些是共同作用的渠道;而是将其视为一个整体进行分析。

过财政、税收、金融等手段支持一些资源型、资金密集型产业的发展,有时候甚至会继续投资一些本该被淘汰的产业。这不可避免会造成全国产业结构的雷同、产品同质化严重以及产业过剩等问题,最终阻碍各个地区的产业升级。

四、法治基础的脆弱与我国产业升级的受阻

从本质上讲,现代市场经济就是法治经济,即建立法治规则之上的市场经济,倡导是用法治的思维与手段来规范经济行为、指导经济运行、维护经济秩序以及服务经济发展等(吴敬琏,2007)[①]。无论是从市场经济的理论逻辑还是工业化国家与"金砖国家"的实践来看,只有从法治上更好地界定国家与经济的关系、政府与微观市场主体的行为逻辑以及微观经济行为主体之间的经济关系,现代市场经济体制所强调的自由企业制度与自由市场竞争才能有效运转,市场经济也才是一个活力且能可持续发展的经济体。

具体而言,现代市场经济中法治的作用主要体现在以下几个方面:首先是法治能够明确与界定市场经济中政府的职能并约束政府对经济活动的任意干预,从而保证经济活动的自由与现代市场经济的活力。由于政府的权力天然就大于其他微观市场主体的权力,如果缺乏法的明确规定与强制性约束,现代市场经济所需要的自由交易与独立企业制度就难以得到保证,市场经济的活力自然也会受到损害。其次是法治可以规范微观市场主体的经济行为并保证微观市场主体的权益。在现代市场经济中,如果没有法治的规范与保障,包括产权的界定与保护、合同的履行、公平的竞争、自由的交易、反垄断等现代市场经济正常发挥作用所需要的外部条件都将难以实现(钱颖一,2004)[②]。第三是法治能够通过强制性解决市场经济中的社会保障等问题来服务并促进市场经济的健康发展。现代市场经济不仅强调竞争原则与动力机制,而且强调保障机制与协调机制。事实上,如果缺乏覆盖整个社会的保障体系,纯粹的"优胜劣汰"法则不但会影响市场经济的公平,而且会从根本上影响市场经济的效率,并损害市场经济的活力。第四是法治有助于发展中国家化解转型阶段

---

① 吴敬琏:《呼唤法治的市场经济》,上海生活·读书·新知三联书店2007年版。
② 钱颖一:《避免坏的市场经济,走向好的市场经济》,《经济观察报》2004年12月12日。

的突出矛盾,并消除利益集团对市场化改革的阻碍与反抗。对发展中国家而言,由于经济、社会等各个方面的游戏规则的变化,转型阶段的社会矛盾十分突出,尤其是如何保持社会公正、防止腐败活动蔓延、抑制社会收入差距扩大等社会问题更是十分尖锐。在这个过程中,只有通过法治体系的全面建设,运用法治体系来强制性规范并约束各个市场主体的经济行为,才有可能最终化解这些社会矛盾。不但如此,转型阶段是一个游戏规则发生变化的时期,而游戏规则的变化必然会引发经济利益关系的全面调整。在这个过程中,无论是经济体制向现代市场经济体制的转型,还是社会生活向现代工业社会的转型都会遭受那些不愿意放弃既有利益的社会群体的全面阻碍与激烈反抗(吴敬琏,2010)①。显然,只有通过法治体系的强制性约束,才能有效地消除这种阻碍与反抗,也才能确保市场化改革的全面推进与经济社会的顺利转型。

就我国的实际情况而言,尽管市场经济的法治体系建设已取得了巨大的成就;但与成熟的现代市场经济体制相比,我国市场经济的法治基础仍然薄弱,法治建设仍然存在一些深层次的矛盾与问题。首先是传统的轻视法治的思想还没有彻底根除,法律远远没有成为规范和约束经济行为主体的"第一准则"。由于我国传统文化的影响,尤其是注重德治轻视法治、崇拜权力轻蔑法律的影响,在微观经济行为主体的心目中,现代法治对行为规范的约束力远远不如伦理道德的约束力。因此,在现实经济生活中微观经济活动主体宁愿依靠道德规范和约定俗成的习惯来约束自身的行为,并以此调整相互之间的关系,也不愿意通过契约等现代法律的方式来明确各个行为主体之间的权利与义务;宁愿奉行"精英政治、贤人政治"的传统人治模式,也不愿意承认"法律至上、法律面前人人平等"的现代法治模式。其次是国内的法治体系还不健全,仍然无法满足现代市场经济健康发展的要求。这一方面表现为涉及意识形态、政治体制、公务员管理、公共权力约束等方面的立法仍然稀缺。由于现代市场经济的行为规则不但涉及经济领域的微观主体,而且涉及宏观领域的政府部门,缺乏约束政府部门的法律法规既不利于控制国家公共权力的运行,又不利于防止国家公共权力的泛用与失控。另一方面表现为已经编制的

---

① 　吴敬琏:《当代中国经济改革教程》,上海远东出版社 2010 年版。

法律也不够完善，无法约束市场经济主体的行为，如有些法律只规定了法规的适用条件，而没有规定相应的法律责任，或者是规定的法律责任不够明确，并不具备基本的可操作性，有些法律条文之间也不够协调，甚至存在相互交织和彼此矛盾的现象。最后是"有法不依、执法不严"等问题还叫为突出。这一方面表现为地方政府习惯于用党规、党纪来替代法律、法规，并以此约束政府官员的行为，另一方面表现为各级执法部门的执法并没有真正落实到实处，执法不严、违法不究等现象也较为普遍。

如果说在本土产业升级的过程中，国内市场竞争的失衡、要素市场的扭曲、政府行为的失范是直接制约了具有规模效应的本土市场规模的驱动；那么法治基础的脆弱更多还是体现为一种间接的影响，即法治基础更多是通过作用于市场主体的独立性、市场竞争的有效性、市场秩序的有序性、政府行为的规范性等方面，影响我国市场经济体制的完善，从而间接扭曲了具有规模效应的本土市场规模对国内产业升级的驱动作用。其中，影响市场主体的独立性是指法治基础的薄弱、法治体系的不健全会损害现代市场经济的自由企业制度，从而损害市场交易的分散抉择与投资行为的利润诱导；影响市场竞争的有效性、市场秩序的有序性、政府行为的规范性是指法治基础的薄弱能够损害现代市场经济的自由竞争制度，从而损害市场经济的内生效率与自身活力。无论是损害市场交易的分散抉择与投资行为的利润诱导，还是损害市场经济的内生效率与自身活力，这些都会影响本土市场规模效应的发挥及其对国内产业升级的驱动。不但如此，法治基础的薄弱、法治体系的不健全还会影响到现代市场经济所需要的外部设施的供给与"游戏规则"的构建等，如信用体系、公共物品、社会保障制度、产权制度、法律法规等，这些也会通过影响市场经济的效率，从而影响到具有规模效应的本土市场对产业升级的驱动。

第二节　海外市场偏好与我国产业升级的受阻

在经济全球化的条件下，除了本土市场的扭曲之外，海外市场的偏好也能够影响具有规模效应的本土市场对国内产业升级的驱动。所谓海外市场的偏好是指背靠大国经济的中国企业不但没有很好地追求本土市场的规模报酬递增,反而不同程度地形成了对美国、欧盟等国际市场的高度依赖。虽然从产业的演化过程来看,无论是获取产业的国际竞争力,还是获取"两种资源"并占有"两个市场",均需要本土企业从国内市场逐步走向国际市场;但这种对国际市场的占有是建立在企业已经占有了本土市场的基础之上,是经历了本土市场的淬炼之后的海外市场拓展。然而,就我国企业的海外市场偏好而言,转轨中发展大国的现实背景意味着我国企业对国际市场的依赖并不是建立在占有了本土市场之后的海外市场拓展,而是通过加入全球价值链并以"国际代工"的模式进入海外市场,并形成了对海外市场的依赖。这种企业的市场偏好与发展模式虽然能够最大限度地发挥我国"无限供给的劳动力"的比较优势,并驱动了对外贸易与国民经济在过去 30 多年的高速发展①;但在新的历史条件下,尤其是伴随我国本土市场规模逐步位居世界前列,这种发展模式由于忽视了本土市场规模的比较优势,不但影响到了具有规模效应的本土市场对国内产业升级的驱动,而且也面临着新的挑战。具体而言,在本土市场规模与国内产业升级的相互促进中,这种海外市场偏好的影响主要体现在以下几个方面:

一、海外市场偏好制约了产业升级的本土市场规模效应

就本土市场规模内生影响国内产业升级而言,通过本土市场中厂商—顾客互动引致的需求发现、市场规模诱致下的产业分工演进与企业技术能力演化以及具有规模效应的终端需求对参与式合作、价值链拓展与运营支撑的影响等维度,本土市场规模不但能够诱导企业拓展具有更高边际利润的产业升

---

① 我国企业的海外市场偏好既有国家出口导向型战略的引导,也有本土市场扭曲的影响。就前者而言,我国改革开放的过程,就是从进口替代战略向出口导向战略的转换过程。正是在这种战略的引导下,我国的对外贸易实现了迅猛扩张,并成为全球第二大贸易国;但随着对外贸易的快速发展,这种战略不但使得我国贸易依存度居高不下,而且使得企业的发展也形成了对美国、欧盟、日本等出口市场的高度依赖。就后者而言,本书认为,正是由于国内市场的扭曲,交易成本的居高不下、产权保护的不力、市场的分割以及地方保护主义等,才导致了本土企业宁愿选择国际代工,也不远开拓本土市场的局面,这又就进一步加剧了我国企业对国际代工的偏好与海外市场的高度依赖。鉴于前面的研究已分析了本土市场的扭曲对产业升级的沮咒,这一节将只考虑企业海外市场偏好的影响及其对产业升级的阻碍;而不去分析企业海外市场偏好的诱导因素。

级行为,而且能够提供产业升级所需要的运营支撑,因此能够内生影响国内的产业升级。然而,前面的理论逻辑分析也显示这种作用机理的发挥需要本土企业立足于具有规模效应的国内市场。这也就是说一旦微观经济行为主体脱离了本土市场规模的涵养与支持,本土市场的互动效应与产业升级的需求发现、市场规模的诱致效应与产业升级的技术能力演化、本土规模市场的终端需求效应与产业升级的参与式合作、本土规模市场的终端需求效应与产业升级的价值链拓展、本土规模市场的终端需求效应与产业升级的运营支撑等之间的传导路径与作用机理,将很难继续传导并正常发挥作用。以本土市场的互动效应与产业升级的需求发现为例,如果国内企业的目标市场专注于海外市场,即使本土市场的消费者与国内企业之间存在文化、语言、风俗、历史等方面的优势,甚至是存在某种政府保护等优势,但游离在本土市场之外的国内企业将很难拥有这些优势,自然也就不可能以此为基础来实现本土市场的需求发现,并推进产业升级等。因此,只要本土企业的目标市场集中于海外市场,那么就只有海外市场才能够影响本土企业拓展具有更高边际利润的产业升级行为。在这样的背景下,无论是本土市场规模如何演化,都很难对游离在本土市场之外的国内企业产生重要影响,此时产业升级的本土市场规模效应就几乎不存在。事实上,这种情况非常类似于开放经济中的小国,由于缺乏具有规模效应的本土市场的涵养与支持,本土的企业发展与产业升级只能直面海外市场的激烈竞争。从这个逻辑来看,我国本土市场规模逐步位居世界前列与国内产业升级面临严峻挑战的并存,也就不足为奇了;因为我国企业的海外市场偏好严重制约了产业升级过程中的本土市场规模效应,或者说我国企业与产业的发展模式并没有立足于具有规模效应的本土市场。

需要强调的是,尽管在理论上存在"市场隔层陷阱"以及无法享受本土市场的"主场优势"与"规模优势"等,且本土企业需要直面海外市场的激烈竞争以及抢占国际市场等,但这并不意味着这些企业就无法获取国际竞争力以及这些产业就无法实现转型升级等。只不过,由于缺乏本土市场规模的"主场优势"与"规模优势",本土的企业发展与产业升级不但需要面临更大的挑战,而且需要付出更多的努力。这一点已在前面的案例分析中得到了充分的证明。从这个逻辑出发,本研究报告认为我国企业的海外市场偏好不但制约了产业升级过程中的本土市场规模效应,而且加剧本土产业升级面临的挑战与需要付出的努力。

二、海外市场偏好与我国产业升级的企业技术能力锁定

在制约本土市场规模效应的同时,海外市场偏好还能影响企业技术能力的演化。由于海外市场的偏好,尤其是通过锁入全球价值链而形成的海外市场偏好并不能逻辑实现企业技术能力的发展,相反还会引致发展中国家企业技术能力的锁定,这不可避免就会制约本土产业升级的推进。

从理论的角度来看,由于企业技术能力的演化具有明显的路径依赖和自我强化机制,发达国家企业技术能力的演化是一种基于技术领先战略下的自主创新范式,而发展中国家企业由于受制于自身知识和技术能力,倾向于在技术移植的基础上实行技术开发,即采取技术追赶的范式。在这种模式下,发展中国家的企业技术能力演化可分为技术引进、模仿创新、合作创新与自主创新四个阶段。如图 6-1 所示:A 点、H 点分别表示为初始状态下发展中国家、发达国家的企业技术能力,二者的垂直差距即为两类国家之间企业技术能力的差距。在 T_0 时点,发展中国家的企业技术能力低下,与国外先进企业的技术差距巨大,企业需要依据自身的比较优势以及原产业内积累的知识做出技术选择,并从发达国家搜索适合本企业的成熟技术,表现为引进成套的生产设备;经过 T_0-T_1 时期的"干中学"和"用中学",发展中国家的企业技术能力从 T1 时点开始进入技术模仿阶段,表现为产品和工艺的复制性模仿;随着对成熟技术的消化和吸收以及本国工程师能力的不断提高,从 T_2 时点开始发展中国家企业开始致力于对产品和工艺的调整、改进与重新设计以及技术的跨产业移植,企业的技术类型也逐渐由成熟技术向成长技术转变,并具备了一定的创造性模仿能力;伴随技术能力的高度化,从 T_3 时点开始发展中国家企业有可能把握先导技术的发展方向,形成了自己独特的技术能力与技术平台,具备自主创新的能力,从而在全球技术发展中处于领先的地位。然而,当路径依赖与自我强化机制发挥作用时,企业技术能力的演化路径表现为技术引进—技术模仿—模仿创新—自主创新(A—B—C—D—E 曲线)的发展中国家企业并不多见。受"技术能力缺口"(Gaps)的影响①,与发达国家企业的技术能力演化路径(H—I—D—K 曲线)相比,发展中国家企业的技术能力演化因 G_1、G_2、G_3 的存在而呈现出多样性:如果企业难以跨越"技术能力缺口",则技术能力的演化路径将被锁定在 A—B′曲线、A—B—C′曲线或 A—B—C—D′曲线;只有企业采取创新策略并跨越了所有"技术能力缺口",演化路径才表现为 A—B—C—D—E 曲线(张国胜,2009)②。

对嵌入全球价值链并已形成海外市场偏好的发展中国家企业而言,全球价值链的国际链接与产业链条内部参与者的多样性对这些企业获得外部知识并加快企业技术能力演化起到了重要的作用。但当全球价值链的治理者,即发达国家所主宰的国际品牌厂商与跨国公司,根据利益最大化原则来界定产业链条内部发展中国家企业的位置与功能时,也就确定了知识溢出的水平,并锁定了发展中国家企业技术能力的演化。具体而言,在技术引进与技术模仿阶段,由于这种技术能力的演化符合全球价值链的治理与跨国公司或国际品牌厂商的利益③,发展中国家企业的引进技术将是成熟与可获得;再加上这种技术模仿不需要大量的 R&D 行为,只需要通过"干中学"、"用中学"与反向工程等,发展中国家企业也能够比较容易形成技术模仿能力。然而,在模仿创新阶段,由于发展中国家的企业技术能力演化已开始威胁到跨国企业或国际品牌厂商对全球价值链的治理与利益控制,跨国公司或国际品牌厂商不但会严格控制产业链条内部知识溢出的梯度差距,而且会利用自身的技术优势打压发展中国家企业发展技术能力的努力;再加上模仿创新阶段 R&D 行为的不确定性与知识转化的逐步困难,发展中国家企业的行为越来越容易受到有限理性、粘性物质资本和智力资本的约束,其技术能力的演化路径很有可能出现分

---

① "技术能力缺口"(Gaps,G_1、G_2、G_3)是指企业技术能力上升受阻,并固化在某一特定的能力阶段,从而呈现技术能力刚度,这样与高一阶段的技术能力相比,就出现了差距(Barton,1995;安同良,2004)。
② 张国胜:《全球价值链驱动下的本土产业升级》,《财经科学》2009 年第 6 期。
③ 跨国企业需要发展中国家企业能够向其提供面向全球销售的合格产品,因此企业必须具备相应的技术能力,同时技术引进与技术创新还不会影响跨国公司的技术领导权,所以在这一阶段发展中国家的企业技术能力演化符合跨国公司的利益。

岔(Cristiano Antonelli,2006)①,从而被锁定在技术模仿阶段。在自主创新阶段,由于此时所需要的知识水平已经远远超出全球价值链的知识溢出,发展中国家的企业只能立足于自主研发,并进行更广泛的"学习创新"(张国胜,2009)②。这一过程将极为困难,企业技术能力的演化路径更容易出现分岔,从而被锁定在模仿创新的阶段。

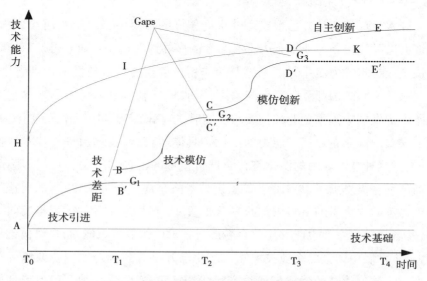

图6-1:欠发达国家企业技术能力的演化路径

就我国的实践情况而言,在出口导向型战略的引导下,改革开放以来本土企业依托廉价劳动力的比较优势已取得了长足进展,相应产业也成功锲入了全球价值链,并在国际市场上取得了巨大成功;但本土企业的技术能力演化并未逻辑实现从技术引进—技术模仿—模仿创新—自主创新的发展。目前,从整体上看,海外市场偏好与全球价值链的运作只实现了我国企业在技术引进、

① [意]克瑞斯提诺·安东内利:《创新经济学新技术与结构变迁》,刘刚等译,高等教育出版社2006年版。

② 学习在更广泛的社会经济、技术发展以及用户需求的框架中考虑研发活动,学习建立更广泛、更密切的知识网络以获取和使用充分的信息与知识,学习"忘记"长期形成而现在不再使用的主导逻辑、核心能力等。见张国胜:《全球价值链驱动下的本土产业升级》,《财经科学》2009年第6期。

技术模仿等方面的成功,本土企业的模仿创新与自主创新仍然面临着巨大的挑战。不但如此,由于在现有的国际分工体系与全球价值链的治理模式下,跨国公司或国际品牌厂商已锁定了产业链条内部发展中国家企业的技术创新轨道,我国企业的技术能力演化只能亦步亦趋地追随跨国公司或国际品牌厂商,也就是说我国企业只能是永远向着产业技术前沿迈进但却总是很难抵达产业技术前沿。从这个逻辑出发,本研究报告认为尽管引进成熟技术能够在一定程度上实现本土企业技术能力的发展,但由于企业技术能力在技术模仿阶段的锁定,对以技术日益复杂为标志的我国现代产业来说,仍然无法实现对国内产业升级的驱动。

三、海外市场偏好与我国产业升级的路径依赖

我国企业的海外市场偏好,尤其是通过锲入全球价值链而形成的海外市场偏好,不但会通过制约本土市场效应、锁定企业技术能力轨道等途径会影响国内产业升级,而且还会通过"中心—外围"(Core and Periphery)模式诱导形成本土产业升级的路径依赖。

从理论的角度来看,作为产业链条内部高附加值环节对低附加值环节的替代与价值增值的宏观体现,产业升级的路径既可表现为流程升级→产品升级→功能升级→产业链条升级(跨产业升级),又可体现为企业执行简单的组装活动→对产品的生产过程负责任→执行自主加工设计活动→生产和销售自我品牌→产业链条升级,即 OEA→OEM→ODM→OBM→产业链条升级的演化。由于在现有的国际分工体系与全球价值链的治理模式下,发达国家所主宰的国际品牌厂商与跨国公司通过控制研发、设计、市场营销、品牌运作等环节,控制了全球价值链中的高附加值环节,并成为世界经济的"中心";而发展中国家企业由于受制于自身的技术能力,只能从事进入壁垒低、产业附加值低的加工、组装与生产等环节,并逐步成为世界经济的"外围"。在这种模式下,发达国家的产业升级更多体现为 ODM→OBM →产业链条升级,即企业执行自主加工设计活动→生产和销售自我品牌→产业链条升级,或者是功能升级→产业链条升级(跨产业升级);而发展中国家的产业升级更多表现从 OEA→OEM 的升级,即企业执行简单的组装活动→对产品的生产过程负责任,或者

是流程升级（工业升级）→产品升级。不但如此，由于通过全球价值链的治理，从低端环节锲入全球价值链的发展中国家能够通过大规模生产与低要素成本的优势迅速获利，并推动本土产业由 OEA→OEM 的升级；这种一帆风顺的发展经历也很容易诱导发展中国家形成产业发展的路径依赖，即产业发展很容易形成对跨国公司或国际品牌厂商主宰下的大规模生产与海外市场大规模销售的路径依赖，这就意味着发展中国家的产业升级将很难跨越到 ODM、OBM 或产业链条升级，更多只能体现为从 OEA→OEM 的升级。

就我国的实际情况，出口导向型发展战略与海外市场偏好在驱动我国经济发展并使我国成为"世界工厂"的同时，也通过产业发展的"中心—外围"模式诱导形成了本土产业升级的路径依赖。具体而言，我国产业发展的中心—外围"模式首先表现为东部沿海地区的企业通过锲入全球价值链与国际分工体系，已逐步演化成为世界经济的"外围"，并承担着全球初级产品的加工、组装与生产者的角色；其次表现为我国中西部地区通过源源不断地向东部沿海地区供给能源、劳动力、原材料等，已逐步演化为东部沿海地区的"外围"，并承担着资源供给者的角色。从另外一个角度来说，由于东部沿海地区的技术能力在整体上要高于我国中西部地区的技术能力，再加上东部沿海地区是我国中西部地区产品销售的重要市场，东部沿海地区自然就可以看做我国经济的"中心"①。这种全球经济与本土经济的"双重二元"的发展状况一方面使得我国中西部地区的产业发展主要集中于钢铁、有色、化工、建材等资源型工业，并逐步形成了对东部沿海地区的路径依赖；另一方面使得东部沿海地区的产业发展主要集中于制造业内部的产品加工、组装与生产等，并逐步形成了对海外市场销售与中西部地区原材料供给的路径依赖。

目前，虽然从整体上看我国已成为全球第二大贸易国，但在进出口贸易结构中，半数以上的进出口贸易属于加工贸易；不但如此，出口产品的技术知识含量与产品附加值增值等，都没有得到迅速发展，相反有些指标还在不断恶化（沈利生，王恒，2006；刘志彪，2007）②，这些都表明本土产业发展正面临着严

---

① 需要强调的是，相对工业化国家而言，无论是东部沿海地区，还是中西部地区，都是这些国家的"外围"市场。

② 刘志彪：《中国贸易量增长与本土产业的升级》，《学术月刊》2007 年第 2 期。

峻挑战。根据世界银行的统计数据,目前尽管中国的出口规模已占到其 GDP 的 40%,但半数以上属于加工贸易;如果只计算增加值部分,中国的出口规模还不到 GDP 的 20%(Shahid Yusuf & Kaoru Nabeshima,2007)①。事实上,在金融危机发生之后,伴随国际经济竞争环境的改变以及国民经济运行中各种压力的逐步显现,我国东部沿海地区不同程度地出现了外资企业撤离、中小企业倒闭、出口规模锐减、地区经济发展逐步放缓等现象,这表明通过嵌入全球价值链的海外市场偏好虽然能够为中国本土企业提供熟习国际市场运作的机会,并为我国劳动密集型产品的大规模生产组装提供了条件,但并没有实现中国本土产业由 OEA →OEM →ODM →OBM 的升级,相反更多的本土企业是被锁定在劳动密集型的加工组装环节(即 OEA、OEM 阶段),产业升级出现了断裂,并呈现出路径依赖的特征。

第三节　其他因素影响与我国产业升级的受阻

本土市场规模逐步位居世界前列与国内产业升级面临严峻挑战的并存,既有本土市场扭曲、海外市场偏好等因素对产业升级过程中本土市场规模效应的制约,也有我国特殊的国情,如国内就业增长的压力、区域经济增长的需求、转换成本的制约等因素,都在不同程度上钳制了本土产业升级。

一、国内就业增长的压力与我国产业升级的挑战

在产业升级的过程中,第二产业就业人口的减少以及第一产业、第三产业内部就业结构的变化,不仅会影响一个国家的整体就业水平,而且会影响整体就业的内部结构。就我国而言,作为一个转轨中的发展大国,国内就业增长的压力不可避免会影响我国的产业升级。

从理论的角度来看,微观机制作用下价值增值的宏观涌现一方面可以表

---

① Shahid Yusuf & Kaoru Nabeshima.Strengthening China's Technological Capability,Policy Research.Working Paper,http://www.worldbank.org,2007.

现为单个产业链条内部企业执行简单的组装活动→对产品的生产过程负责任→执行自主加工设计活动→生产和销售自我品牌;另一方面可以表现为高附加值产业链条对低附加值产业链条的替代,即传统的三次产业结构变迁与工业内部结构的演化等。在产业升级的过程中,无论是单个产业链条内部的升级,还是产业链条之间的升级都会影响到本土市场的就业。首先是产业链条之间的升级,尽管会创造新的就业岗位,但也会使得原有就业岗位逐步消失。以第三产业相对于第二产业的快速扩张为例,这一方面固然会在服务业内部创造新的就业岗位,扩张本土市场的就业容量;但工业发展的逐步放缓,尤其是工业内部资本密集型产业对劳动密集型产业的替代,以及劳动密集型产业的对外转移等,必然会使得工业内部的就业岗位大幅度减少,从而缩小本土市场的就业容量。一般而言,由于第三产业的就业容量要大于第二产业,尤其是工业的就业容量,产业升级的这种变迁并不会给国内就业带来挑战;但如果是国内第三产业发展严重滞后,工业内部的结构变化及其带来的就业容量的减少,就会给国内就业带来巨大挑战。其次产业链条内部与产业链条之间的升级,都会对劳动力提出新的要求。由于高附加值环节(产业)对低附加值环节(产业)的替代是建立在高效率、高加工度与高技术含量的基础之上,这必然会要求国内劳动者的人力资本能够跟得上产业升级的这种要求;否则不但会制约本土产业升级的推进,而且会影响到国内就业,甚至会出现失业人员的增加与岗位空缺的并存现象。以战略性新兴产业为例,尽管这种产业的发展会大幅度增加新的就业岗位,但新增岗位的人力资本要求都会远远高于传统产业的人力资本要求;不但如此,新增岗位还是一个全新的就业岗位,劳动者没有任何经验可以借鉴,这就会进一步加剧劳动者面临的挑战。事实上,产业升级所带来的劳动力在不同产业之间的流动并不是一个简单的"此消彼长"的关系,劳动力在产业之间的流动必须建立在人力资本变迁的基础之上,否则就会在国内形成失业与岗位空缺的并存现象。

就我国的实践情况,本土产业升级正面临着就业创造的严峻挑战,即在推进产业升级的同时必须为我国规模庞大的劳动力队伍创造足够的就业岗位。根据第六次全国人口普查数据,截止到2010年我国劳动力总量已达到了9.2亿,是全球劳动力总量最多的国家,且大多数劳动力的教育水平为初中文化或以下①。与美国相比，我国劳动力总量约为美国劳动力总量的5倍，但劳动力平均受教育程度却比美国劳动力平均受教育程度要低5年多②。这表明我国不但面临着严峻的就业压力，而且劳动力的人力资本也要远远低于发达国家。正是由于实现这批规模庞大的非熟练劳动力的充分就业与推进本土产业升级具有同等重要的地位，这就意味着在产业升级的过程中，我国一方面需要在高附加值、高技术含量、高加工度等产业（产业环节）方面，与美国等发达国家展开全面的竞争；另一方面又必须在本土产业升级的同时，为一支规模庞大且受教育程度大幅度低于美国的劳动力创造充分的就业岗位。这是一个巨大的挑战。事实上，目前我国劳动力的整体素质较低、人力资本不足的现状已严重制约了本土产业升级的推进，尤其是产业链条内部研发、设计、运筹、营销等环节的产业升级，以及高技术产业、战略性新兴产业的发展等。不但如此，我国三次产业结构，尤其是第三产业发展的滞后，也进一步加剧了国内就业增长对本土产业升级的挑战。在前面的研究中我们发现，我国的第三产业不仅要远远滞后于发达国家，而且要落后于"金砖"国家与其他的发展中国家，这种状况意味着在我国服务业不但未能有效吸纳工业内部结构变化所转移出来的劳动力，而且不能为农业剩余劳动力提供足够的就业岗位。从某种程度上将，国内就业创造的挑战不但阻碍我国产业升级的推进，而且加剧我国产业升级面临的挑战。

二、区域经济增长的需求与我国产业升级的挑战

尽管产业升级被视为增强经济可持续发展能力的重要途径和基本手段，但产业升级更多是改善经济增长的质量，并不必然等同于经济增长速度的加快，有时候产业升级的过程还会与经济减速的过程重叠。就我国而言，作为一个转轨中的发展大国，无论是基于赶超发达国家的战略需要，还是出于解决国内现实经济问题的需求，我国都需要实现经济的较快增长。显然，这种经济增长的需求也会影响到我国的产业升级。

---

① 国家统计局：《第六次人口普查数据》，http://www.stats.gov.cn/。
② 中国人口与发展研究中心课题组：《中国劳动力变动趋势及判断》，http://finance.people.com.cn/GB/11653090.html。

　　从理论的角度来看,在产业升级过程中,长期之内的经济增长速度首先呈现出高速增长的趋势;然而伴随产业升级的持续推进,长期之内的经济增长速度则会明显放缓,但也会为维持在一个可持续增长的水平上。长期之内的经济增长之所以会出现这种变化,主要是因为产业升级过程中主导产业的更替。如果产业升级,尤其是产业链条升级,表现为制造业对农业的替代,那么工业产品的规模报酬递增就会使得长期之内的经济增长呈现出高速增长的趋势,这一点无论是工业化国家,还是在我国等发展中国家都得到充分体现。如美国、德国在 19 世纪末期与 20 世纪初期的高速增长,主要原因就在于本土工业,尤其是钢铁、机械、化工等重工业的快速发展与规模递增;日本在 20 世纪50—70 年代的高速增长,也伴随着本土工业化的持续推进,尤其是工业产品的大幅度增长与规模报酬递增。如果产业升级,尤其是产业链条升级,表现为服务业的快速发展及其在国民经济中逐步占据主导地位,那么长期之内的经济增长速度虽然会维持一个可持续增长的水平之上;但与工业化时期相比,经济增长速度则会明显下降。这种变化规律在主要工业化国家的经济发展过程中,都得到了充分的体现。如美国、日本在 20 世纪70—80 年代的产业升级过程中,都伴随着明显的经济减速。这一时期美国的经济增长速度就从原先的4.5%下降至 3%,而日本的经济增长速度则由 10%迅速下滑到 4%①。在产业升级的过程中,经济增长的速度除了在长期之内会表现上述的规律之外,还会在短期之内表现出明显下滑的趋势,即短期之内产业升级会造成经济增长的"阵痛"。

　　就我国的实际情况而言,本土产业升级已经历了工业的快速扩张阶段,现阶段的产业升级更多地还是表现为产业结构的服务化趋势、工业内部结构的高加工度化与高技术化趋势等。从这个现状出发,并结合工业化国家经济发展的历史,我国目前的产业升级固然能够增强我国经济可持续发展的能力,但

---

　　① 日本的经济增速之所以将美国下降得更为明显,主要是因为日本的工业化要滞后于美国的工业化,也就说 20 世纪 70 年日本才刚刚完成工业化,而美国已完成了工业化,所以经济增长速度的放缓才会出现如此大的差异。见［美］本·斯太尔、戴维·维克托、理查德·内尔森:《技术创新与经济绩效》,上海人民出版社 2006 年版。

在长期之内我国经济增速的放缓将是一个不可逆转的趋势①。需要强调的是,与现阶段建立在环境污染、资源破坏、劳动力贬值的基础之上的快速增长而言,产业升级所带来的经济增速放缓则是更为健康的,也是可持续的。然而,就一个转轨中的发展大国而言,无论是基于赶超美国等发达国家的战略需要,还是解决国内区域之间、城乡之间经济发展不平衡等问题的需要,或者是解决国内庞大人口的就业压力的需求,我国的经济增长都必须保持一个较快的增长速度。产业升级引致的经济增速放缓与特殊国情对经济较快增长的需求不可避免会对我国产业升级形成挑战。不但如此,产业升级在短期之内还有一个"阵痛"的过程,而我国现有的政治考核体系又主要是以 GDP 的增长为基础。在这种制度设计中,理性的基层政府显然没有推进产业升级的动力,因为产业升级会在短期之内影响官员的 GDP 的考核;反而具有扩张低端产业,尤其是那些具有显著规模报酬的资源型产业,因为这些产业能够在短期之内明显扩张 GDP 的规模。事实上,近年来我国各地区之间的重复建设与低端产业的产能过剩等问题,在很大程度上都是因为如此。显然,在现有的 GDP 考核模式下,区域经济增长的需求也会进一步加剧我国产业升级面临的挑战。

三、转换成本的制约与我国产业升级的挑战

转换成本(Conversion cost)最早由迈克尔·波特提出,针对的是消费者从一个产品或服务转向另一个产品或服务时所产生的一次性成本。借鉴这种思想,本土研究报告认为产业升级过程中的转换成本是指企业从一个产品或服务的提供者转向另一个产品或服务的提供者时所产生的一次性成本。在产业升级的过程中,微观经济行为主体从产业链条内部低附加值环节转向高附加值环节,或者是从低附加值的产业链条转向高附加值的产业链条时,也能够产生相应的转换成本,并能影响微观经济行为主体拓展具有更高边际利润的产业升级行为。就我国而言,无论是东部地区的加工制造业还是中西部地区的原材料加工业,经过改革开放以来 30 多年的发展与固化,产业内部的沉淀成本已相当惊人。显然,在本土产业升级过程中,各个微观经济行为主体就不得

---

① 详细的研究见本书的第四章第二节。

不考虑这种规模庞大的转换成本的挑战。

从理论的角度来看,在产业升级过程中,微观经济行为主体需要面对的转换成本主要包括学习成本、沉淀成本与交易成本等。其中,学习成本是指在转向新的产业环节或产业链条过程中微观经济行为主体所需要学习的各种费用,如学习新的市场能力、新的技术能力等的成本。沉淀成本是指在原有产业环节或产业链条内部所形成的、且无法在新的产业环节或产业链条中被重新使用的各种投资,如原有的机械设备等固定成本等。交易成本是指在转向新的产业环节或产业链条过程中微观经济行为主体需要同其他经济行为主体达成各种交易的成本,如签订新合同的成本等。在产业升级的过程中,尽管这种转换成本属于一次性的投入,但当沉淀成本积累到一定规模之后,经济行为主体就不得不考虑这种沉淀成本的制约。在这个过程中,只有当产业升级所拓展的利润空间要远远大于产业升级面临的转换成本的时候,经济行为主体才会有内在的动力来推进产业升级。虽然从长期来看,产业升级能够大幅度拓展企业的价值增值能力并提升产业的获利空间;然而在短期之内,微观经济行为主体还是需要面对规模庞大的转换成本与有限的产业升级收益,再加上有限理性与智力资本的双重制约,微观经济行为主体的抉择往往很难实现古典经济学所假定的最优选择。从这个逻辑出发,在产业升级过程中,即使产业升级已成为经济行为主体的最优选择,但受制于有限理性与智力资本的约束,微观经济行为主体本就难以做出最优的抉择;如果再加上路径依赖的作用与转换成本的制约,只要经济系统的原有发展模式没有明显呈现出规模报酬递减的趋势,经济行为主体的选择一般都会依据以往成功的经验进行投资。在这个过程中,不可逆的投资又会进一步固化经济行为主体抉择的路径依赖,并加剧转换成本对产业升级的挑战。

就我国的实际情况而言,经过改革开放 30 多年来的发展,我国东部地区已逐步形成了以加工制造业为主的产业体系,而中西部地区则逐步形成了以钢铁、化工、能源、建材、有色金属等原材料工业为主的产业体系。长期以来,东部地区依托廉价劳动力的比较优势成功地锲入了全球价值链,并在世界低端市场中取得了巨大成功;而中西部地区则依托向东部地区源源不断供给资源等方式也成功实现了产业的长足进展。正如在前面分析中所强调的那样,由于有限理性与智力资本的约束,这种成功不但进一步扩张了东部地区、中西部地区的既有产业的规模,而且进一步加剧了这些地区产业发展的路径依赖。正是由于长期以来这种物质资本的沉淀与累计,目前我东部地区、中西部地区的产业升级所面临的转换成本已十分庞大。事实上,早在 20 世纪末期,就有不少学者提出为了避免产业升级过程中转换成本的制约,要未雨绸缪地采取针对性的措施,即要加快推进东部地区加工制造业、中西部地区原材料工业的升级,并在国内逐步构建分工协作的产业体系。然而,由于受制于既有成功模式的路径依赖、微观经济行为主体的有限理性与智力资本的双重约束,东部地区、中西部地区的产业升级推进仍然十分缓慢。这种状况直到 2008 年的金融危机发生之后,伴随国际经济竞争环境的改变以及国民经济运行中各种压力的全面显现,既有产业发展开始明显放缓并逐步进入规模报酬递减阶段,微观经济行为主体才开始意识到产业升级的必要性与紧迫性;但此时规模庞大的转换成本已经形成,本土产业升级就不得不面对转换成本的挑战与制约。

第四节　我国产业升级的受阻与本土市场规模

由于本土市场规模与国内产业升级能够相互影响、彼此促进,我国的本土市场扭曲、海外市场偏好、国内就业增长的压力、区域经济增长的需求以及转换成本的制约等因素,固然能够阻碍具有规模效应的本土市场对国内产业升级的驱动,并引致了本土产业升级的受阻;但在另一方面,本土产业升级的受阻,也能够通过消费需求、投资需求、进出口需求等维度,影响并制约本土市场规模的总量扩张、结构变化以及比较优势的发挥等。

一、我国产业升级的受阻与本土市场规模的总量扩张

正如在前面理论分析中所指出的那样,产业升级不但能够通过降低产品价格、改善产品属性、提升产品功能、引导消费者偏好等方式扩张本土市场的消费需求,而且能够通过产业升级本身的投资引致行为来扩张本土市场的投资需求。在这个过程中,无论是消费需求的扩张还是投资需求的扩张,都有助于本土市场规模的总量扩张。从这个逻辑出发,本研究报告认为,我国产业升

级的受阻,也会通过消费需求、投资需求等维度,放缓本土市场规模的扩张速度,从而影响本土市场规模的总量扩张。

首先就消费需求而言,国内产业升级的受阻,尤其是产品升级与功能升级的受阻,不但会影响产品本身的属性与功能,从而抑制本土消费需求的扩张速度;而且会通过潜在消费需求与现实产品供给的错位,影响本土潜在的消费需求转化为现实的消费需求。不但如此,产业升级受阻所引致的企业技术能力低下,也会影响企业的生产效率、经营效率与管理效率等,最终影响产品价格进而影响该产品的市场需求规模。以智能手机为例,尽管国内存在酷派、中兴、联想、华为、小米、海尔等众多本土产品,但与韩国的三星、美国的苹果等国际主流手机产品比较而言,国内的这些产品更多还是处在模仿国外产品的阶段。无论是产品的外观设计与属性功能,还是产品创新与升级换代,或者是产品的核心技术与企业技术能力等,国内的这些手机产品离国际主流的手机产品还有很大的差距。在这样的背景下,即使现阶段手机已成为我国居民日常生活的必需品,本土市场需求的规模也十分庞大;但国内这些手机产品仍然只能占据低端市场,且市场占有率也极其有限。正是由于国内这些手机产品无法抢占手机的高端市场,自然也就无法像苹果的 iPhone 系列手机那样引导并改变消费者偏好①,从而开创出新的市场需求。如果说在手机等现实需求方面,国内产业升级受阻对本土市场规模扩张的影响还相对有限,那么在潜在需求方面,国内产业升级受阻则是完全抑制了本土市场的规模扩张。事实上,近年来伴随人均国民收入的持续增长,本土消费者对新兴产品的接受能力已日益提升,国内也存在对新兴产品的巨大需求,只是由于现有企业还无法有效供给这些产品,才导致了潜在的市场需求无法转化为现实的市场需求。

其次就投资需求而言,国内产业升级的受阻,不但会直接抑制产业升级过程中的直接投资,如企业的研发投入、市场开拓、全球运营等拓展具有更高边际利润的投资行为;而且会抑制产业升级所引致的其他投资,如企业技术能力

---

① 从某种程度讲,苹果公司的 iPhone 手机开创了手机革命,不但引导并改变了消费者的偏好,而且成功地抢占全球手机的高端市场。不但如此,苹果手机通过相应软件的供给,也成功地加快了手机产品的更新换代速度,从而进一步扩张了产品的市场需求。具体情况可见本书第三章第一节。

提升之后新兴产业的投资以及对其他传统产业的改造投资等。以技术研发的投资为例,目前尽管我国企业的研发投入已出现快速增长,但企业并没有因此而成为我国创新系统的主干力量。事实上,近年来企业研发投入的快速增长在很大程度上还是由于一些公共科研院所转制成为了企业实体。根据 OECD(2011)的统计,1998—2003 年间,我国就有 1149 家公共科研院所转制成为企业①。由此可以判断,正是由于本土产业升级的受阻,尤其是我国东部沿海地区的一些中小型制造业企业已被锁定在加工、组装等低附加值环节,因此在劳工成本不断上升的背景下,依托廉价劳动力的产业发展模式使得这些企业根本无更多的利润来投资研发设计、市场开拓、全球运营等产业升级所需要的投资。在这个过程中,缺乏产业升级本身的投资行为,自然也就无法引致其他的投资需求,最终就会进一步制约本土市场的投资需求的扩张。

二、我国产业升级的受阻与本土市场规模的结构变化

在抑制本土消费需求、投资需求的规模扩张的同时,国内产业升级的受阻还会影响本土市场的结构变化,从而影响本土市场规模扩张的质量。

首先是国内产业升级的受阻能够影响本土市场中消费需求、投资需求与进出口需求的比例关系。这一方面是因为国内产业升级的受阻不但会抑制产品属性的改善、产品功能的开发与新产品的推出速度等,而且会影响国内消费者的收入扩张与消费能力的提升,从而严重制约消费需求的扩张;另一方面是因为国内产业升级的受阻诱导了经济发展对投资驱动的依赖,尤其是对传统的劳动密集型产业的投资依赖;而在现有的国际分工体系中,对劳动密集型产业的投资依赖又会进一步诱导形成经济发展对出口需求的依赖,最终就会导致本土市场中投资需求、进出口需求的扩张速度要明显快于消费需求的扩张速度,本土市场将呈现出投资需求与进出口需求明显占优的局面。然而,由于劳动密集型产业的竞争优势主要建立在"无限供给"的廉价劳动力的基础之上,任何国家对劳动密集型产业的投资依赖及其引致的出口依赖都将难以持续。从这个逻辑出发,本研究报告认为消费需求内生驱动下的本土市场规模

---

① OECD:《中国创新政策研究报告》,薛澜、柳卸林、穆荣平译,科学出版社 2011 年版。

的扩张,其可持续性将明显高于投资需求、进出口需求驱动下的本土市场规模的扩张。目前,就我国的实际情况来看,尽管伴随国民经济的快速扩张,本土市场中消费需求、投资需求与进出口需求均实现了持续、快速的增长,本土市场规模也逐步位居世界前列;但由于本土产业升级的受阻,国内投资需求与进出口需求的扩张速度要明显快于消费需求的扩张速度,并已成为驱动国民经济发展的支配性力量①。在这样的背景下,本土市场规模的扩张呈现出投资需求与进出口需求"双元驱动"的特征,与工业化国家内部消费需求占绝对主导优势的现状形成了鲜明的对此。

　　其次是国内产业升级的受阻还能影响消费需求中私人消费需求与公共消费需求、进出口需求中进口需求与出口需求的结构变化。其中,就私人消费需求与公共消费需求而言,虽然国内产业升级的受阻能够抑制本土消费需求的扩张,但对私人消费需求与公共消费需求的影响仍然呈现出多样性的特征。由于私人消费需求具有异质性、多样性、高质量要求等特征,与公共消费消费的同质性特征相比②,国内产业升级的受阻对私人消费需求扩张的抑制效应将更为明显。这就意味着公共消费需求的增长将会明显快于私人消费需求的增长。然而,正如在前面分析中所指出的那样,纯粹依赖于公共消费需求扩张的本土消费需求扩张并不具备可持续性。不但如此,国内产业升级的受阻还会影响私人消费需求的升级,即会影响本土私人消费需求从传统的吃、穿、住等温饱型消费向享受型、发展性消费的升级。就我国的实际情况而言,长期以来公共消费需求的快速扩张以及私人消费需求在温饱型消费的集中,不但影响了本土消费需求的扩张与结构变化,而且影响了本土市场规模的质量。就进口需求与出口需求而言,长期内国内产业升级的受阻不但会抑制出口需求的规模扩张,而且会引致进口需求的膨胀,进而引发进出口的失衡。由于劳动密集型产业的出口高度依赖劳动力的低成本优势,因此伴随劳工成本的逐步提升,国内产业升级的受阻将会明显抑制出口规模的扩张,甚至会引发出口的

---

① 详见本书第四章第一节的分析。

② 与私人消费需求相比,公共消费需求尽管也会呈现阶段性变化的特征,但在每一个阶段仍然会表现出同质性的特征。与异质性特征相比,消费需求的同质性特征意味着产业升级受阻的影响将相对有限。

大幅度萎缩;而在另一方面,由于国内产业升级的受阻,本土企业的产品供给将越来越难以满足消费者的异质性与挑剔性需求,在这样的背景下,进口需求的规模将会明显扩张。就我国的实际情况而言,近年来出口规模的扩张速度已明显下滑,而进口规模则在快速扩张①,表明我国进出口需求的结构也发生了明显的变化。

三、我国产业升级的受阻与本土市场规模的比较优势

在本土市场规模已逐步位居世界前列的背景下,开放经济条件与国内产业升级受阻的并存还会影响具有规模效应的本土市场的比较优势,即会削弱本土企业所具有的"主场优势"与"规模优势"。

与封闭经济不同的是,在开放的经济条件下,世界经济的一体化使得各国的市场需求不但可以通过产品或服务的进出口予以满足,而且可以通过跨国资本在该国内部的投资与生产予以满足。这也就是说,尽管一国内部的产业升级受阻会放缓本土市场规模的扩张速度并影响其结构变化,但只要进出口的渠道通畅或者是跨国资本能够自由进入,无论是现实的市场需求还是潜在的市场需求都能够得到满足。事实上,在这个过程中,尽管存在文化、语言、历史、风俗等方面的差异以及市场"隔层陷阱",但具有规模效应的本土市场仍然会诱导跨国资本的进入或产品(服务)的进口。得益于此,国内产业升级受阻所导致的未被满足的市场需求就会得到满足。从我国的实际情况来看,伴随我国逐步扮演起全球产品购买者的角色,无论是产品(服务)进口还是蜂拥而至的跨国资本,其规模都在明显扩张,这表明本土产业升级受阻所导致的未被满足的市场需求正通过这种方式得到满足。从这个逻辑出发,本研究报告认为在开放的经济条件下,国内产业升级的受阻在一定程度削弱了本土市场规模对国内经济行为主体的诱导与支撑作用,并削弱了国内经济行为主体所具有的"主场优势"与"规模优势"。

---

① 详见本书的第四章第一节。

第七章　本土市场规模与我国产业升级：
构建良性互动机制的政策选择

在本土市场规模逐步位居世界前列的背景下，我国需要充分利用具有规模效应的本土市场对国内产业升级的驱动作用，并以此实现本土市场规模的持续扩张与国内产业升级的内生演进，显然，要实现这个目标，关键一点就是要针对本土市场的扭曲、海外市场的偏好等影响因素，矫正本土市场规模与国内产业升级之间扭曲的作用机理，构建一个良性互动机制。基于理论逻辑的指导、经验教训的借鉴以及我国本土市场规模与产业升级的特征事实，构建这种良性互动机制不但需要深化并发展本土市场，而且需要选择国内产业升级的方向与政策，并出台一些性配套政策等。

第一节　良性互动机制中本土市场深化
与发展的政策选择

构建本土市场规模与我国产业升级的良性互动机制，首先需要针对我国本土市场的扭曲及其对国内产业升级的阻碍，深化并发展本土市场。这首先需要通过矫正市场竞争的失衡、要素市场的扭曲、政府行为的失范以及法治基础的脆弱等，深化并完善本土市场的现代市场经济体制；其次需要通过提升国内居民的消费能力、努力开拓具有广阔前景的农村市场、重视公共需求及其引导作用等，挖掘本土市场的"内需潜力"，发展并扩张本土市场规模；最后还需要有选择地保护本土市场，尤其本土的高端市场需求。

一、本土市场深化的政策选择

所谓市场深化是指通过改革与发展,逐步完善现代市场经济正常运转所需要的各种条件或机制。在这个过程中,仅仅依赖市场经济的自我演化显然是不够的,市场深化还需要政府从旁引导、培育、推动与建设,当然还需要适度的监管与调控。具体而言,基于本土市场的扭曲、我国现代市场经济发展的现状以及服务于本土产业升级的需要等多方面的考虑,本土市场深化的政策选择需要关注以下几个重点:

第一需要加快建立正确的市场激励机制,重点是要完善市场价格的形成机制与优化本土市场的竞争环境等。其中,完善市场价格的形成机制就是要确保市场价格能够充分反映资源的稀缺程度与消费者的偏好,推动微观经济行为主体的所有决策以市场上的投入与产出价格为基础。一般而言,市场价格的形成机制既包括商品市场的价格形成机制,也包括要素市场的价格形成机制。目前,我国商品市场的价格形成机制已日趋完善,市场定价的基础性作用也得到了充分发挥;但要素市场的价格形成机制仍然呈现出不同程度的扭曲,并引致了本土要素市场的失衡。因此,完善市场价格的形成机制就需要突出要素市场这个重点。具体而言,在劳动力市场方面,要通过加快户籍制度、就业制度与社会保障制度的改革,加快农民工市民化进程,消除就业歧视等,构建一个统一、公平的劳动力市场;在资本市场方面,要加快利率市场化改革,进一步提升金融机构风险定价的能力(李长安,2010)①;在土地、水、电力、煤炭、石油、天然气等要素市场方面,要更大程度地发挥市场在配置资源中的基础性作用,减少政府的行政定价行为与国有企业的垄断性定价,提升资源的配置效率。优化市场竞争环境就是要建立一个公平、公正的国内市场竞争秩序,鼓励国内经济行为主体积极面对市场竞争的压力。这首先需要削除政府对国有企业的垄断以及国内外资企业的超国民待遇等,改善民营企业的经营环境,给予民营企业基本的国民待遇并实现真正的"非禁即入",从而保障在本土市场的竞争过程中国内各个微观经济行为主体在起点上的公平。其次需要通过

---

① 李长安:《要素市场已成为我国经济发展的"短腿"》,《上海证券报》2010年12月30日。

消除政府对低生产能力者的保护①、优化产业组织、反垄断、反不正当竞争、反限制竞争以及完善市场经济的"游戏规则"等方式,保障国内各个微观经济行为主体在市场竞争过程中的公平(张辉,2008)②。

　　第二需要加快本土市场的一体化建设,重点是要消除地方保护主义与本土市场分割,以及加强连接性的基础设施建设等。由于地方保护主义与本土市场分割的根本原因在于中央政府、地方政府之间事权与财权划分的不合理,因此消除地方保护主义与本土市场分割首先就需要协调全国一体化建设与市场一体化过程中利益受损者的经济补偿,并提升中央政府协调各方利益的能力,建立地区之间的利益分享机制与协调机制(杜琼,2005)③。其次需要构建科学的权力运作机制,完善中央政府与地方政府之间的关系,并限制地方政府过于宽泛的行政权力,规范地方公共行政干预区域内部微观经济主体的行为(李世源、崔魏,2006)④。最后还需要在全国统一法律与政策体系的指导下,逐步统一各地区之间的地方性法规与政策,废除与统一市场有冲突的部门法规与地方法规,推动地区之间的相互合作与一体化的市场建设。由于连接性的基础设施不但能够影响经济行为主体的竞争,而且能够影响经济系统的效率水平,加强连接性的基础设施建设是促进经济一体化的常见手段。然而,考虑到连接性的基础设施包括运输系统、通信系统、邮政与快递、付款与转账以及提供无形产品和服务所需要的固定实施等,运用连接性的基础设施促进本土市场的一体化是一个漫长的过程,不但需要借助能够打破空间界限的工具与手段,而且需要政策制定者坚持不懈的努力(World Bank,2010)⑤。具体而言,加强连接性的基础设施建设首先需要顺应我国各个地区之间物流、人流、

① 需要强调的是,此次只是针对本土市场而言的低生产能力者,着眼的是国内微观经济行为主体之间的竞争;而不是针对跨国企业而言的低生产能力者。所以此处的削除保护与后面所强调的对本土市场的保护并不矛盾。
② 张辉:《市场竞争公平及其实现路径新论》,《甘肃政府学院学报》2008年第5期。
③ 杜琼:《世界经济一体化背景下的国内统一大市场建设》,《世界经济情况》2005年第3期。
④ 李世源、崔魏:《十年来我国地方保护主义研究综述》,《学术界》2006年第2期。
⑤ World Bank.World Development Report 2009:Reshaping Economic Geography,http://www.worldbank.org.cn,2010.

资金流、商品流等生产要素或商品频繁流动的需要,加大国内地区之间,尤其是中西部地区内部的公路、铁路等基础设施的建设;其次需要顺应国内信息化的潮流,持续优化信息通信系统并强化和地区之间的合作等。

第三需要进一步完善现代市场经济的制度供给,重点是要完善现代产权制度、知识产权保护制度、信用制度等制度供给。其中,就完善现代产权制度而言,首先需要各级政府平等保护包括国有企业、外资企业与民营企业在内的所有企业的产权,尤其是要保护民营的中小企业的产权;其次需要各级政府平等保护社会各个阶层的合法产权,尤其是社会弱势阶层的合法产权;最后还需要政府平等保护各种类型资产的产权,尤其是无形资产的产权。就完善知识产权保护制度而言,首先需要以健全商标保护制度、完善专利保护制度以及推进著作权保护制度建设等为重点,增强我国保护知识产权的各项政策的整合力度(张月龙、张琼妮,2009)①;其次需要改革现有的知识产权的行政管理体制,建立跨地区跨部门的知识产权行政保护的工作协调机制,在必要时候甚至可以成立全国统一的管理知识产品与知识产权的行政部门;最后还需要联合相关权利人组成行业的知识产权保护协会与联盟,或加入到现有的知识产权保护协会,以全社会的团体力量来强化对知识产品的保护。就完善信用制度而言,首先需要进一步完善现代市场经济的信息披露机制,增强我国信用市场的透明度;其次需要以建立微观经济行为主体的信用档案等为重点健全国内个人与企业的信用评级制度,并规范市场信息的传递机制;最后还需要加大执法力度,提高国内企业与其他信用主体的违约成本等,改善我国市场经济的信用秩序(钱水土,2003)②。

第四需要全面推进现代市场经济的法治建设。现代市场经济的根本规则就是法治的基本规则,市场经济就是法治经济。目前,全面推进我国市场经济的法制建设首先就需要以改革创新的精神,加快政府自身的改革,全面推进依法行政,建设法治政府。这一方面需要政府严格按照法律、法规的基本要求,明确行政权力的界限、规范行政行为的程序、完善行政决策机制等,加快建设

---

① 　张月龙、张琼妮:《完善知识产权保护制度的对策研究》,《经济纵横》2009 年第 12 期。

② 　钱水土:《建立和完善我国信用制度的对策思考》,《商业研究》2003 年第 15 期。

一个现代市场经济所需要的有效政府与有限政府；另一方面需要进一步明确政府与市场、社会、企业、居民的关系，全面理清政企关系与政事关系。就我国的实际情况，要想做到这一点就必须切实解决目前所存在的越位、错位、缺位等问题，真正把政府职能转换到宏观调控、市场监督、社会管理和公共服务等方面。其次需要进一步强化宪政制度建设，夯实现代市场经济法治体系建设的政治基础（吴敬琏，2007）①。这一方面需要全面落实宪法赋予人民群众的基本权利，包括言论、集会、结社、宗教信仰、选举与被选举、知情权与监督政府等方面权利；另一方面需要推进"坚持党的领导、人民当家做主、依法治国"的有机统一，通过实现党政分开、政商分开，进一步健全全国人大依法行使最高立法权、中国共产党依法执政、各级政府依法行政，人民群众依法对全国人大、执政党、政府进行民主监督的社会主义制度（吴敬琏，2010）②。最后还需要深入开展宣传教育，加强现代市场经济的法治文化建设，推动法治体系建设成为全社会的自觉行动与共同追求。这一方面需要不断拓展法治文化宣传教育的载体，既要充分发挥报纸、杂志、广播、电视等传统媒体的宣传作用，更要高度重视网络、微博、短信、咨询热线等现代传媒的重要作用，构建全方位、立体式的法治宣传；另一方面需要将法治理念、法律知识等寓于我国文化思想的传播之中，使得广大人民群体，包括各级领导干部不仅能够了解各种法律法规，而且能够将法律意识、法治理念等融入日常生活之中。

二、本土市场发展的政策选择

尽管我国的本土市场规模已逐步位居世界前列，并已成为我国最大的比较优势；但本土市场仍然存在消费需求不足、潜在市场需求庞大且尚未转化为现实市场需求等问题。本土市场发展的政策选择就是要针对这种状况，矫正本土市场需求的失衡并进一步释放本土市场规模的潜力。具体而言，这种政策选择需要关注以下几个重点：

第一需要提升国内居民的消费能力，努力拓展本土市场的消费需求。这

---

① 吴敬琏：《呼唤法治的市场经济》，上海三联书店 2007 年版。
② 吴敬琏：《当代中国经济改革教材》，上海远东出版社 2010 年版。

既是矫正本土市场需求失衡的需要,也是扩张本土市场规模的需要。正如在前面分析中所指出的那样,长期以来我国居民的消费水平不但远远低于工业化国家居民的消费水平,而且低于金砖国家居民的消费水平,甚至低于其他发展中国家居民的消费水平①。目前,本土市场较低的消费能力不但引致了本土市场消费需求与投资需求的失衡,而且制约了本土市场规模效应的发挥及其对国内产业升级的驱动。因此,本土市场发展的政策选择就必须着眼于提升我国居民的消费能力,努力拓展本土市场的消费需求这个重点。具体而言,首先需要稳步提升居民的可支配收入,这是提升国内居民消费能力的现实基础。基于我国居民收入分配失衡的原因与现状,提升本土居民的可支配收入水平一方面需要针对我国劳动报酬所得在国民收入中所占比重的逐步下降②,继续深化我国收入分配体制的改革,重点是要逐步提高劳动所得在初次分配中的比例,至少是要实现居民收入增长与经济增长的同步③;另一方面需要针对居民收入差距日益扩大的趋势,改革劳动就业制度、社会保障制度并建立统一规范的劳动力市场,形成劳动者平等就业制度,并不断提升中低收入者的收入水平。其次需要稳步提升国内居民的消费倾向、改善本土居民的消费预期。基于我国公共物品投入不足,本土居民消费倾向与消费预期较低的现状,提升国内居民的消费倾向、改善本土居民的消费预期就需要通过政策调整来缓解国内居民的远期消费支出压力,增加本土居民对未来消费预期的乐观性。基于这样的逻辑考虑,政策重点一方面需要进一步完善国民的社会保障体系,既要继续扩大基础教育、养老、医疗、失业保险、住房保障等基本公共服务的覆盖面,又要继续完善城镇居民的最低生活保障制度与社会救助体系,实

---

①　详见本书第四章第一节。

②　近年我国居民收入增长明显低于 GDP 的增长和财政收入的增长。2000—2010 年间,我国 GDP 的年均增长速度为 10.48%,高于城镇居民人均可支配收入的年均增长速度的 0.8 个百分点,高出农村居民人均可支配收入的年均增长速度的 2.99 个百分点;这一时期,财政收入的年均增长速度高达 21.39%,是同期城镇居民人均可支配收入的年均增长速度的 2.21 倍,是农村居民人均可支配收入的年均增长速度的 3 倍。

③　在这方面,日本的经验值得我们借鉴。正是得益于经济高速发展时期的"收入倍增计划",日本居民的消费能力才得以恢复并持续提升,日本国内的产业升级才能受益于具有规模效应的本土市场需求的支撑。这也就是说,如果具备相应的条件,我国也完全可以推行居民收入的倍增计划,来扩张本土市场的消费需求。

现学有所教、病有所医、老有所养、住有所居；另一方面以提升商品的流通效率、降低本土企业的税费以及国内居民的消费成本等为重点，培育一个良好的消费环境，刺激本土市场的消费需求。最后还需要倡导居民的高端消费理念，积极培育本土市场的消费热点。这就需要通过政府引导，一方面加速本土居民伴随收入水平的提升而自发形成高端消费需求的过程，另一方面则要培育居民在环保、质量、健康、绿色等方面的要求，提升居民的消费理念，培育本土市场新的消费需求（张国胜、胡建军，2012）[①]。

第二需要努力开拓具有广阔前景的农村市场，进一步挖掘本土市场的内需潜力。目前，尽管我国城镇化率已超过50%，但这只是常住人口的城镇化率；如果按照户籍人口来衡量，我国城镇化率要远远低于50%。这也就是说，农村人口仍然是我国最大的消费群体，农村市场仍然是我国最有潜力的内需市场。不但如此，由于长期以来历史、制度等多方面因素的影响，我国农村居民的人均可支配收入还要远远低于城镇居民的人均可支配收入。从经济学理论的逻辑架构与研究观点来看，伴随我国人均国民收入水平的持续提升，农村居民的边际消费倾向就要远远高于城镇居民的边际消费倾向，这也就意味着农村市场的消费需求的增长速度要远远高于城镇居民的消费需求的增长速度。事实上，如果再考虑我国农村市场的消费需求的转型升级，即从吃、穿、住等温饱型消费向发展、享受型消费的转变，农村居民的消费水平还有更大的上升空间。正是由于农村市场是我国最有潜力的内需市场（刘伟，2003）[②]，其发展潜力要远远大于城镇市场，本研究报告认为本土市场发展的政策选择就必须着眼于具有广阔前景的农村市场，尤其是中西部地区的农村市场，进一步挖掘本土市场的内需潜力。具体而言，首先需要针对我国农村居民的人均收入水平相对较低且增长缓慢的特点，以强化农村基础设施建设、提升农业产业化经营水平、优化农业产业结构、积极扶持个体经济与乡镇企业的持续发展、加大对农村与农业的转移支付力度、健全农村的社会保障体系以及加速农村剩余劳动力的转移等为重点，千方百计地增加农民的收入，这是提升农村消费水

---

① 张国胜、胡建军：《产业升级的本土市场规模效应》，《财经科学》2012 年第 2 期。
② 刘伟：《开拓农村市场，促进农民收入的持续增长》，《经济问题探索》2003 年第 1 期。

平与扩大农村市场的关键所在。其次需要针对我国农村人口居住分散、农村商品流通体制改革滞后以及农村商业网点布局存在"散、乱、差、小"的特点,以加快农村中心镇(村)的建设并提升农村人口的聚集度、鼓励多种所有制形式的商业组织进入农村商品流通体系、鼓励直销与代销等营销方式创新为重点,加快构建适应我国农村市场特点的点、面、线相结合、多种所有制形式与营销方式并存的、交易成本低且便捷畅通的农村新型商贸流通体系(张兴华,2008)①。然后需要诱导本土企业直接面对并积极开拓农村市场。这一方面需要本土企业转变观念,即不要把注意力过分地集中于城市与海外市场,而要切实加强农村市场的开拓与营销工作,做好农村消费品市场的需求预测,掌握农村市场的需求动向与购买力流向;另一方面需要本土企业针对农村消费需求升级的特点并根据自身的技术能力等,确定企业的农村市场定位与产品定位,增加产品销售的针对性与适应性,充分挖掘农村市场的消费潜力(刘伟,2003)②。最后还需要针对农村消费观念滞后,消费行为过于谨慎等特点,以帮助农民逐步形成适应现代市场经济要求的消费观念,提升农村消费者的自我保护意识以及强化农村市场竞争秩序的规范等为重点,加强农村的消费教育,倡导合理健康的消费观念。

第三需要重视公共需求及其引导作用,继续深化本土市场规模的比较优势。从理论的角度来看,本土市场的需求既包括了国内微观经济行为主体的市场需求,也包括了各级政府的公共需求。从我国的实际情况来看,作为一个转轨中的发展大国,我国不但因为人口规模庞大,公共需求具有显著的规模效应;而且由于经济的转轨,城乡一体化的教育、医疗、卫生、保险等社会保障体系尚未建立,并且联通城乡的物质基础设施也还有很大的改善空间。因此,即使近年来我国公共需求的扩张速度已日益明显③,但本土市场的公共需求仍然还有进一步扩张的空间④。正是由于我国公共需求的规模效应明显且具有

---

① 张兴华:《开拓农村市场:扩大内需的关键所在》,《浙江经济》2008 年第 22 期。
② 刘伟:《开拓农村市场,促进农民收入的持续增长》,《经济问题探索》2003 年第 1 期。
③ 详见本书第四章第一节。
④ 国际经验也表明,人均收入从 1000 美元向 3000 美元的过渡时期,正是公共需求快速扩张的时期。

进一步扩张的潜力,再加上公共需求对私人消费的引导与支撑作用,尤其是对低收入人群的消费引导与支撑作用[1],本研究报告认为本土市场发展的政策选择还需要关注公共需求及其引导作用,继续深化本土市场规模的比较优势(张国胜、胡建军,2012)[2]。具体而言,首先需要针对我国现阶段公共服务需求旺盛但供给不足,尤其是农村公共服务供给严重不足的矛盾,强化政府作为公共利益代表的角色,加大公共财政支出与公共服务供给的力度,加快建立城乡一体化的基本公共服务体系,进一步扩张我国的公共需求与本土市场的总量规模。其次需要针对我国公共服务供给过于重视物质性基础设施、轻视社会保障系统的现状,要以义务教育、环境保护、基础科研、公共卫生、医疗服务、保障性住房等为重点,调整公共服务的供给结构、提升公共服务的供给效率与质量,并改善公共服务供给对城乡居民消费需求的引导与扩张效应。最后还需要以制定国家层面的本土采购政策、明确政府的采购范围、建立财政性资金采购本土创新产品的制度以及激励本土企业产品创新的政府首购和订购制度等为重点,进一步发挥政府公共需求的引导作用,鼓励并支持本土企业的生产与投资,并以此扩张本土市场的总量规模。

三、本土市场保护的政策选择

在深化并发展本土市场的同时,充分利用具有规模效应的本土市场对国内产业升级的驱动作用,还需要政府在一定程度上保护国内市场,尤其是国内高端需求市场。这主要是因为尽管我国的本土市场规模已逐步位居世界前列,但这并不代表本土企业与我国产业的现实市场容量就很大。事实上,在开放的经济条件下,面对国际市场的激烈竞争,尤其是工业化国家领导型跨国企业的竞争,本土产业发展与升级所需要的市场容量正逐步被进口产品与跨国公司所侵蚀,如果让这种演化趋势继续持续,那么本土产业发展与升级也会面

---

[1] 正如在前面分析中所强调的那样,在收入扩张的过程中,低收入人群的边际消费倾向要远远高于高收入人群的边际消费倾向,因此低收入人群的消费需求的增长速度就会远远高于高收入人群的消费需求的增长速度。从这个逻辑出发,低收入人群的收入增长所导致的消费需求扩张就更为明显。

[2] 张国胜、胡建军:《产业升级的本土市场规模效应》,《财经科学》2012 年第 2 期。

临市场规模偏小的困局。与此同时,正如在前面案例分析中所发现的那样,无论是美国、日本等工业化国家还是巴西、印度等金砖国家,对本国市场的保护一直都贯穿着国际贸易发展的始终,并成为这些国家的产业升级与企业能够确立国际领导地位的成功秘诀。以最为发达的美国而言,保护本土市场就是其历史传统。早在1820年,美国的经济学家马修·凯里就开始强调保护性关税下的"国内市场(内需)",美国的其他学者也认为只有与英国实现有效的隔离,美国经济才能实现独立自主的快速发展(贾根良,2011)①。在这种理论的指导下,从19世纪20年代到20世纪30年代,美国的新兴产业、成长型工业以及弱小工业就是在30%进口关税的铜墙铁壁的保护下步入成长期的。尽管这种市场保护直接影响了消费者的福利;但从长远利益来看,正是这种保护才使得美国工业得以从幼年期步入青年期再进入成长期(托马斯,2006)②,美国也才得以迅速崛起并赶超英国。日本与美国一样,也具有保护本土市场需求的传统。纵观第二次世界大战后日本经济的演化,尤其是在创造经济奇迹的1951—1973年间的产业发展与升级,日本就实行了与美国相类似的本土市场的保护政策。在这一时期,尽管日本也面临着自由贸易条款下关税下调的挑战,但通过紧急关税、调整关税、临时关税、混合关税、报复性关税等特殊关税制度,以及进口许可证、技术安全标准、消费者习惯等非关税壁垒,日本也有效地保护了国内市场。在这个过程中,日本许多成功的产业,如家电产业、汽车产业、电子计算机产业等,都因此而受益匪浅。由此可见,每一个国家都可以在工业化过程中选择保护本土市场;事实上,只有国家的市场保护政策选择恰当,这个国家的工业就能够像儿童一样迅速成长③。因此,作为一个转轨中发展的大国,即使本土市场规模已逐步位居世界前列,我国也需要对本土市场进行某种程度的保护。

需要强度的是,在开放的经济条件下,我国选择对本土市场的保护并不是要排斥国际市场的竞争,也不是对本土市场的盲目与全面的保护,更不是要回到以前的闭关锁国;而是要在现有国际贸易规则的框架下采取灵活的方式对

①　贾根良:《美国学派:推进美国经济崛起的国民经济学说》,《中国社会科学》2011年第4期。

②　[美]托马斯·K.麦克劳:《现代资本主义:三次工业革命的成功者》,赵文书等译,凤凰出版传媒集团、江苏人民出版社2006年版。

③　Alfred Marshall.Principle of Economics.London:the Macmillan Company.1920,p.465.

某些特定市场给予适当的保护(赵江,2002)①。这是一种有选择的市场保护,根本目的是为了将来对目前保护的产业与市场不进行保护。具体而言,对本土市场的这种保护需要关注以下几个重点:

第一需要重点保护本土市场的高端需求,使得国内具有高附加值的产业能够得以利用本土市场完成产业升级并锤炼其国际竞争力。由于在现有的国际分工体系下,全球产业链条中价值的转移、增值及其控制与获取等,尤其是研发与营销环节的高附加值的增值、转移与控制,越来越依赖于高速增长的新兴市场空间来实现(刘志彪、张杰,2009)②。在这个过程中,具有规模效应的高端市场需求就能够在某种程度影响并左右产业链条中研发、营销等高附加值环节。从这个逻辑来看,要影响或主导全球产业链条的形成与布局,就不能脱离对市场需求,尤其是具有规模效应的高端市场需求的考虑(周怀峰,2009)③。就我国而言,伴随本土市场规模逐步位居世界前列,本土市场中的高端需求也日具规模。因此如果能够有效保护国内高端的市场需求,我国不但可以利用本土庞大的高端市场需求来影响全球产业链条的价值转移,而且可以依托国内庞大的高端市场需求与低端市场需求的并存,构筑国内的产业价值链。正是基于这样的考虑,本研究报告认为本土市场的保护政策首先应该着眼于对本土市场高端需求的保护,如保护战略性新兴产业的市场需求、高新技术产业的市场需求等。需要强调的是,一旦国内高端市场中的本土产业具有了相应的国际竞争能力,这种市场保护就必须逐步退出,也就是说这种本土高端市场的保护政策必须根据市场中本土产业的发展而动态调整。

第二需要有选择地保护本土某些特定的市场,如农业等关系国计民生的传统弱势产业市场,或者是本土产业转型升级所需要的特定市场等。以农业为例,我国的农业规模较小、国际竞争能力较弱,属于典型的弱质产业。在这

---

① 有些学者将这种既保持本土市场总体对外开放甚至是扩大对外开发,又根据本国经济利益的需要对特定市场进行局部保护的行为称之为"开放性市场保护"。见赵江:《对开放式保护主义的思考》,《经济研究参考》2002 年第 55 期。

② 刘志彪、张杰:《从融入全球价值链到构建国家价值链:中国产业升级的战略思考》,《学术月刊》2009 年第 9 期。

③ 周怀峰:《大国国内市场与产业国际竞争力:一个一般分析框架》,中国社会科学出版社2009 年版。

样的背景下,如果让本土农产品直接面对国际市场的竞争,就极有可能被跨国资本所蚕食。因此,无论是从产业成长的需要来看,还是从维护国家整体利益的需要来看,对这些产业的市场保护都是十分必要的。事实上,即使是美国、日本等主要工业国家的农业,也一直受到了国家强有力的保护。美国、日本更是不惜与其他国家频频发生正面冲突,也要坚定不移地保护本土农业市场(赵江,2002)①。正是基于这样的考虑,本研究报告认为在保护本土高端市场需求的同时,本土市场的保护还需要关注农业等关系国计民生的传统弱势产业市场,或者是本土产业转型升级所需要的市场,只有这样才能最大限度地发挥具有规模效应的本土市场对国内产业升级的驱动作用。

第三就本土市场的保护方式而言,需要以为政府的宏观保护为核心、以企业的自我保护为中坚、以消费者重申国货的消费偏好为基础,构建一种开放经济条件下本土市场的综合保护机制(张宝珍,1993)②。其中,政府的宏观保护是指要通过关税与非关税壁垒、限制跨国资本的市场准入范围、扶持本土重点产业或企业等方式,保护国内重点产业所需要的本土市场,并为产业发展创造良好的外部市场环境。企业的自我保护是指通过积极诱导微观经济行为主体改善企业的经营管理效率、提升产品质量与效益并增强企业的国际竞争能力等,进行自我保护。消费者重申国货的消费偏好也是一种重要的保护方式,是指通过强调一致的民族性、爱国的群体自我意识与消费者的民族中心主义,引导并培育本土消费者崇尚国货的意识与消费偏好,从根本上保护保护本土市场。

第二节 良性互动机制中我国产业
升级的方向选择

市场的深化与发展是构建本土市场规模与我国产业升级的良性互动机制的基础;但要想全面发挥具有规模效应的本土市场对国内产业升级的驱动作用,还需要基于本土市场规模的特点、演化趋势及其对产业升级的影响等,并

---

① 赵江:《对开放式保护主义的思考》,《经济研究参考》2002 年第 55 期。
② 张宝珍:《日本保护产业和市场的运行机制及其网络》,《世界经济》1993 年第 9 期。

结合理论上产业升级的演化规律与实践中我国产业升级所面临的挑战等,明确我国产业升级的方向,并选择本土市场重点发展的行业。从这个逻辑出发,我国产业升级的方向选择就需要突出以下三个重点:

一、需求升级过程中的产品升级与价值链拓展

考虑到本土市场的需求升级的演化趋势,尤其是消费需求的结构变化与消费品的品质升级等演化趋势,我国产业升级的方向选择首先就需要突出产品升级这个重点,并以此向价值链两端拓展。

具体而言,产品升级就是要通过行业内部技术的升级换代,对原有产品性能与功能进行持续开发,或者是引进全新的产品等。例如,将含氟冰箱升级为不含氟的冰箱、将彩色显像管升级为平板显示器、将传统手机升级为智能手机等。这种技术换代升级引致的产品升级不但能够显著增加产品的单位附加价值与企业的市场利润,而且能够更好地满足本土市场的需求变迁与升级。需要强调的是,本研究报告强调的产品升级不但包括劳动密集型产业的产品升级,如纺织服装业的产品升级,而且包括资本密集型或技术密集型产业的产品升级,如汽车业或信息产业的产品升级,是对本土市场内部所有行业而言的产品升级。这种产业升级的范围选择尽管与美国、日本等工业化国家在相同发展阶段的产业升级的范围选择有所不同,但更能符合我国的具体国情。正如在前面分析中所强调的那样,这一方面是因为本土市场存在巨大的就业压力,使得我国的产业升级并不能简单地建立在劳动密集型向资本密集型、技术密集型产业的演化过程中;另一方面是因为庞大的本土市场需求使得无论是劳动密集型产品还是资本密集型或技术密集型产品,都不能建立在进口的基础之上。在现实经济中,13 亿人口的消费需求不但难以通过产品进口予以满足,而且还会因为大规模的产品进口引发其价格的节节攀升,最终损害本土消费者的福利。近年来,本土市场中进口奶粉的“天价”及其垄断与消费者的权益受损就是典型的例子①。正是基于这样的考虑,本研究报告认为需求升级

---

① 即使剔除关税、运输成本等因素的影响,我国进口奶粉的价格也要远远高于其在母国的价格。洋奶粉的天价尽管有多种多样的原因,但我国庞大的市场需求仍然是最重要的原因之一。

过程中的产品升级必须同时关注劳动密集型、资本密集型与技术密集型产业。

　　事实上,如果把产业升级体现为微观机制作用下产业内部价值增值的宏观涌现,那么伴随企业技术能力的演化与产品内分工的演进,无论是劳动密集型产业的产品升级,还是资本密集型或技术密集型产业的产品升级,都能给微观经济行为主体带来高的附加价值与市场利润。或者说,由于劳动密集型产业也有高技术含量与高附加值的环节,而资本密集型或技术密集型产业也有劳动密集的环节,产业升级过程中劳动密集型产业向高技术含量与高附加值环节的产品升级所带来的价值增值与利润空间拓展,就有可能不亚于从劳动密集型产业升级到资本密集型或技术密集型产业的劳动密集环节所带来的价值增值与利润空间拓展。以纺织与服装产业为例,尽管传统观点都认为这种产业属于典型的劳动密集型产业,但并代表这种产业就不能具有高的附加价值与高的技术含量,也不代表产业升级就一定要淘汰这种产业(张国胜、胡建军,2012)①。事实上,在这方面意大利的做法就值得我国本土企业深入学习。作为老牌的工业化国家,意大利的产业升级不但没有放弃纺织与服装产业,反而进一步发展并壮大了这种产业,从而成为全球纺织和服装产业的出口强国。纵观意大利的产业升级的演化过程,正是通过持续不断的技术换代与产品升级,意大利不仅在纺织与服装产业链条内部的原材料处理、新兴材料研发、服装设计、精巧制作、后整理技术等方面走在了世界的前列,并拥有了 Armani、Zagna、Prada、Gucci、Versace 等世界知名品牌以及一大批二、三线品牌;而且将产品范围与产业链条从棉、麻、丝绸、羊毛、化纤等原材料加工,拓展到纺纱、织布、染色、后整理以及纺织、家纺、袜类、成衣等方面。目前,纺织与服装产业不但是意大利的支柱性产业,行业产量占到了意大利制造业总生产量的 7.3%、创造的附加价值占到了全国制造业的附加价值的 8.4%;而且是"意大利制造"的最为杰出领域之一,行业的出口顺差总额在意大利排名第三,仅落后机械制造业,橡胶、塑料和非金属矿业,产品销售收入占到了欧盟 27 国同行业总收入的 26.9%,在欧盟内部处于绝对的龙头地位(王默,2010)②。正是基于意

---

　　①　张国胜、胡建军:《产业升级的本土市场规模效应》,《财经科学》2012 年第 2 期。

　　②　王默:《意大利纺织行业调研报告》,http://www.ccpit.org/Contents/Channel_54/2010/0802/264585/content_264585.htm,2010-08-02。

大利在纺织与服装产业方面的杰出表现,本研究报告认为,产业升级过程中劳动密集型产业的产品升级也大有可为。当然,考到各个行业对实现国民经济的可持续发展与国内充分就业的作用,我国的产品升级也可以突出行业重点,如需要突出支柱性产业的产品升级等①。

如果说产品升级是现阶段我国产业升级的方向选择之一,那么以产品升级为基础向价值链两端的拓展则是未来我国产业升级需要努力的重点方向之一。这主要是因为,在开放的经济条件下,伴随企业技术能力的演化与产品内分工的演进,无论是劳动密集型产业,还是资本密集型或技术密集型产业,选择产业升级的方向不但需要时刻关注产品的属性与功能,及时供给品种全、质量优、档次高、理念新、安全性能好、有市场竞争力的产品(喆儒,2006)②;而且需要国内微观经济行为主体以产品升级为基础,进一步拓展产业的价值链条与利润空间;否则,本土产业的产品升级将难以为继。这一点无论是在工业化国家或金砖国家的产业发展过程中,还是在劳动密集型产业或资本密集型、技术密集型产业的演化过程中,都得到了充分的体现。具体而言,在产业升级的过程中,以产品升级为基础的价值链拓展一方面需要微观经济行为主体向研发、设计等高技术含量的领域延伸,实现产业技术的升级换代,如纺织与服装产业向纳米纤维、智能纤维、新型服装设计等高附加值环节延伸,汽车产业由一般的加工制造向关键零部件、关键装备等高端制造环节延伸,信息产业向产业价值链条上游的产品设计、技术专利、技术集成等方向延伸等;另一方面需要微观经济行为主体向市场营销、售后服务、信息与管理、商业模式创新等高附加值的领域延伸,如家电行业自建销售网络并掌控产品终端市场,如奇瑞汽车创立自主品牌等,实现从产品竞争过渡到品牌竞争(张国胜,2010)③。需要强调的是,无论是向研发与设计的延伸,还是向营销网络与自主品牌的扩张,从产品升级拓展到这个两个方向是一个艰巨的过程,需要微观经济行为主体

---

① 本书认为产业升级过程中主导产业的更替十分重要,但也想强调我国作为一个转轨中的发展大国,国内产业升级不要轻易放弃劳动密集型产业。
② 喆儒:《产业升级——开放经济条件下中国的政策选择》,中国经济出版社2006年版。
③ 张国胜:《全球代工体系下的产业升级:基于本土市场规模的视角》,《产经评论》2010年第1期。

持续不断的努力。

二、本土市场规模演化过程中的产业链条升级与新兴产业发展

本土市场规模的演化既可体现为需求结构的变化与升级，又可表现为需求规模的变化与扩张。由于产品升级与价值链拓展，并不能满足本土市场的需求结构的全部变化与转型升级，因此有些市场需求就只能通过产业融合或新兴产业发展等方式，生产全新的产品才能得到满足。在这个过程中，产品升级无法满足的本土市场需求，通过与市场规模扩张的互动，就能诱导并支撑产业链条升级与新兴产业发展。因此，良性互动机制中本土产业升级的方向选择还需要着眼于产业链条升级与新兴产业发展。较之于产品升级而言，产业链条升级是微观经济行为主体从一条低附加值的产业链条升级到另一条具有更高附加值的产业链条的过程，是一种产业之间的升级。从理论的角度来看，产业链条升级不但包括了传统产业内部劳动密集型产业链条向资本密集型产业链条再向技术密集型产业链条的升级，而且包括了产业融合或新兴产业发展所导致的高附加值产业链条对低附加值产业链条的替代。从我国的实际情况来看，产业链条升级的选择固然需要转向资本密集型产业与技术密集型产业；但正如在前面分析中所强调的那样，巨大的就业压力与庞大的市场规模等因素，使得我国产业升级不能轻易放弃劳动密集型产业；因此在本土产业升级的过程中，产业链条升级就需要突出产业融合与新兴产业发展这个重点。

所谓产业融合是指伴随技术变革的推进，不同产业之间的逐渐渗透，产业边界逐步模糊，并逐步形成一种新产业的现象和过程（胡建绩，2008）[①]。目前，产业融合已成为全球范围内产业发展的一种普遍的趋势。在过去的几十年内，由于信息技术的突飞猛进，不但通讯、邮政、广播、报刊等传媒产业出现了明显的产业融合，而且出版、电影、音乐、广告、教育、医疗等产业也出现了产业融合的趋势。在这样的背景下，新兴产品不断涌现，新的产业也开始萌芽。以苹果公司的 Ipad 产品为例，该产品既可看作是平板电脑，也可视之为高清相机，还可以作为电子书籍、通讯工具等使用，实质上该产品融合了电脑、通

---

① 胡建绩：《产业发展学》，上海财经大学出版社 2008 年版。

讯、相机、出版、网络等产品的属性,是产业融合过程中的一种全新产品。这种产品不但能够满足新的市场需求,而且具有更高的技术含量与附加价值。正是由于产业融合打破了原有的产业界限并生产了具有更高附加价值的全新产品,产业融合不但可以看作是产业创新的结果,而且可以视为一条具有更高附加值的产业链条对一条具有低附加值的产业链条的替代①。就我国而言,近年来伴随信息技术逐步融入传统产业,国内的传统产业也开始出现了分化与重组,不但逐步催生了一些新的产业,如光学电子产业、医疗器械电子产业、航空电子产业、汽车电子产业、信息服务业、信息建筑业、信息家电业等,而且引致了一系列全新产品的生产与供给。因此,针对我国产品升级与价值链拓展过程中尚未满足的市场需求,并结合本土市场规模的快速扩张与新兴技术的迅猛突破,本土产业链条升级过程中的产业融合也会大有可为。具体而言,这种产业融合需要关注以下几个重点:首先是要以信息技术等基础,推动信息产业与传统农业、传统工业和传统服务业的融合,实现传统产业的转型升级;其次需要以信息技术与传统技术的融合为基础,顺势引导并培育新兴产业的萌芽与成长。

新兴产业是指技术突破所诱导出的新的行业与部门。这种产业不但具有典型的规模报酬递增的特征,而且具有更高的技术含量与附加价值。在产业演化的过程中,新兴产业的萌芽与发展及其对传统产业的替代,既是产业链条升级的一种结果,又是经济可持续发展的基础。从世界工业的演化史来看,人类历史上就依次出现了纺织与服装产业的出现与发展及其对传统农业的替代,钢铁、机械制造、铁路运输等产业的出现与发展及其对纺织与服装产业的替代,化学工业、汽车工业的出现与发展及其对钢铁、机械制造、铁路运输等产业的替代,航天航空工业、人工智能产业的出现与发展及其对化学工业、汽车工业的替代(简新华、李雪,2009)②。目前,伴随技术创新的持续推进,信息产业、纳米产业、新能源产业、生物产业正在逐步萌芽,并具有替代航天航空工业、人工智能等产业的可能。正是基于产业发展的这种演化趋势,2008年的

---

① 从这个逻辑来看,我国的产业升级更不能轻易放弃所谓的劳动密集型产业。技术进步作用下的产业融合完全能够让传统产业,甚至是所谓的夕阳产业焕发出新的生命。

② 简新华、李雪主编:《新编产业经济学》,高等教育出版社2009年版。

金融危机发生之后,工业化国家就顺势加速了技术创新与新兴产业的布局。其中,美国政府正在酝酿一场跨产业技术革命,决定投入 189 亿美元支助能源输配和替代能源研究,投入 218 亿美元开发节能技术,投入 200 亿美元进行电动汽车的研发,此外美国政府还加大了对新兴技术、生物技术等方面的支持力度;欧盟则确定了"绿色技术"的发展战略,决定筹资 1050 亿欧元强化"绿色技术"的创新与投资:计划在 2009—2013 年间将 130 亿欧元用于"绿色能源"、280 亿欧元用于改善水质和提高废弃物的处理与管理、剩余的 640 亿欧元用于帮助欧盟成员国提高技术创新能力等;日本政府也强化了技术创新,决定 2025 年前在新能源技术、工程技术、信息技术、医药技术等方面实施长期战略方针——"技术创新 25"(郑雄伟,2010)①。在这样的背景下,我国政府也明确提出要加快培育和发展新兴产业,并将新能源产业、新材料产业、生物产业、新能源汽车产业、节能环保产业、新一代信息技术产业、高端装备制造业作为战略性新兴产业进行重点突破。这种安排并不是简单地应对金融危机的冲击,而是希望通过这些产业的革命性变化来实现国内产业升级的推进与国民经济的可持续发展,并以此抢占国际竞争的制高点,因而是国家竞争战略的重要组成部分(张国胜,2013)②。正是基于这样的客观现实,本研究报告认为在构建本土市场规模与我国产业升级的良性互动机制中,本土产业升级方向的选择还必须关注新兴产业的发展,尤其是战略性新兴产业的发展;当然,国内新兴产业的发展也需要高度重视并充分发挥本土市场规模的比较优势。

三、本土市场规模演化过程中的国家价值链构建与全球价值链拓展

在开放的经济条件下,我国作为一个转轨中的发展大国,无论是为了应对跨国资本的全球竞争,还是为了充分利用本土市场规模的比较优势,国内产业升级的方向选择还需要关注国家价值链的构建,并以此为基础拓展全球价值链。

国家价值链(National Value Chain)主要是针对全球价值链(Global Value

---

① 数据来源于郑雄伟:《2010 年世界新兴产业发展报告》,载中国网,http://www.china.com.cn/economic/txt/2010-11/12/content_21331253.htm。
② 张国胜:《技术变革、范式转换与我国产业技术赶超》,《中国软科学》2013 年第 3 期。

Chain)而言的,是指要依托具有规模效应的本土市场需求,在国内构建由研发、设计、组装、加工、营销、售后服务等分工环节组成的完整的产业价值链条。由于在全球价值链的治理模式下,包括我国在内的发展中国家尽管能够实现对外贸易的快速扩张,但这并不能逻辑带动本土产业升级;相反国内产业发展的路径还被锁定在劳动密集、微利化、低技术含量的生产、组装与加工等环节,并形成了对跨国公司的技术依赖与工业化国家的市场依赖。面对本土产业升级的这种困境,尤其是为了摆脱对工业化国家的跨国公司的控制,国内学者(刘志彪、张杰,2009)提出了要在融入全球价值链的基础上构建与之平行的国内价值链①。这一方面要求本土企业不能放弃已有的市场需求和产品份额,但另一方面需要推动本土企业由依赖海外市场转化为以国内市场、国际市场并重,并在国内市场构建与全球价值链在全球范围内平行的分工环节与价值控制关系,这实质就是要使得本土企业能够控制产业价值链中的核心环节。由于在产业空间分离与重组的过程中,价值的转移、增值及其控制与获取,尤其是研发与营销环节的高附加值的增值、转移与控制,越来越依赖于高速增长的新兴市场空间来实现。在这种新的经济模式下,具有规模效应的本土市场需求就能够影响全球价值链的价值控制与利润分配;与此同时,由于我国区域经济发展的不平衡,东部地区与中西部地区也已经形成了事实上的"中心—外围"模式,这就使得我国也具备了构建了国家价值链的可能。因此,针对本土市场规模的持续扩张,以及高端市场需求与低端市场需求的并存,我国产业升级方向的选择还需要关注国家价值链的构建。具体而言,构建国家价值链一方面需要以本土具有规模效应的专业化市场为基础,控制产品销售的终端渠道并以此为基础创造本土企业的自主品牌;另一方面需要以本土领导型企业为基础,将产业链条中非核心、非关键、可模块化或标准化的生产环节外包给与领导企业有着协作与控制关系的国内其他企业,并以此为基础构建国内的生产分工网络,实现产业链条中对研发、设计环节的本土控制(刘志彪、张杰,2009)②。

---

① 刘志彪、张杰:《从融入全球价值链到构建国家价值链:中国产业升级的战略思考》,《学术月刊》2009年第9期。
② 刘志彪、张杰:《从融入全球价值链到构建国家价值链:中国产业升级的战略思考》,《学术月刊》2009年第9期。

需要强调的是,构建产业的国家价值链并不需要区分传统产业与新兴产业。事实上,无论是传统产业还是新兴产业,都可以依托具有规模效应的本土市场需求,尤其是对创新产品的规模化需求,在国内实现产品研发设计、加工组装、市场营销的空间分离与重组,以及价值增值、转移与控制。

对发展中国家而言,尽管构建国家价值链能够在一段时间之内有效规避全球价值链中发达国家的跨国企业对本土产业的控制;但在开放的经济条件下,世界经济的一体化意味着本土产业升级的最终方向不能只满足于构建国家价值链,而是要以国家价值链构建为基础来拓展全球价值链。这一方面是为了满足本土产业国际化的需求,另一方面也是应对全球价值链内跨国企业或国际品牌厂商的竞争。事实上,在经济全球化的条件下,构建国家价值链只是我国应对全球价值链内跨国企业的竞争的一种过渡性措施。在市场经济的"优胜劣汰"过程中,不是我国的国家价值链成功转换为全球价值链,就是跨国公司主导的全球价值链最终控制了我国的国家价值链。在这方面,日本的经验与教训值得我们借鉴。日本作为世界家电行业的强国,其家电产业不但具有很强的国际竞争力,而且是家电产业的全球价值链的治理者;然而面对竞争日益激烈的全球市场,日本家电产业仍然固守阵地,尤其是取得成功的本土市场,却忽视了全球消费趋势的变化与家电产业的发展潮流,最终导致家电产业的逐步没落。与之形成鲜明对比的则是日本的汽车产业,正如在前面案例分析中所指出的那样,日本既是汽车产业强国,也是全球价值链的治理者,其产业的成功道路正是一条从本土市场经营到全球市场经营的道路[1],其产业国际竞争力的维持也正是得益于对全球市场的高度重视。从这个逻辑出发,在构建国家价值链之后,国内的微观经济行为主体还需要继续依托本土市场规模的运营支撑,将本土市场的国家价值链与海外市场的全球价值链进行融合,构建由本土企业控制的全球价值链。具体而言,在以国家价值链为基础拓展全球价值链的过程中,我国企业首先需要依托具有规模效应的本土市场需求,在国内市场创建自主品牌、控制销售终端渠道并形成自主研发设计能力;然后逐步走向国际竞争程度相对较弱的周边发展中国家,如越南、缅甸、泰国、

---

① 详见本书第三章第二节日本的案例分析。

柬埔寨、印度、巴基斯坦等国,并依托这些区域市场继续淬炼我国企业的品牌和销售终端渠道的控制能力以及研发设计的创新能力;最后则是要全面走向国际市场,尤其是要在工业化国家内部与全球价值链的治理者展开全面竞争,并抢夺全球价值链的控制权。

需要强调的是,虽然产品升级与价值链拓展、国内价值链构建与全球价值链拓展的最终方向都是要通过控制研发、设计、市场营销、售后服务等高端环节,来控制并治理全球价值链;但考虑到产品升级方向的选择主要是基于国内市场需求的升级,而国内价值链构建的选择主要是基于具有规模效应的本土市场需求,再加上产品升级与国内价值链构建也存在明显的区别,所以本研究报告将产品升级与价值链拓展、国内价值链构建与全球价值链拓展视为两种不同的本土产业的升级方向。

第三节　良性互动机制中我国
产业升级的政策选择

尽管有些学者认为产业政策可能存在过多干预微观经济行为主体的经营活动以及扰乱产业自身演化的规律等弊端;但鉴于产业政策在矫正市场失灵、保护本土弱势产业的成长以及发挥发展中国家的后发优势等方面所起到的积极作用,本研究报告认为构建本土市场规模与我国产业升级的良性互动机制,仍然需要对本土产业的转型升级进行政策干预,即需要选择相应的产业政策。考虑到理论上的产业政策内容包括产业技术政策、产业组织政策、产业结构政策等,本研究报告则以此为基础,分别探讨良性互动机制中本土产业升级的技术政策选择、组织政策选择、结构政策选择。

一、良性互动机制中我国产业升级的技术政策选择

所谓产业技术政策是指所有旨在推动和加快产业技术创新、通过公共和私人 R&D 活动创造和传播新知识、新技术和新技能,以及在产业发展过程中有效利用这些成果以加速产业演化的政府行为。由于技术、知识具有公共产品的属性,市场机制诱导下的技术供给显然无法满足经济行为主体的需求,这

就意味着政府必须积极参与产业发展过程中的技术进步活动,尤其是基础科学技术的研究;不但如此,对一个发展中的国家而言,产业技术政策也是迅速增强本国技术能力并赶超发达国家的基础,这也就意味着发展中国家更需要制定相应的产业技术政策(简新华、李雪,2009)①。由于成功的产业技术政策必须能够应对市场、公共机构、商业环境与发展阶段的改变给产业发展所带来的各种挑战,在构建本土市场规模与我国产业升级的良性互动机制中,我国产业技术政策选择就需要突出以下两个重点:一方面是发展经济行为主体充分利用信息和诀窍进行技术创新的能力,增加产业创新系统内部的知识生产与传播;另一方面是通过降低交易成本来改变经济行为主体的技术创新的边际收益,激励产业创新系统的知识生产与传播。立足于我国的本土市场规模、产业发展与技术进步的演化,我国产业升级的技术政策选择就需要聚集于产业创新系统的能力建设,并致力于改善产业创新系统的激励政策等。

(一)产业创新系统的能力建设

在产业创新系统的能力建设方面,技术政策首先需要致力于微观经济行为主体的创新能力建设,构建以企业为主体的产业创新系统。在产业技术发展的过程中,政府积极主动地参与技术创新活动固然重要,但纵观工业化国家或金砖国家的产业技术演化,没有哪个国家单纯依靠公共科研机构或国有企业取得了产业发展与升级的技术突破;事实上,产业技术发展更多还是只能依赖那些渴望冲击技术前沿的私营企业的集体行动(World Bank,2009)②。考虑到现阶段我国的国家创新系统仍然处于由公共研发机构为主导向以企业为主体过度的转型中,产业创新系统中私营企业或中小企业的创新能力还十分薄弱,中小企业在技术创新过程中的"助产婆"作用还没有得到应用的发挥(Freeman & Lou,2007)③。从这个逻辑出发,我国产业升级的技术政策选择首先就必须推动我国私营企业或中小企业在产业创新系统中发挥更大的作用,即需要致力于本土企业的创新能力建设,并通过提升企业的研发能力、吸

---

①　简新华、李雪主编:《新编产业经济学》,高等教育出版社 2009 年版。

②　世界银行:《中国:促进以企业为主体的技术创新》,http://www.worldbank.org.cn,2009。

③　[英]克里斯·弗里曼、[西]弗朗西斯科·卢桑:《光阴似箭——从工业革命到信息革命》,沈宏亮等译,中国人民大学出版社 2007 年版。

收能力与学习能力等,构建以企业为主体的产业创新体系。需要强调的是,构建以企业为主体的产业创新体系也需要充分发挥本土市场规模的比较优势,一方面要鼓励本土企业根植于国内经济的技术创新,另一方面要推动本土企业与外来资本的联合研发,即在本土市场内部诱导不同国家的企业组合成联合体合作进行的研究与开发。就前者而言,首先需要鼓励本土企业与消费者密切合作,通过创新商业模式与改善产品组合,确保企业能够在本土合适的地方提供合适的产品;其次需要鼓励本土企业在国内市场规模扩张的同时,深化为消费者量身定做产品的能力,并通过设立产品研发中心等继续向价值链上游攀升,进行高端研发与创新;第三需要鼓励本土企业在全球化扩张的过程中继续保持本土市场重心,通过本土知识、实践与全球化扩张紧密结合,拓展创新空间。就后者而言,首先鼓励本土企业与全球资本采取多种方式加强研发合作,包括合办研发机构、联合项目开发、建立联合培训中心等;其次是需要鼓励跨国公司与本土企业之间进行更加紧密的合作;然后还需要诱导跨国公司研发活动的本土化等(张国胜、胡建军,2012)①。

其次需要增强公共科研院所在知识生产中的作用,完善产业创新系统。与私营企业在产业创新系统中所扮演的角色不同,公共科研院所(包括高等院校)需要在基础研究、应用研究与战略性技术发展中扮演领导角色,并承担高风险与非独占性的知识生产任务。同时,考虑我国产业升级与技术赶超的需求,公共科研院所还需要发挥更大的作用,即需要通过与私营企业的战略合作来增强我国企业的创新能力,以及在培养高水平的科技创新人才等方面发挥更大的作用(OECD,2010)②。正是基于这样的考虑,聚集于产业创新系统的能力建设就需要通过重塑教育体系、构建适合现代公共科研院所创新的管理与资助体系等方式扩大通用知识生产以及非独占性技术创新的生产,增强公共科研院所在知识生产中的作用。

最后还需要强化公共 R&D 资源在技术创新过程中的乘数效应,优化公共R&D 资源的配置机制。在产业创新系统中,R&D 资源是知识生产与技术创

---

① 张国胜、胡建军:《产业升级的本土市场规模效应》,《财经科学》2012 年第 2 期。

② OECD.OECD Reviews of Innovation Policy:China.2008 OECD,2008.

新的核心要素,其配置效率能够深远影响产业创新的绩效与技术发展,因此提高公共 R&D 资源的配置效率就尤为重要。由于公共 R&D 资源能够改变私人部门的 R&D,并在创新过程中具有明显的乘数效应,聚集于产业创新系统的能力建设就必须通过扩大公共 R&D 预算、明确公共 R&D 资源的优先性资助领域以及优化公共 R&D 资源对私人部门 R&D 的经费支持等方式,进一步完善公共 R&D 资源的配置机制等。

(二)产业创新系统的激励政策

改善产业创新系统的激励政策首选需要完善市场激励规则。这主要是因为在技术创新的过程中,创新并不是微观经济行为主体的目标,而是其实现利润最大化的一种手段。这也就是说,只有预期的技术创新能够带来最大化价值,微观经济行为主体才会做出创新决策。从这个逻辑出发,为充分发挥我国本土市场规模的比较优势并确保企业强烈的利润动机能够有效转化为强烈的创新动机,正确的市场激励机制就是必不可少的外部条件。因此需要通过放松管制、鼓励竞争与发挥私人部门更大作用等措施,激励我国企业将技术创新作为商业战略的核心,并构建适应我国自主技术创新所需要的市场规则①。

第二需要完善产业技术创新过程中风险投资的生态系统建设。由于技术演化的过程中,无论是采用、改进还是创造新技术,经济行为主体的所有的创新活动都需要巨额的资金投入。一般而言,这种资金投入都是微观经济行为主体自身难以承受的,因此技术创新就必须借助外部的力量,即需要进行必然的融资。虽然说在技术创新的过程中外部融资并不能解决创新企业的所有的融资需求,但由于外部资本愿意且能够接受技术采用、改进与创造过程中的高风险,这种风险投资不但在激励微观经济行为创新过程中发挥着强有力的作用,而且在促进商业创新方面发挥着重要作用(World Bank,2010)②。具体而言,完善风险投资的生态系统建设需要通过与机构投资者的密切合作、扩大风险投资基金的来源、支持创新型企业的建立与创新产品的市场开拓等途径,强化风险投资促进商业创新的重要作用。

---

① 这一点已在本章第一节进行了阐述,因此不再进行详细探讨。

② 世界银行:《中国:促进以企业为主体的技术创新》,http://www.worldbank.org.cn,2009。

　　第三需要强化技术或产业的标准建设。在技术创新的过程中,政府或非政府的标准制定也能有效激励微观经济行为主体的创新需求。世界银行(2010)的研究就表明,严格的(产业或技术)标准能够催生具有国际竞争力的专业化制造与服务型企业①。由于标准的确立需要最好的技术、强大的知识财富与广阔的市场需求,我国在标准制定方面尽管面临企业技术能力落后的制约,但也具有本土市场规模的比较优势。具体而言,基于改善产业创新系统的激励政策的目标,技术或产业的标准建设就需要立足于具有规模效应的本土市场需求,通过技术标准、产业标准或产品标准的国家供给或非政府供给,强化技术创新与赶超在计量、标准、测试与质量(MSTQ)方面的外部激励。

　　第四需要建立高效的知识产权保护体系。尽管这一点已在本章第一节进行了详细探讨;但需要强调的是,在技术创新的过程中,尽管知识产权只是保护私人独占,但却能够促进更大的公共利益,即能够吸引更多的知识密集型私人投资并激励产业创新系统内部更多的自主创新。因此,改善产业创新系统的激励政策就必须把建立高效的知识产权保护体系作为一种重要的手段,通过加大知识产权执法与保护力度、完善技术资本参与要素分配等措施,增强我国产业创新系统的创新动力。

二、良性互动机制中我国产业升级的组织政策选择

　　所谓产业组织政策是指为了实现有效竞争的需要而制定的干预产业的市场结构和市场行为的政策总和(简新华、李雪,2009)②。产业组织政策的实质是通过协调规模经济与自由竞争的矛盾,在整体上保障产业既能实现规模经济,又不失竞争活力,处于一个有效竞争的状态。从理论的角度来看,有效市场竞争需要规模经济与市场竞争活力的相互兼容;但在实践中规模经济与市场竞争活力经常会相互偏离,这一方面意味着追求规模经济往往会因为市场集中而形成事实的垄断,另一方面意味着强调市场竞争力活力往往又会在一定程度牺牲规模经济(王俊豪,2010)③。因此,一个有效的产业组织政策就必

① 世界银行:《中国:促进以企业为主体的技术创新》,http://www.worldbank.org.cn,2009。
② 简新华、李雪主编:《新编产业经济学》,高等教育出版社2009年版。
③ 王俊豪主编:《产业经济学》,高等教育出版社2010年版。

须协调好规模经济与市场经济活力的矛盾与兼容。从这个逻辑出发,并考虑到我国产业组织政策的实施状况、产业升级演化的现状,以及发挥本土市场规模的比较优势的需要,良性互动机制中我国产业升级的组织政策选择就需要突出两个重点:一方面是抑制过度竞争以追求规模经济的政策,另一方面是抑制垄断以增强市场竞争活力的反垄断政策。

(一)规模经济政策

规模经济政策主要适应于经济发展水平较低的国家。在这些国家,由于缺乏资本的大量集聚和集中,即使在那些规模经济十分明显的产业中,也存在组织规模远远小于最小经济规模的企业,产业内部的过度竞争十分严重。因此需要采取追求规模经济的产业组织政策。不但如此,规模经济政策也是发展中国家赶超发达国家、培育本国产业竞争力并应对国际竞争的重要手段。以日本的产业发展与赶超为例,在 20 世纪 50—60 年代,日本就在家电、汽车、机械制造等产业领域采取强有力的规模经济政策,通过对行业内部企业生产的产品、质量、使用的技术甚至是原材料的采购等的严格限制,以及制定产品标准与行业标准等手段,直接促成了日本在家电、汽车、机械制造等行业的"合理化卡特尔"与专业化的分工协作体系。一般而言,规模经济政策的常见措施包括:促进产业内部既有企业的兼并、重组与联合,提升行业市场的竞争度;在本土市场形成专业化的分工协作网络,实现大规模的生产体系;提高行业的进入壁垒,抑制小规模企业的过度进入(王俊豪,2010)[1]。需要强调的是,考虑不同国家的多样性特征与产业的异质性特点,产业升级过程中的规模经济政策需要根据不同国家、不同行业而动态调整。

从我国的实际情况来看,尽管我国总体经济规模已排在全球第二;但我国作为最大的发展国家,国内的部分行业,尤其是本土民营经济占主导地位的行业,如现代物流产业、现代服务业以及新兴产业领域等,均不同程度地存在企业规模偏小、产业集中度较低等问题[2]。这种状况不但严重影响了企业的经济效益与国际竞争力,而且影响了产业的升级与可持续发展。因此,在本土产

---

[1]　王俊豪主编:《产业经济学》,高等教育出版社 2010 年版。

[2]　当然,在我国部分行业,市场垄断的问题也十分突出。这一点将在下一节详细探讨。

业升级的过程中,我国也需要选择相应的规模经济政策。

第一需要针对本土产业的发展状况,正确遴选规模经济不足的行业。目前,虽然学术界均认可我国部分行业存在企业规模较小、市场集中度较低的问题;但对于是哪些行业存在这些问题还有不少的争论。因此,选择规模经济政策首先就需要明确这些行业。考虑我国产业发展的现状,尤其是在信息技术条件下赶超发达国家的战略需要,遴选规模经济不足的产业不但需要充分考虑本土市场内部的市场集中度与我国企业参与国际竞争所需要的规模经济,而且需要根据产业升级过程中战略性产业的发展动态来动态调整。

第二需要进一步健全现有的规模经济政策,加快构筑一个良好的规模经济政策体系。这首先需要完善企业并购与联合政策,即需要推动企业之间的吸收与合并,或者是建立企业之间的专业化分工协作关系等。尽管在 20 世纪90 年代国有企业改革的过程中,我国在部分行业曾大规模地实行了兼并重组的规模经济政策,但由于这种政策一方面主要是针对国有经济部门而非民营经济部门,另一方面是并没有形成企业之间的分工协作关系;因此,现阶段我国不但需要在规模经济不足的行业内部实行企业并购与联合政策,而且需要在已经兼并重组的行业内部实施联合政策。其次需要进一步健全经济规模政策,即需要通过制定最小经济规模标准等行政与法规的进入壁垒,抑制本土微观经济行为主体的盲目进入。最后还需要完善中小企业政策。需要强调的是,基于产业的异质性特征,中小企业政策应具有多样性的特点。这也就是说,对规模经济不足的行业而言,应鼓励中小企业与大企业的合并,或者是与大企业形成专业分工协作关系,以提升规模经济;而对规模经济显著的行业而言,应鼓励中小企业积极参与市场竞争,以防止市场垄断并提升竞争活力。

第三需要协调好规模经济政策与反垄断政策的关系。正如在前面分析中所指出的那样,由于产业组织政策是规模经济政策与反垄断政策的兼容体;规模经济政策的过度就很容易形成市场垄断并导致社会福利的损失,但规模经济政策的不够也很容易导致市场竞争不足并损害市场经济的活力。这个度如何把握,需要在实践中针对具体行业、具体发展阶段而定。

(二)反垄断政策

反垄断政策主要适用于经济发展水平较高的国家。在这些国家,由于资本丰裕,部分企业能够通过资本的大规模聚集与集中,拥有强大的市场力量并能够左右行业市场的发展。因此,为了恢复行业市场的竞争活力,就需要通过政府的各种规章、制度与条例来矫正企业的市场垄断,即需要反垄断政策。如果说规模经济政策是发展中国家赶超发达国家常用的政策措施,那么反垄断政策则是发达国家维持市场竞争活力与行业效率的常用手段。以美国为例,自 19 世纪末期开始,美国就制定了一系列以增强竞争活力的反垄断政策,并通过法律的形式加以体现,如 1890 年的《谢尔曼法》、1914 年的《克莱顿法》和《联邦贸易委员会法》。目前,美国不但是世界上经济最为发达的国家,而且是世界上反垄断最为严厉的国家之一。由于理论上造成市场垄断的决定性因素是过高的市场集中度与行业进入壁垒,在实践中常见的反垄断政策的着力点主要有两个:一种是通过分割现有的垄断企业等方式,抑制或降低行业市场的集中度并恢复行业市场的竞争活力,另一种是通过抑制或降低行业市场的进入壁垒,促进新企业进入该行业并提升行业市场的竞争度(王俊豪,2010)①。

从我国的实际情况来看,作为一个转轨中的发展大国,我国既具有发展中国家的一般性特征,如经济发展水平较低、资本稀缺与企业技术能力低下等;又有自身异质性的特征,如国民经济的高速发展、全球第二大经济体以及转型过程中政府对市场经济的强势干预等。这一方面使得我国部门行业存在明显的规模经济不足;另一方面又使得我国部分行业,如石油、电力、电信、通讯、金融等行业,尤其是国有企业占主导地位的行业以及政府能够强势干预的行业,也存在着明显的垄断等问题。这不但引致了资源配置的低效率与消费者福利的受损,而且影响了产业升级过程中本土市场规模效应的发挥。从这个逻辑出发,我国的产业组织政策既需要促进部分行业的规模经济,又需要反对部分行业的垄断。具体而言,良性互动机制中本土产业升级的反垄断政策需要突出以下几个重点:

第一需要正确遴选出垄断行业,并进一步分析垄断的类型。这是正确选择反垄断政策并提升反垄断效率的基础。就前者而言,一方面需要考虑发展

---

① 王俊豪主编:《产业经济学》,高等教育出版社 2010 年版。

中国家应对跨国企业竞争与赶超发达国家所需要的规模经济,另一方面又需要考虑我国产业发展的阶段以及市场垄断的效率损失等,从而以此为基础来正确区分哪些行业出现了市场垄断,以及垄断程度如何等。就后者而言,需要考虑我国经济转型与对外开放的背景,正确区分行业市场垄断是出于微观经济行为主体的联合或合谋,还是出于政府行政权力的排斥,或是出于行业自身技术经济的特征;不但如此,还需要进一步区分行业市场垄断者是本土企业还是跨国企业等。

第二需要进一步完善反垄断政策,并提升反垄断效率。首先需要反对企业旨在垄断本土市场的行为,包括兼并、泛用市场支配地位以及禁止竞争协议等。需要强调的是,考虑利用本土市场规模促进国内产业升级的需要与赶超发达国家的需要,在反对企业垄断市场时需要区分本土企业与外资企业,在开放经济条件下可适当放松对本土企业的垄断管制①;但这种放松不但需要与市场开放程度紧密相关,市场越开放对本土企业的垄断管制就越放松,反之则相反;而且需要与本土产业发展紧密相关,产业竞争力越弱对本土企业的垄断管制就越放松,反之也相反。其次需要反对政府运用行政权力排斥、限制市场竞争的行为,尤其是要反对因保护既得利益而形成的行业垄断与地区封锁。需要强调的是,这种反对也需要考虑到在开放的经济下本土企业应对国际竞争的需要。就我国而言,发展中国家的现实背景意味着我国在某种程度上也需要行政垄断对本土企业的保护。在这方面,我们可适当借鉴日本的经验,一方面是坚决反对任何出于私利的行政垄断,但另一方面为了应对国际竞争,也要容忍政府通过适当的行政垄断对某些处于幼稚期与成长期的产业给予保护。最后还需要从价格管制、进入管制、联网管制、质量管制以及企业内部的交叉补贴管制等维度,对我国自然垄断行业进行必要的政府管制,以确保行业市场的经济效率。

第三还需要反对外国政府的非对称保护及其跨国企业在国际市场上的垄断。在开发的经济条件下,外资企业固然会进入我国市场,本土企业也会"走

---

① 这主要是因为市场开放本就引入外国竞争者,已在一定程度上削弱了国内企业的垄断势力。

出去"并逐步国际化。在这个过程中,我们一方面需要反对外资企业或跨国公司在本土市场的垄断,另一方面也需要反对外资企业或跨国公司在国际市场上的垄断。就后者而言,本研究报告认为首先需要反对外国政府对本土产业或市场的非对称保护,或者是要运用政府的力量消除或最大限度削弱外国政府的这种非对称保护。其次需要反对外资企业在国际市场上的垄断行为,尤其是在我国出口市场上的垄断行为。最后还需要反对可能损害本土企业利益的跨国企业在国内外市场中的相互兼并行为(曾国安、吴琼,2005)①。

第四需要借鉴美国、日本的经验与教训,将国内的反垄断政策法制化,并运用法律、法规的强制性来保护市场竞争的活力。这一方面需要进一步充实和完善我国反垄断的法律、法规体系,另一方面需要确保反垄断法在实践中能够真正得到贯彻落实。

三、良性互动机制中我国产业升级的结构政策选择

所谓产业结构政策是指政府为促进本国产业结构协调化、高度化与合理化发展,而基于产业结构的演化规律以及本国产业发展的演化趋势,在一定时期内制定并实施的有关产业部门之间的资源配置方式、产业间与产业部门的比例关系的政策总和(王俊豪,2010)②。产业结构政策的实质是推动国内产业结构的合理演进,以求得经济增长和资源配置效率的改善。在实践中,与产业技术政策、产业组织政策相比,产业结构政策受到的指责与诟病更为广泛;但鉴于日本和韩国在产业结构政策方面所取得的的巨大成功,本研究报告认为作为一个转轨中的发展大国,我国也需要相应的产业结构政策。因此,尽管本研究报告强调的产业升级更多是着眼于微观企业的价值增值,但考虑到这种价值增值本身也包含了经济系统内部产业结构改善所引致的效率提升,因此良性互动机制中我国产业升级的政策选择也需要关注产业结构政策。由于理论上的产业结构政策包括了主导产业选择与发展政策、弱小产业扶持政策、

---

① 曾国安、吴琼:《中国市场对外开放条件下政府反垄断政策的选择》,《当地经济研究》2005 年第 3 期。

② 王俊豪主编:《产业经济学》,高等教育出版社 2010 年版。

衰退产业调整政策等(简新华、李雪,2009)①;基于这种理论指导,并考虑到产业结构的演化规律、我国产业结构的演化趋势以及本土产业结构政策的实践效果等,良性互动机制中我国产业升级的结构政策就需要从以下几个方面入手:

（一）主导产业选择与发展政策

所谓主导产业是指对产业结构系统与国民经济的未来发展具有决定性引导作用的产业。理论上的主导产业不但具有较强的产业关联效应、较高的生产效率和高的附加价值,而且能够创造新的市场需求并能满足结构总量的扩张需要。结合产业结构政策的理论逻辑与日本、韩国的实践经验,主导产业选择与发展政策包括产业扶持和保护政策、优先发展基础产业政策、产业环境协调与可持续发展政策等。其中,产业扶持和保护政策是对那些行业技术先进、产业关联度高、本土市场潜力巨大的产业,在其成长到具有国际竞争力之前,给予 WTO 原则允许的扶持与保护。优先发展基础产业政策是指为提高基础产业对主导产业的支撑能力,优先扶植并加大对基础产业的支持力度。产业环境协调与可持续发展政策是指在扶持主导产业发展的过程中,要解决好主导产业发展与环境保护的矛盾,既要实现主导产业的快速发展又要减少主导产业发展对资源、环境的负效应(王俊豪,2010)②。考虑到我国已建立了一整套的主导产业选择与发展政策,健全与完善这种政策需要强调以下几个重点:

第一需要进一步完善主导产业的选择标准,动态遴选出符合我国产业升级需求的主导产业。具体而言,这种选择标准首先需要考虑产业结构演化的一般规律,也就说我国主导产业的选择必须符合经济系统自身演化的逻辑。其次需要考虑我国的特殊国情,如具有规模效应的本土市场、巨大的就业压力、资源与环境的约束、国民经济快速发展的需要以及赶超发达国家的需要等。最后还需要考虑经济系统的动态演化特征,即需要根据经济发展的阶段性特征,动态调整每一阶段的主导产业。需要强调的是,尽管主导产业的选择需要同时符合上述三个要求,但有时候特殊国情的要求与产业结构演化的规

---

① 简新华、李雪主编:《新编产业经济学》,高等教育出版社 2009 年版。
② 王俊豪主编:《产业经济学》,高等教育出版社 2010 年版。

律会发生冲突,如我国产业结构升级过程中资本与技术密集型产业的发展就会与庞大人口的就业相冲突,这时候主导产业的选择就需要尽可能兼顾各方面的需求。从这个逻辑出发,本研究报告认为我国现阶段的主导产业不但需要突出加工制造业、现代服务业与现代农业等重点产业,而且需要强调这些主导产业内部优势行业的本土市场导向、技术劳动密集属性与资源环境友好等特征。

第二需要适当调整主导产业选择与发展的政策重点,要以功能性政策为主,推动主导产业突破关键环节的约束。这也就是说要针对我国主导产业快速发展过程中的关键环节约束,推动主导产业选择与发展政策由部门倾斜、单纯考虑国内供求平衡与强化瓶颈产业的生产,向支持关键环节突破的功能性政策转化。以加工制造业为例,受益于传统的主导产业选择与发展政策,我国加工制造业已取得长足进展;但由于在研发、设计、营销、品牌运作等关键环节仍然受制于全球价值链内的跨国公司或国际品牌厂商,因此功能性政策就是要从法律、制度上创造环境与条件,提供适当的财政、金融方面的扶持与外贸方面的保护,强化对加工制造业的研发、设计、精密加工、供应链管理、品牌、营销、全球运营等薄弱环节的支持,加快培育加工制造业的技术创新能力、系统集成能力与品牌营销能力,推动加工制造业由产业链低端的低技术的生产、加工、组装环节,向高端的技术密集型的研发设计、品牌营销等环节攀升,提升产业的分工层次,实现"中国制造"向"中国创造"、"中国设计"与"中国制造"的转变。

第三需要进一步加快基础产业的发展与转型升级,尤其是农业、能源、交通、通信等基础产业的转型升级与基础设施的完善,为我国主导产业的自主发展提供良好的外部环境。这首先需要继续扶持农业的发展,重点是强化农业服务、稳定农业生产能力以及推进农业产业结构的调整,加快促进传统农业向现代农业的转变。其次需要加快能源,尤其是新型能源生产基地的建设,同时加大交通、通信等基础设施的建设力度等,为主导产业的发展创造更好的环境。

（二）幼稚产业扶持政策

所谓幼稚产业是指在处于产业生命周期中"幼小稚嫩"阶段的产业。理论上的幼稚产业更多是指新兴产业,即处于产业萌芽期与成长期的产业;但在实践中,考虑到发展中国家与发达国家的技术能力差距,对发展中国家而言,幼稚产业也包括那些在发达国家已进入成熟期或衰退期,但在本国还处于成长期的瓶颈产业等。由于幼稚产业在长期内具有收入弹性大、技术进步快、劳动生产效率提升快以及发展潜力大等特点,幼稚产业的发展对一国的产业升级与经济可持续发展具有十分重要的意义。在开放的经济下,无论是哪种幼稚产业的发展,都必然会受到各种各样的竞争,尤其是发展中国家的瓶颈产业更是需要面对发达国家的竞争;因此从为维护国家利益的角度来看,就需要对这些幼稚产业采取某种扶持与保护政策。具体而言,各国常见的扶持与保护政策包括:关税与非关税的贸易保护政策、财政扶持政策、金融扶持政策、技术扶持政策与直接管制政策等。就我国而言,作为一个转轨中的发展大国,本土幼稚产业不但包括了各种新兴产业,尤其是新能源产业、新材料产业、新能源汽车产业、生物产业、节能环保产业、新一代信息技术产业、高端装备制造业等战略性新兴产业,而且包括经济发展过程中的一些瓶颈产业,如能源产业等。显然,无论是基于本土产业升级或国民经济可持续发展的需要,还是基于与跨国企业竞争并赶超发达国家的需要,我国都必须对幼稚产业采取必要的扶持政策。

第一需要加快构建符合 WTO 原则的幼稚产业扶持政策体系。在开放的经济条件下,即使是最不发达的国家要想直接保护本土幼稚产业的发展也已日益困难,因此在总体经济规模已位居全球第二的背景下,我国只能在 WTO 的原则下采取相应的扶持政策来促进幼稚产业的发展。具体包括:首先需要以不可诉性补贴①,如研发开发补贴、环保补贴、贫困地区补贴等,以及出口退税、金融信贷等为重点,建立符合 WTO 原则的国家财政、税收扶持体系。其次需要通过公共采购、产品标准、引导消费者偏好等方式,设置非关税壁垒,为我国幼稚产业的发展,尤其是战略性新兴产业的发展建立起一个相对安全的环境。需要强调的是,这种非关税壁垒需要充分结合本土市场规模的比较优势,并与本土市场的保护政策相协调,以最大限度地发挥对幼稚产业的扶持作

---

① 按照 WTO 原则,财政补贴包括禁止性补贴、可诉性补贴、不可诉性补贴等。

用。最后还需要完善幼稚产业发展的公共基础设施，要积极利用政府平台向幼稚产业内部的企业提供信息服务，鼓励设立并完善幼稚产业发展所需要的人才、技术以及其他生产要素市场，帮助幼稚产业尽快形成规模、降低成本并增强国际竞争力。

第二需要完善并创新幼稚产业扶持政策的操作方式。从我国产业政策的实践来看，这种创新首先需要推动扶持政策定位于"匹配赢家"而非"选择赢家"。这一方面意味着政策扶持需要因势利导，而不能超越市场，政府不能替代企业直接选择幼稚产业的发展方向与重点产品等；另一方面意味着幼稚产业之间也需要经过"优胜劣汰"的市场竞争，也就说各类型的幼稚产业，尤其是我国所确立的战略性新兴产业，都必须经历市场和消费者在接受程度上的不确定性的挑战（张国胜，2013）①。其次需要动态调整幼稚产业的扶持政策与扶持力度。幼稚产业扶持政策的目的并不是为了扶持而扶持，而是为了增强产业的国际竞争力而扶持。因此，当我国的幼稚产业发展到一定阶段之后，就必须逐步降低这种扶持力度并最终取消这种扶持。

第三需要有效处理中央政府与地方政府、地方政府之间在幼稚产业发展过程中的分工与协作。这首先需要明确中央政府与地方政府各自努力的重点，以上下协调的政策合力促进幼稚产业，尤其是战略性新兴产业的发展；其次需要根据各个地方政府的产业基础与资源禀赋，合理布局新兴产业，尤其是战略性新兴产业，促进形成重点突出、差异发展的区域格局，避免区域之间幼稚产业的同质化与过度竞争（张国胜，2012）②。

（三）衰退产业调整政策

所谓衰退产业是指在一定时期内，一个国家或地区内部经历了萌芽期、成长期、成熟期之后并已进入产业生命周期的最后一个演化阶段的产业，即衰退期的产业。衰退产业的本质特征在于产业技术开始停滞、企业规模报酬开始

---

① 这也就是说，由于市场与消费者的不确定性要远远大于技术的不确定性，产业技术的突破并不意味着市场运作或产业化的可能。见张国胜：《技术变革、范式转换与我国产业技术赶超》，《中国软科学》2013 年第 3 期。

② 张国胜：《技术变革、范式转换与战略性新兴产业发展：一个演化经济学视角的研究》，《产业经济研究》2012 年第 6 期。

递减、产品市场需求日益萎缩以及产业地位日趋下降等。衰退产业调整不但是产业结构转型与升级的必然产物，而且是产业升级的基本要求。从经济学的理论逻辑来看，尽管"看不见的手"能够诱导微观经济行为主体的最优化抉择，并自发调整衰退产业中的企业行为；但这是一个漫长的过程，并会产生巨大的社会成本，甚至会引发社会的不稳定。从这个逻辑出发，我国也需要实施衰退产业调整政策，即需要实施收缩、转移、改造、淘汰衰退产业的政策。一般而言，这种政策包括衰退产业的调整与援助政策、衰退产业与新兴产业的融合政策、衰退产业的社会保障政策等。基于这种理论指导，并考虑到构建本土市场规模与我国产业升级的良性互动机制的需要，衰退产业调整政策需要突出以下几个重点：

第一需要推动衰退产业与新兴产业的必要融合。尽管衰退产业的创新潜力已被耗尽，但技术成熟并不必然意味着这种产业就需要被淘汰。正如在前面分析中所指出的那样，在新兴技术的推动下产业融合不但能够模糊产业之间的边界，而且能够通过新兴技术实现传统产业，包括衰退产业的现代化与更新。与此同时，考虑到我国的具体国情，尤其是区域经济发展不平衡以及巨大的就业压力等，在产业结构演化的过程中，并不能轻易放弃任何传统意义上的衰退产业，如所谓的劳动密集型产业等①。从这个逻辑出发，我国衰退产业调整政策首先需要从衰退产业的收缩与转移政策为重点，转向以衰退产业与新兴产业的融合、衰退产业的收缩与转移的并重；其次要通过相应的财政、税收、金融、信贷等优惠政策积极诱导衰退产业与新兴技术，尤其是高新技术产业与战略性新兴产业的融合，实现部分衰退产业的现代化与更新。

第二需要坚决执行衰退产业的收缩与转移政策。衰退产业与新兴产业的融合、衰退产业的收缩与转移的并重一方面固然需要强调产业融合下衰退产业的全面复兴，但在另一方面对那些无法重现生机的衰退产业，也需要坚决收缩与转移。考虑到我国衰退产业调整过程中各个区域政府的博弈，这种政策首先需要通过立法等方式，强制性推动那些无法重现生机的衰退产业减少甚

---

① 这一点在前面已有分析，详见本章第二节。

至停止生产某些产品,并协助其选择适宜的转产方向;其次需要采取促进折旧的特别税制与给予适当的补偿等方式,加速衰退产业内部企业的设备折旧并鼓励企业资产转移,加速衰退产业的退出;最后还需要帮助那些在本区域或本国无法重现生机的衰退产业转移到更为落后的地区,如帮助东部地区的某些劳动密集型产业转移到我国中西部地区等。

第三需要在衰退产业内部建立特殊的社会保障政策。纵观美国、日本等工业化国家衰退产业调整的过程,一般的社会保障政策显然无法满足衰退产业调整的需要;因而为维护社会的稳定,我国还需要在衰退产业内部建立特殊的社会保障政策。这一方面需要在衰退产业内部建立劳动者重新就业的社会援助政策,即需要通过就业服务、转岗培训、技能培训等方式帮助劳动者重新就业;另一方面需要建立衰退产业的社会保障基金,救济并安置那些无法重新就业的人员,并维护社会的稳定。

第四节 良性互动机制中其他配套政策的选择

产业升级是一个漫长而又痛苦的过程。在这个过程中,制度环境、社会框架、调节体制以及新的生产体系等都必须动态变化以有效适应产业升级的要求。就我国而言,尽管具有规模效应的本土市场能够内生促进国内产业升级;但本土市场规模并非产业升级的充分条件,产业升级还需要完善的产业发展策略与制度安排,并需要全社会的共识予以长期支持。因此,为充分发挥本土市场规模的比较优势及其对国内产业升级的驱动作用,在深化并发展本土市场、选择本土产业升级的方向及其政策的同时,构建本土市场规模与我国产业升级的良性互动机制还需要选择其他一些配套性政策。具体而言,这种配套性政策包括本土企业家的培育政策、本土企业的组织管理创新政策、本土市场与国际市场的协调政策、国际经济规则与调节体制的协调政策等。

一、良性互动机制中本土企业家的培育政策

所谓企业家是指一群具有创新、创业与冒险精神,能够将生产要素与生产条件重新组合,并构建更高的生产体系、驾驭市场与推动企业可持续发展的个

人(叶国灿,2004)①。在产业升级的过程中,微观经济行为主体自身活动范围的拓展,如产品的研发设计、生产制造、市场营销以及品牌运作等具有更高边际利润的价值创造活动,既离不开在位企业的持续努力与运营支持,也离不开企业家超乎寻常的意愿与努力。事实上,正是受到利润机会激励的企业家的不断努力才促进了产业升级的持续推进。因此构建本土市场规模与我国产业升级的良性互动机制还需要高度重视企业家精神,积极培育本土企业家。针对我国的实际情况,本土企业家的培育政策需要突出以下几个重点:

第一需要积极锻造企业家精神,即创新精神、冒险精神与创业精神。其中,创新精神是企业家精神的灵魂,是指企业家所具有的能够发现一般人无法发现的市场机会、运用一般人无法运用的资源、找到一般人无法想象的办法、从而实现一般人无法实现的市场利润的精神。冒险精神是企业家的基本素质,是指企业家能够在技术创新、产品创新、资源获取、市场开拓等方面承担一般人无法承担的风险的精神。创业精神是指企业家锐意进取、敬业敬职、诚实守信的英雄主义精神(吕爱权、林站平,2006)②。就我国而言,目前本土经济系统最为稀缺并不是资本、技术或高素质的劳动力,而且是创新、冒险与创业的企业家精神。针对这种状况,在本土产业升级过程中我国就需要积极锻造企业家精神。由于企业家精神既根源于市场经济的大环境,又具有历史、文化与制度的烙印;我国积极锻造企业家精神一方面就需要进一步完善我国现代市场经济的环境,另一方面需要打破"学而优则仕"、"商而优则仕"等传统的"官本位"思想,在社会中逐步形成崇尚创新、创业,鼓励冒险、容忍失败并尊重企业家的氛围,积极培育本土企业管理者的事业理想、创新精神与奉献精神等。

第二需要按照现代企业的发展要求,进一步提升企业家的人力资本与创新、创业的能力。在产业升级的过程中,企业家不但需要具有创新、冒险与创业的精神,而且需要具有创新、冒险与创业的能力,二者缺一不可。就我国的实际情况而言,经过改革开放30多年的发展,企业家队伍仍然存在数量匮乏与整体素质较低等问题。因此在积极锻造企业家精神、扩充企业家队伍的同

---

① 叶国灿:《论企业家的定位及其培育机制的构建》,《江西社会科学》2004年第2期。

② 吕爱权、林站平:《论企业家精神的内涵及其培育》,《商业研究》2006年第7期。

时,我国还需要进一步提升企业家的人力资本与创新、创业的能力。这首先需要通过政府的政策引导,帮助本土的企业主(或企业管理者)提升学习能力、创新能力、决策能力、公关能力、组织能力、人力资源管理能力等,全面提升企业家的综合素质与战略管理能力。其次需要进一步培育企业家的社会资本。由于企业家创新、创业的成功不但取决于自身的人力资本存量,而且与其所拥有的社会资本紧密相关;因此在提升企业家人力资本的同时,还需要通过相应的政策诱导,帮助本土企业家发展个人关系网络,特别是加强企业与企业之间,企业与高等院校、科研院所、消费群体之间的相互联系等(吕爱权、林站平,2006)①。

第三需要进一步完善企业家的激励与监督约束机制。就企业家的激励机制而言,一方面需要针对我国企业家报酬总体偏低、长期物质利益激励不足的现状,进一步完善企业家的收入分配制度,构建一个有效的企业家物质激励系统;另一方面需要通过加快建设全社会的信用体系、建立有效的信息传输系统以及基于声誉的企业家选拔、任用和评价制度,进一步完善企业家声誉的激励机制。就企业家的监督约束机制而言,首先需要以完善企业的法人治理结构、优化董事会结构以及强化董事会的监督等为重点,加强企业家的内部约束;其次需要通过发挥市场、法律的作用,以及建立企业家人才的就业跟踪与监督体系等方式,加强企业家的外部约束。

二、良性互动机制中本土企业的组织管理创新政策

在产业升级的过程中,如果说产业组织政策主要是着眼于行业内部企业之间的规模经济与竞争活力,那么组织管理创新政策则是着眼于企业内部之间的科层结构、网络安排、组织分权以及与用户之间的互动等一般原则。从经济学的理论逻辑来看,微观经济行为主体的组织管理创新不但能够决定技术创新的引入速度与引入方向,而且能够通过激励机制、协调效应等制约技术创新的效率与创新价值的实现(李毅,2011)②。不但如此,前面的案例分析也显

① 叶国灿:《论企业家的定位及其培育机制的构建》,《江西社会科学》2004年第2期。
② 李毅:《日本制造业演进的创新经济学分析——对技术创新与组织创新的一种新认识》,中国社会科学出版社2011年版。

示,在产业升级的过程中,尤其是在新兴产业发展的过程中,企业的组织管理创新与技术创新同样重要,均是产业发展与升级的核心动力(Chandler,2006)①。从这个逻辑出发,构建本土市场规模与我国产业升级的良性互动机制还需要推动本土企业的组织管理创新。

从产业发展的经济史来看,企业的组织管理演化依次经历了集权式的科层结构、分权式的平行结构与扁平式的网络结构三个发展阶段(Barney,1991)②。其中,集权式的科层结构是一种纵向管理、逐级负责、集中控制的机械式管理模式,兴起于19世纪末与20世纪初期。分权式的平行结构是一种强调组织之间的横向联系与权力下移的管理模式,兴起于20世纪60年代。扁平式的网络结构一种结构扁平、信息传递方式多样、组织内外网络相连的管理模式,兴起于20世纪90年代末期。从我国的实际情况来看,目前本土企业的组织管理仍然集中于传统的集权式结构或分权式结构。然而,在信息与知识日益成为关键要素的背景下,由于"经济行为主体的基本单位"不仅仅只是企业、家庭或国家,不同组织之间的异质性网络也开始成为一种新的组织单位;不但如此,伴随信息技术的突飞猛进,专业化和细分专业化分工已经提升了好几个数量级(Freeman & Lou,2007)③,分权网络与灵活安排也已经成为新的效率原则和组织行为,这些都将从根本上改变现有企业的组织形态与生产体系。因此服务于我国产业升级的组织管理创新不但需要诱导国内企业逐步革除组织内部一些官僚制的集中管理与科层结构,而且需要促进企业构建一种在许多方面都不同于福特模式的灵活网络。事实上,企业家、创新者、工程师、职业经理的决策也只有在这种新的组织模式下才能取得最大的效率。

为了达到这一点,首先需要通过正式或非正式的方式,协调同行业企业在原材料供应、中间产品和最终产品生产上的长期合作与稳定交易,如相关产品的承包和转承包、新产品生产在相关企业之间的招标、不同企业采取同步并行

① [英]小艾尔弗雷德·钱德勒:《规模与范围:工业资本主义的原动力》,张逸人等译,华夏出版社2006年版。
② Barney, Jay. Firm Resources and Sustained Competitive Advantage. Journal of Management,1991(17):99—120.
③ [英]克里斯·弗里曼、[西]弗朗西斯科·卢桑:《光阴似箭——从工业革命到信息革命》,沈宏亮等译,中国人民大学出版社2007年版。

的新产品共同设计等,创新以快速实现产品升级为核心的系列组织结构。其次需要推动企业尊重人、培养人、团结人,采取各种措施和尽可能的手段发挥人的积极性与创造性,并巧妙地利用它来协调生产组织、生产群体乃至人与人之间关系,实现人的创造与和谐统一的柔性管理(李毅,2011)①。最后需要通过合作研究、合资企业、咨询、不同形式的许可授权和技术协调、共享数据库、各种非正式合作、甚至是最低限度控制的自我调节网络等方式,赋予生产经营活动的各方以积极地参与欲望,并实现长远的合作与协调。需要强调的是,在企业的组织管理创新过程中,尽管国家并不能弱化企业的高度自主权和生产决策权,但政府的组织管理模式仍然能够影响企业内部的组织管理创新。这一点在发达国家的产业发展过程中已得到了充分的体现(张国胜,2013)②。因此在推动本土企业组织创新的同时,我国政府的组织管理也需要进行创造性的调试。

三、良性互动机制中本土市场与国际市场的协调政策

在产业升级的过程中,强调本土市场规模的比较优势及其对国内产业升级的促进作用,既不是要全面回到过去的进口替代政策,也不是要全面否定目前的出口导向政策;而是要在强调出口导向的同时必须关注本土市场的开发,实现本土市场与国际市场的协调与均衡。事实上,在开放的经济条件下,纯粹的进口替代政策并不能逻辑带动本土产业的升级与国民经济的可持续发展,这一点在发展中国家的经济发展过程中已得到了充分验证(吴敬琏,2010)③;同时,纯粹的出口导向政策尽管能够在一定时期内促进国际贸易与国民经济的快速发展,但我国的实际情况也表明,国际贸易的迅猛增长并未逻辑地带动本土产业的升级(刘志彪、张杰,2009)④,这也就意味着在长期内纯粹的出口导向战略也难实现产业升级与国民经济的可持续发展。从这个逻辑出发,本

① 李毅:《日本制造业演进的创新经济学分析——对技术创新与组织创新的一种新认识》,中国社会科学出版社2011年版。
② 张国胜:《技术变革、范式转换与我国产业技术赶超》,《中国软科学》2013年第3期。
③ 吴敬琏:《当代中国经济改革教程》,上海远东出版社2010年版。
④ 刘志彪、张杰:《从融入全球价值链到构建国家价值链:中国产业升级的战略思考》,《学术月刊》2009年第9期。

研究报告认为构建本土市场规模与我国产业升级的良性互动机制还需要正确认识产业升级过程中本土市场与国际市场的作用,推动本土市场与国际市场的协调发展并以此实现我国产业升级的"双轮驱动"。

第一需要正确认识产业升级过程中本土市场与国际市场的作用。首先需要认识到本土市场是我国经济发展的基本立足点,对我国经济发展的可持续、产业升级的推进以及提升抵御国际经济的风险能力均具有不可替代的重要作用,因此我国产业升级就需要立足于本土市场并充分利用本土市场规模的比较优势。其次需要认识到国际市场的重要作用,尤其在促进出口、提升就业并加速国民经济发展等方面的重要作用,这也就是说在产业升级过程中强调本土市场规模的比较优势并不能否定国际市场的重要作用。事实上,正如在前面分析中所指出的那样,经过本土市场淬炼之后的国内产业最终都需要走向国际市场,本土产业升级一方面需要发挥本土市场规模的比较优势,另一方面也需要充分积极利用国际市场的各种资源。最后还需要意识到本土市场与国际市场能够相互促进、彼此影响。这一方面表现为本土市场的快速扩张能够为国内企业抢占国际市场奠定坚实的基础,另一方面表现为国内企业在国际市场的扩张也有利于提升本土居民的收入与消费能力,并拉动本土市场规模的扩张(李冰雪,2011)[①]。

第二需要协调好本土市场与国际市场的关系,并以此实现我国产业升级的"双轮驱动"。首先需要通过逐步降低甚至取消某些行业的出口补贴、信贷担保等措施,逐步降低出口导向战略下本土企业对海外市场的依赖与国民经济发展对出口的依赖。需要强调的是,这种矫正与调整更多还是着眼于纯粹依赖数量扩张的低附加值产品的出口,如果国内企业或产业经过了本土市场的充分淬炼并具有相应的国际竞争能力,其国际市场的拓展则需要给予必要的扶持。其次需要调整本土产业利用国际市场的重点。这一方面固然需要强调国际市场在产品销售方面的重要作用;但在另一方面也需要强调国际市场的资源利用,即需要利用国际市场的各种资源,尤其是先进技术与管理理念等,促进本土企业的自主创新并提升我国产业在全球价值链中的地位。最后

---

　①　李冰霜:《经济发展要靠内需和外需共同拉动》,《辽宁行政学院学报》2011 年第 7 期。

还需要积极利用具有规模效应的本土市场，并以此影响国际市场。这一方面需要通过财政、税收、金融、信贷等手段，诱导本土企业对国内市场的重视，将企业的经营重点转向本土市场，或者是依托本土市场的支持来开拓国际市场等；另一方面需要充分利用具有规模效应的本土市场的影响力，尤其是在产品标准或技术标准等方面对跨国公司的影响力（张国胜，2013）[1]，为我国产业升级与国民经济发展创造良好的外部环境。

四、良性互动机制中国际经济规则与调节体制的协调政策

所谓国际经济规则与调节体制是指世界范围内国家与国家之间、国家与地区之间在发生国际经贸易关系或国际经济纠纷时，共同认可并共同遵行的一系列行为准则与调节方式等。由于规则的制定无法兼顾每一方的利益，任何规则都是非中性的，这也就是说同一规则会对不同国家产生异质性的约束与影响。一般而言，国际经济规则中的权利分配总是有利于规则的制定者或主导者。毋庸置疑，现有的国际经济规则与调节体制主要由发达国家及其控制的国际经济组织决定的。在这样的背景下，我国要想充分发挥本土市场规模的比较优势及其对国内产业升级的驱动作用，还需要考虑到不平等的国际经济规则与调节体制的影响。事实上，伴随我国的本土市场规模逐步位居世界前列，发达国家与跨国公司已经开始关注我国的市场，并将其视为产业发展与企业发展的战略中心，这种现实意味着我国利用本土市场规模的比较优势开始面临着新的挑战。从这个逻辑出发，在开放的经济条件下，构建本土市场规模与我国产业升级的良性互动机制就需要协调国际经济规则与调节体制。

第一需要积极利用国际通行规则，保护本土企业的价值创造活动与产业升级行为。这一方面需要帮助微观经济行为主体了解、熟习并掌握国际通行规则的约束性与规范性，尤其是 WTO 框架内针对发展中国家的产业保护措施等；另一方面需要积极利用这些国际通行规则，如 WTO 框架内的新兴工业保护条款、一般保证措施、一般例外条款、安全例外条款等，来保护我国的市场

---

① 张国胜：《技术变革、范式转换与战略性新兴产业发展：一个演化经济学视角的研究》，《产业经济研究》2012 年第 6 期。

需求、幼稚产业与产业升级等。

　　第二引导现有国际经济规则与调节体制向着更有利于本土产业升级与国民经济发展的方向演化。正如美国经济学家保莱·塞罗(1992)所指出的那样,在 21 世纪,哪个国家拥有了潜力最大的国内市场,这个国家就有资格参与和领导制定国际市场体系运行的各种规则①。事实上,由于具有规模效应的本土市场能够改变地区乃至世界的生产格局,我国市场规模的比较优势也正在逐步改变世界经济、政治格局,并且其影响力还在不断地扩散(Antoine, 2006)②。因此,在本土产业升级的过程中,我国就需要充分利用本土市场规模的比较优势来应对发达国家与跨国公司的挑战,并协调不断扩张的全球网络或超国家网络的行动,最终实现从"与国际惯例接轨"转向"推动国际规则演化",以及引导现有国际经济规则与调节体制向着更有利于我国产业升级与国民经济发展的方向演化等(张国胜,2013)③。

---

① 　[美]莱斯特·瑟罗:《21 世纪的角逐》,张蕴岭等译,社会科学文献出版社 1992 年版。
② 　Antoine Van Agtmael:The Emerging Markets Century,Free Press,2006.
③ 　张国胜:《技术变革、范式转换与我国产业技术赶超》,《中国软科学》2013 年第 3 期。

第八章　结论与展望

第一节　研　究　结　论

基于我国产业升级面临的严峻挑战,在本土市场规模逐步位居世界前列的背景下,我国的产业升级就需要高度重视并充分利用本土市场规模的比较优势。正是基于这样的逻辑设想,本研究报告在理论上构建了本土市场规模与国内产业升级的作用机理,并通过工业化国家与金砖国家的案例分析检验、调整并完善了本土市场规模与国内产业升级的作用机理,以此为基础进而在实践中分析了我国的本土市场规模与国内产业升级的特征事实、演化趋势及其对各自的影响,然后通过理论与现实的对比探讨了在我国有哪些因素导致了本土市场规模与国内产业升级的作用机理的扭曲,最后则是通过矫正扭曲的作用机理尝试性构建了本土市场规模与我国产业升级的良性互动机制。具体而言,通过上述七章的研究,本研究报告主要做了以下工作:

1.提出问题——我国能否依托本土市场规模的比较优势内生驱动国内产业升级?研究报告立足于我国产业升级面临的严峻挑战、着眼于金砖国家的产业实践的异质现象与我国市场规模的比较优势,并通过回顾具有规模效应的国内市场需求与产业发展、产品出口与国际竞争力等文献,提出了本研究报告的基本问题——理论上存在本土市场规模与国内产业升级的作用机理吗?如果存在,我国市场需求的规模优势不但能够为国内产业升级提供新的思路并为突破工业化国家的打压提供可能;而且能够以此实现本土市场规模的持续扩张与我国产业升级的内生演进。

2.在理论上构建了本土市场规模与国内产业升级的作用机理。本研究报告认为：从经济学理论的逻辑架构与研究观点来看，本土市场规模与国内产业升级之间存在相互影响、彼此促进的作用机理。通过将本土市场规模界定为一个国家内部足以满足产业内生演化的有效需求总和、将产业升级界定为微观机制作用下产业内部价值增值的宏观涌现，本研究报告详细地探讨了本土市场规模与国内产业升级之间的相互影响、彼此促进的关系：通过本土市场中厂商—顾客互动引致的需求发现，市场规模诱致下产业分工的演化与企业技术能力的发展，以及具有规模效应的本土终端需求对参与式合作、价值链拓展与运营支撑的影响等维度，本土市场规模不但能够诱导企业拓展具有更高边际利润的产业升级行为，而且能够提供产业升级所需要的运营支撑，因此可以内生影响国内产业升级；通过发展企业技术能力来降低产品价格并提升消费者的支付能力、完善产品属性与功能以及创造全新产品来引导消费者的主观偏好以及在产业升级过程中拓展具有更高边际利润的投资行为及其这种投资所引致的投资等维度，国内产业升级不但能够扩张本土市场的消费需求，而且可以扩张本土市场的投资需求，因此可以内生扩张本土市场规模。

3. 在案例分析中检验、调整并完善了本土市场规模与国内产业升级的作用机理。通过多案例的比较分析，本研究报告发现：无论是工业化国家的经济演化与产业升级，还是金砖国家的企业发展与产业升级，都能够从不同角度证明本土市场规模与国内产业升级之间存在相互影响、彼此促进的作用机理；然而，基于上述案例内与案例间的逻辑论点，并围绕这些逻辑论点与经济学文献的反复循环，本土市场规模与国内产业升级的作用机理也呈现出了多样性的特征。这一方面表现为本土市场规模有助于国内产业升级，但本土市场规模并非国内产业升级的充分条件，在特定的条件下本土市场规模只是从需求发现、技术能力演化、参与式合作、价值链拓展与运营支撑等维度的某些方面支持国内产业升级，另一方面表现为虽然国内产业升级能够扩张本土市场规模，但政府行为也能影响这种扩张的程度等。

4. 探讨了我国的本土市场规模的特征事实、演化趋势及其对国内产业升级的影响。本研究报告认为：经过改革开放以来30多年的高速发展，尤其是近年来城市中等收入群体的出现与快速扩张，我国正在由传统的制造业大国转变为全球最主要的消费型经济体，整体市场规模已开始位居世界前列，并具有显著的本土市场规模的比较优势;而伴随国民经济的持续发展与人均收入水平的提升,我国的本土市场规模不但具有进一步扩张的潜力,而且具有超越美国成为全球最大的本土市场的可能;本土市场规模的这种演化趋势一方面能够为我国产业升级规避与工业化国家的竞争提供可能,但在另一方面也会要求我国企业与本土产业调整其战略方向与优先发展顺序,并具备更高的技术能力与更强的行业竞争力,因此在经济全球化的条件下这也给我国产业升级带来了新的挑战。

5.探讨了我国产业升级的特征事实、演化趋势及其对本土市场规模的影响。本研究报告认为:经过改革开放以来30多年的产业扩张之后,无论是从三次产业结构来看,还是从工业内部的行业结构来看,或者是从产业层面与企业层面来看,我国的产业升级仍然是纵向比较的长足进展与横向比较的明显不足,本土产业升级仍然无法满足国民经济持续、快速发展的要求;伴随我国经济的持续发展与工业化的加速推进,国内产业升级不但会呈现出三次产业结构的服务化趋势、工业内部结构的高技术化与高加工度化趋势、行业发展的高附加值化趋势,而且会呈现出战略性新兴产业的快速发展及其对传统产业的替代等趋势;从整体上看国内产业升级的服务化、高技术化、高加工度化、高附加值化等演化趋势一方面能够显著扩张本土市场规模的总量,并改变总需求中消费需求、投资需求的比重以及消费需求、投资需求的内部结构,另一方面也能够影响本土市场的需求条件与竞争环境。

6.探讨了在我国有哪些因素影响并扭曲了本土市场规模与国内产业升级的作用机理。通过对比分析理论上的本土市场规模与国内产业升级、现实中我国的本土市场规模与国内产业升级,本研究报告发现:市场竞争的失衡、要素市场的扭曲、政府行为的失范、法治基础的脆弱不但引致了本土市场的扭曲,而且影响了具有规模效应的本土市场对国内微观经济行为主体的诱导与激励,并阻碍我国产业升级的推进;长期以来形成的本土企业的海外市场偏好,则是直接制约了国内产业升级过程中的本土市场规模效应,并锁定了本土产业升级的企业技术能力,最终导致了我国产业升级的路径依赖与受阻;我国的特殊国情,即国内就业增长的压力、区域经济增长的需求以及转换成本的制约,也在一定程度钳制了国内微观经济行为主体拓展具有更高边际利润的价值增值行为,并导致了我国产业升级的受阻;而我国产业升级的受阻不断放缓了本土市场规模的扩张速度并影响了本土市场规模的总量扩张,而且影响了本土市场规模的结构、质量,并削弱了具有规模效应的本土市场的比较优势。

7.在实践中构建了本土市场规模与我国产业升级的良性互动机制,从而全面回到了本研究报告最初提出的问题。具体而言,构建本土市场规模与我国产业升级的良性互动机制首先需要以深化并完善本土市场的现代市场经济体制、发展并扩张本土市场规模、有选择地保护本土市场等为重点,深化并发展我国的本土市场;其次需要以国内需求升级过程中的产品升级与价值链拓展、本土市场规模演化过程中的产业链条升级与新兴产业发展、本土市场规模演化过程中的国家价值链构建与全球价值链拓展为我国产业升级的战略方向;第三需要聚集于产业创新系统的能力建设并致力于改善产业创新系统的激励政策、协调并处理好产业发展过程中规模经济与经济活力的矛盾与兼容的关系、并持续关注产业结构转型升级过程中主导产业的选择与发展、幼稚产业的扶持与发展以及衰退产业的调整等;最后还需要培育本土企业家、创新本土企业的组织管理政策、在国内产业升级过程协调好中本土市场与国际市场的关系以及重视国际经济规则与调节体制对我国产业升级的影响、并推动现有的国际经济规则与调节体制向着更有利于我国产业升级与国民经济发展的方向演化等。

第二节　研究展望

本研究报告运用了经济学、管理学、统计学等多学科的理论和工具,在理论上构建了本土市场规模与国内产业升级到作用机理,并通过案例分析,检验、调整并完善了这种作用机理;在实践中则是通过实证研究,分析了我国的本土市场规模与国内产业升级的特征事实、演化趋势及其相互影响,并通过理论与现实的对比,研究在我国有哪些因素影响并扭曲了本土市场规模与国内产业升级之间的作用机理;在对策研究中则是通过矫正扭曲的作用机理,尝试性构建了本土市场规模与我国产业升级的良性互动机制。因此,未来的研究可以从以下几个方面进一步深化:

1.进一步完善本土市场规模与国内产业升级的作用机理。本研究报告基于经济学理论的逻辑架构与研究观点,尝试性构建了本土市场规模与国内产业升级的作用机理,并基于工业化国家与金砖国家的案例分析,检验、调整并完善了这种作用机理;然而,由于无法获得不同类型国家在长期之内的经济数据,本理论模型只是通过了案例分析的检验,并没有得到大规模数据的实证检验。因此,未来的研究需要在这方面进一步深化。

2.本研究报告虽然实证分析了我国的本土市场规模与国内产业升级,但这种研究更多还是依赖图、表的简单分析,现代计量经济学的实证研究仍然缺乏,这不可避免会影响研究结论与对策建议。因此,未来的研究则需要基于计量经济学的最新研究成果,进一步实证分析我国的本土市场规模与国内产业升级。

3.本研究报告虽然从本土市场的深化与发展、国内产业升级的方向选择与政策选择、配套性政策的选择等方面探讨了如何构建本土市场规模与我国产业升级的良性互动机制,但为了行文的方便,对策研究与政策建议仍然是一个大的框架,对其细化的具体操作过程仍然有待于进一步深化研究。

参 考 文 献

［英］G.M.彼得·斯旺：《创新经济学》，韦倩译，格致出版社 2013 年版。

［美］G.多西、C.弗里曼、G.纳尔逊等：《技术进步与经济理论》，钟学义等译，经济科学出版社 1992 年版。

［美］H.钱纳里等：《工业化和经济增长的比较研究》，吴奇等译，上海三联书店 1995年版。

OECD：《中国创新政策研究报告》，薛澜、柳卸林、穆荣平译，科学出版社 2011 年版。

［美］R.R.帕尔默、乔·科尔顿、劳埃德·克莱默：《工业革命——变革世界的引擎》，苏中友等译，世界图书公司 2010 年版。

［英］R.库姆斯、P.萨维奥蒂、V.沃尔什：《经济学与技术进步》，钟学艺等译，商务印书馆 1989 年版。

阿林、杨格：《报酬递增与经济增长》，《经济社会体制比较》1996 年第 2 期。

［美］埃尔赫南·赫尔普曼、保罗·克鲁格曼：《市场结构与对外贸易——报酬递增、不完全竞争和国际贸易》，尹翔硕等译，上海生活·读书·新知三联书店 1993 年版。

［挪威］埃里克·S.赖纳特：《穷国的国富论：演化发展经济学论文选》，贾根良等译，高等教育出版社 2007 年版。

［美］安东·范·阿格塔米尔：《世界是新的——新兴市场崛起与争锋的世纪》，蒋永军等译，东方出版社 2007 年版。

柏林科学技术研究院：《文化 vs 技术创新——德美日创新经济的文化比较与策略建议》，吴金希等译，知识产权出版社 2006 年版。

［美］保莱·塞罗：《21 世纪的角逐》，张蕴岭等译，社会科学文献出版社 1992 年版。

［美］保罗·海恩、彼得·伯特克、大卫·普雷契特科：《经济学的思维方式》，马昕等译，世界图书出版公司 2008 年版。

［美］保罗·克鲁格曼：《地理与贸易》，张兆杰等译，中国人民大学出版社 2000 年版。

［美］保罗·肯尼迪：《大国的兴衰》，陈景彪等译，国际文化出版公司 2006 年版。

［瑞典］伯尔蒂尔·奥林：《地区间贸易和国际贸易》，王继祖等译，商务印书馆 1986年版。

曹龙骐:《金融学》,高等教育出版社 2006 年版。

曾国安、吴琼:《中国市场对外开放条件下政府反垄断政策的选择》,《当地经济研究》2005 年第 3 期。

[芬兰]蒂莫·J.海曼莱伊宁、里斯托·海斯卡拉:《社会创新、制度变迁与经济绩效:产业、区域和社会的结构调整过程探索》,清华大学启迪创新研究院译,知识产权出版社 2011 年版。

杜琼:《世界经济一体化背景下的国内统一大市场建设》,《世界经济情况》2005 年第 3 期。

[美]法里德·扎卡利亚:《后美国世界:大国崛起的经济新秩序时代》,赵广成等译,中信出版社 2009 年版。

范红忠:《有效需求规模假说、研发投入与国家自主创新能力》,《经济研究》2007 年第 3 期。

辜胜阻、李正友等:《创新与高新技术产业化》,武汉大学出版社 2003 年版。

国务院发展研究中心产业经济部、中国汽车工程学会、大众汽车集团(中国)编:《中国汽车产业发展报告(2012)》,社会科学文献出版社 2012 年版。

[美]赫尔曼·M.施瓦茨:《国家与市场——全球经济的兴起》,徐佳译,凤凰出版传媒集团、江苏人民出版社 2008 年版。

胡建绩:《产业发展学》,上海财经大学出版社 2008 年版。

黄玖立、黄俊立:《市场规模与中国省区的产业增长》,《经济学季刊》2008 年第 4 期。

黄宁、张国胜:《技术创新与产业发展》,云南大学出版社 2008 年版。

[瑞典]霍刚·吉吉斯:《变化中的北欧国家创新体系》,安金辉等译,知识产权出版社 2006 年版。

[美]霍利斯·B.钱纳里:《结构变化与发展政策》,朱东海等译,经济科学出版社 1990 年版。

[美]加里·M.沃尔顿、休·罗考夫:《美国经济史》,王珏等译,中国人民大学出版社 2011 年版。

贾根良:《美国学派:推进美国经济崛起的国民经济学说》,《中国社会科学》2011 年第 4 期。

简新华、魏珊:《产业经济学》,武汉大学出版社 2002 年版。

简新华、李雪主编:《新编产业经济学》,高等教育出版社 2009 年版。

[美]杰里米·里夫金:《第三次工业革命》,孙体伟等译,中信出版社 2012 年版。

[韩]金麟洙、[美]理查德·R.尼尔森:《技术、学习与创新——来自新兴工业化经济体的经验》,吴金希等译,知识产权出版社 2011 年版。

[英]克里斯·弗里曼、[西]弗朗西斯科·卢桑:《光阴似箭——从工业革命到信息革命》,沈宏亮等译,中国人民大学出版社 2007 年版版。

[英]克里斯托弗·弗里曼:《技术政策与经济绩效:日本国家创新系统的经验》,张宇

轩译,东南大学出版社 2008 年版。

　　[德]克努特·布林德:《标准经济学——理论、证据与政策》,高鹤等译,中国标准出版社 2006 年版。

　　[意]克瑞斯提诺·安东内利:《创新经济学新技术与结构变迁》,刘刚等译,高等教育出版社 2006 年版。

　　[瑞士]库尔特·多普弗:《经济学的演化基础》,锁凌燕译,北京大学出版社 2011 年版。

　　[瑞士]库尔特·多普菲:《演化经济学纲领与范围》,贾根良等译,高等教育出版社 2004 年版。

　　[英]拉法尔·卡普林斯基:《夹缝中的全球化:贫困和不平等中的生存与发展》,顾秀林译,知识产权出版社 2008 年版。

　　[英]拉杰什·纳如拉:《全球化与技术——相互依赖、创新系统与产业政策》,冷民译,知识产权出版社 2011 年版。

　　李冰霜:《经济发展要靠内需和外需共同拉动》,《辽宁行政学院学报》2011 年第 7 期。

　　李廉水:《中国制造业发展研究报告(2011)》,科学出版社 2012 年版。

　　李世源、崔魏:《十年来我国地方保护主义研究综述》,《学术界》2006 年第 2 期。

　　李毅:《日本制造业演进的创新经济学分析——对技术创新与组织创新的一种新认识》,中国社会科学出版社 2011 年版。

　　李长安:《要素市场已成为我国经济发展的"短腿"》,《上海证券报》2010 年 12 月 30 日。

　　[美]理查德· R.纳尔森:《经济增长的源泉》,汤光华译,中国经济出版社 2001 年版。

　　[美]理查德·R.纳尔逊、悉尼·G.温特:《经济变迁的理论演化》,胡世凯译,商务印书馆 1997 年版。

　　厉无畏等:《中国产业发展前沿问题》,上海人民出版社 2003 年版。

　　联合国工业发展组织:《工业发展报告 2002/2003:通过创新与学习参与竞争》,国务院发展研究中心译,中国财政经济出版社 2003 年版。

　　梁琦:《分工、聚集与增长》,商务印书馆 2009 年版。

　　廖美冬:《巴西航空工业发展策略》,《决策研究》1991 年第 1 期。

　　[日]林直道:《现代日本经济》,色文等译,北京大学出版社 1995 年版。

　　[日]林武:《技术与社会》,张健等译,东方出版社 1989 年版。

　　刘伟:《工业化进程中的产业结构研究》,中国人民大学出版社 1995 年版。

　　刘伟:《开拓农村市场,促进农民收入的持续增长》,《经济问题探索》2003 年第 1 期。

　　[英]刘易斯:《经济增长理论》,周师铭等译,商务印书馆 1983 年版。

　　刘志彪、张杰:《从融入全球价值链到构建国家价值链:中国产业升级的战略思考》,《学术月刊》2009 年第 9 期。

刘志彪：《中国贸易量增长与本土产业的升级》，《学术月刊》2007 年第 2 期。

卢希瑞：《科学技术是创造新价值的巨大源泉——企业盈亏兴衰的深层奥秘探析》，经济科学出版社 2002 年版。

卢中原：《世界产业结构变动趋势与我国的战略抉择》，人民出版社 2009 年版。

[瑞典]罗尔夫·韦特：《国内需求如何影响国际贸易格局》，刘莉译，《经济资料译丛》1997 年第 3 期。

吕爱权、林站平：《论企业家精神的内涵及其培育》，《商业研究》2006 年第 7 期。

[英]马歇尔：《经济学原理》，陈良璧译，商务印书馆 1964 年版。

[美]迈克尔·波特：《国家竞争优势》，李明轩等译，华夏出版社 2002 年版。

[美]迈克尔·波特：《竞争战略》，陈晓悦译，华夏出版社 2008 年版。

[英]迈克尔·吉本斯、卡米耶·利摩日等：《知识生产的新模式——当代社会科学与研究的动力学》，陈洪捷等译，北京大学出版社 2011 年版。

[美]曼塞·奥尔森：《国家的兴衰——经济增长、滞涨与僵化》，李增刚译，上海人民出版社 2007 年版。

毛蕴诗、李洁明：《从"市场在中国"剖析扩大消费需求》，《中山大学学报（社会科学版）》2010 年第 5 期）。

[印度]纳谢德·福布斯、[英]戴维·韦尔德：《从追随者到领先者——管理新兴工业化经济的技术与创新》，沈瑶等译，高等教育出版社 2005 年版。

[美]内森·罗森伯格：《探索黑箱——技术、经济学和历史》，王文勇等译，商务印书馆 2004 年版。

[丹]尼古拉·J.福斯：《战略、经济组织与知识经济》，韩绍风等译，东北财经大学出版社 2007 年版。

欧晓峣：《大国综合优势》，格致出版社、上海生活·读书·新知三联书店、上海人民出版社 2011 年版。

[荷]皮尔·弗里斯：《从北京回望曼彻斯特：英国、工业革命和中国》，苗婧译，浙江大学出版社 2009 年版。

钱水土：《建立和完善我国信用制度的对策思考》，《商业研究》2003 年第 15 期。

钱颖一：《避免坏的市场经济，走向好的市场经济》，《经济观察报》2004 年 12 月 12 日。

[英]乔治·旺·科鲁夫：《知识创新：价值的源泉》，北乔译，经济管理出版社 2003 年版。

秦辉：《南非"经济奇迹"的背后》，《经济观察报》2010 年 6 月 7 日。

[日]青木昌彦、安藤晴彦：《模块时代：新产业结构的本质》，周国荣译，上海远东出版社 2003 年版。

瞿苑文：《台湾后起者能借自创品牌升级吗?》，《世界经济文汇》2007 年第 5 期。

施振荣：《再造宏基：开创、成长与挑战》，台北天下远见出版社 2004 年版。

石奇、孔群喜：《实施基于比较优势要素和比较优势环节的新式产业政策》，《中国工业经济》2012 年第 12 期。

史士东、黄毅：《世界上最大的气化液化企业——南非萨索尔公司》，《中国煤炭报》2010 年 6 月 15 日。

世界银行、国务院发展研究中心：《2030 年的中国——建设现代、和谐、有创造力的社会》，中国财政经济出版社 2013 年版。

世界银行：《2009 年世界发展报告：重塑世界经济地理》，胡光宇等译，清华大学出版社 2009 年版。

［美］斯坦利·L.恩戈尔曼、罗伯特·E.高尔曼：《剑桥美国经济史》第 3 卷，蔡挺、张林、李雅菁译，中国人民大学出版社 2008 年版。

苏东水：《产业经济学》，高等教育出版社 2000 年版。

［英］梅特卡夫：《演化经济学与创造性毁灭》，冯健等译，中国人民大学出版社 2007 年版。

［美］托马斯·K.麦克劳：《现代资本主义：三次工业革命的成功者》，赵文书等译，凤凰出版传媒集团、江苏人民出版社 2006 年版。

汪斌：《中国产业：国际分工地位和结构的战略性调整》，光明日报出版社 2006 年版。

王珏：《市场经济概论》，中共中央党校出版社 2008 年版。

王俊豪主编：《产业经济学》，高等教育出版社 2008 年版。

王楷伦：《民营企业国际代工的"市场隔层"问题研究》，《浙江社会科学》2007 年第 1 期。

［美］威廉·拉佐尼克：《车间的竞争优势》，徐华等译，中国人民大学出版社 2007 年版。

［德］乌利奇·施莫河、克里斯蒂安·拉默、哈拉尔德·雷格勒尔：《国家创新系统比较——德国国家创新系统的结构与绩效》，王海燕译，知识产权出版社 2011 年版。

吴敬琏：《当代中国经济改革教程》，上海远东出版社 2010 年版。

吴敬琏：《呼唤法治的市场经济》，上海生活·读书·新知三联书店 2007 年版。

吴敬琏：《中国增长模式抉择》，上海远东出版社 2006 年版。

［瑞典］西格法德·哈里森：《日本的技术与创新管理——从寻求技术诀窍到需求合作者》，华宏慈等译，北京大学出版社 2004 年版。

［美］西蒙·库兹涅茨：《现代经济增长》，戴睿等译，北京经济学院出版社 1989 年版。

［德］夏洛特·艾尔德曼：《苹果帝国风云录》，刘硕译，人民邮电出版社 2012 年版。

［英］小艾尔弗雷德·D.钱德勒：《看得见的手：美国企业的管理革命》，重武译，商务印书馆 1987 年版。

［英］小艾尔弗雷德·钱德勒：《规模与范围：工业资本主义的原动力》，张译人等译，华夏出版社 2006 年版。

［美］熊彼特：《经济发展理论》，何畏等译，商务印书馆 1990 年版。

徐康宁、冯伟：《基于本土市场规模的内生化产业升级：技术创新的第三条道路》，《中国业经济》2010 年第 11 期。

[英]亚当·斯密：《国民财富的性质和原因的研究》，郭大力等译，商务印书馆 1981 年版。

严剑锋：《巴西航空工业发展的历程、经验与启示》，《航空制造技术》2012 年第 3 期。

杨干忠、廖代文：《社会主义市场经济概论》，中国人民大学出版社 2011 年版。

杨公仆、夏大慰：《产业经济学教程》，上海财经大学出版社 1998 年版。

叶国灿：《论企业家的定位及其培育机制的构建》，《江西社会科学》2004 年第 2 期。

袁庆明：《技术创新的制度结构分析》，经济管理出版社 2003 年版。

袁志刚、朱国林：《消费理论中的收入分配与总消费——及对中国消费不振的分析》，《中国社会科学》2002 年第 2 期。

[澳]约翰·福斯特、[英]J.斯坦利·梅特卡夫主编：《演化经济学前沿：竞争、自组织与创新政策》，贾根良等译，高等教育出版社 2005 年版。

[美]约塞夫·斯蒂格利茨：《发展与发展政策》，纪沐等译，中国金融出版社 2009 年版。

臧旭恒等：《转型时期消费需求升级与产业发展研究》，经济科学出版社 2012 年版。

张宝珍：《日本保护产业和市场的运行机制及其网络》，《世界经济》1993 年第 9 期。

张帆、潘佐红：《本土市场效应及其对中国省间生产和贸易的影响》，《经济学季刊》2006 年第 5 期。

张国胜、陈瑛：《社会成本、分摊机制与我国农民工市民化：基于政治经济学的分析框架》，《经济学家》2013 年第 1 期。

张国胜、胡建军：《产业升级的本土市场规模效应》，《财经科学》2012 年第 1 期。

张国胜：《本土市场规模与产业升级：一个理论构建式研究》，《产业经济研究》2011 年第 4 期。

张国胜：《技术变革、范式转换与战略性新兴产业发展：一个演化经济学视角的研究》，《产业经济研究》2012 年第 6 期。

张国胜：《技术变革、范式转移与我国产业技术赶超》，《中国软科学》2013 年第 3 期。

张国胜：《全球价值链驱动下的本土产业升级》，《财经科学》2009 年第 6 期。

张国胜：《全球代工体系下的产业升级研究：基于本土市场规模的视角》，《产经评论》2010 年第 1 期。

张辉：《市场竞争公平及其实现路径新论》，《甘肃政府学院学报》2008 年第 5 期。

张米尔、游洋：《标准创立中的大国效应及其作用机制研究》，《中国软科学》2009 年第 4 期

张敏秋：《印度塔塔集团——新兴市场中的成功典范》，清华大学出版社 2008 年版。

张其仔等：《模块化、产业内分工与经济增长方式转变》，社会科学文献出版社 2008 年版。

张苏:《论新国际分工》,经济科学出版社 2008 年版。

张先庆:《产业扩张》,广东经济出版社 1998 年版。

张兴华:《开拓农村市场:扩大内需的关键所在》,《浙江经济》2008 年第 22 期。

张月龙、张琼妮:《完善知识产权保护制度的对策研究》,《经济纵横》2009 年第 12 期。

赵江:《对开放式保护主义的思考》,《经济研究参考》2002 年第 55 期。

赵燕青.本地市场与国际竞争:城市化动力的转变》,《城市规划学刊》2006 年第 6 期。.

喆儒:《产业升级——开放经济条件下中国的政策选择》,中国经济出版社 2006 年版。

中国社会科学院:《新兴经济蓝皮书——金砖国家经济社会发展报告(2011)》,社会科学文献出版社 2011 年版。

周怀峰:《大国国内市场与专业国际竞争力:一个一般分析框架》,社会科学文献出版社 2009 年版。

庄卫名等:《发展与技术进步》,立信会计出版社 2003 年版。

Abernathy W.J., Utterback J.M., 1978, "Patterns of industrial innovation", Technology Review, 8(7).

Abramovitz M., 1989, "Thinking about growth and other essays of economic growth and welfare", New York: Cambridge University Press. 124

Acemoglu D., Aghion P., Zilibotti F., 2006, "Distance to frontier, selection, and economic growth", Journal of the European Economic Association, 4(1).

Acs, Z.J.and Audretsch, D.B., "Innovation and Size at the Firm Level", Southern Economic Journal, Vol.57, No.3, pp.739-744, Jan.1991.

Amsden A, 2001, "The rise of ' the Rest': challenges to the west from late-indusrializing economies, New York: Oxford University Press.

Archibugi D., Coco A., 2004, "A new indicator of technology capabilities for developed and developing countries", World Development, 32(4).

Ariffin N., 2000, " The internationalization of innovative capabilities: the Malaysian electronics industry", Doctoral dissertation, Brighton: SPRU/University of Susex.

Bell M., 2003, "Knowledge resources, innovation capabilities and sustained competitiveness in Thailand: transforming the policy process", Final report to NSTDA, Brighton: SPRU.

Bell M., Pavitt K., 1995, "The development of technological capabilities", In: Haque I U. Trade, technology and international competitiveness. Washiongton DC: Economic Development Institute of The World Bank.

Cho H.D., Amsden A. H., Kwak J., et al., 2003, " Innovation and catching up: content, theory, and policy analysis for Korea", Korea: Science & Technology Policy Institute.

Colin Clark, The Conditions of Economic Progress, Macmillan company, 1957.

Cooke P., Hans-Joachim Braczyk H J and Heidenreich M (eds.) Regional Innovation System:the Role of Governances in the Globalized World.London:UCL Press,1996.

Costa L.,Queiroz S.R.R.,2002,"Foreign direct investment and technological capabilities in Brazilian Industry",Research Policy,31(8-9).

Das T. K.,Teng B. S.,2000,"A resource-based theory of strategic alliances",Journal of Management,26(1).

Dosi,G.Technological paradigms and technological trajectories:asuggested interpretation of the determinants and directions of technical change.Research Policy.Vol.2,1982.

Dosi.Source,procedures,and Microeconomics of Innovation.Journal of Economic Literature, Vol.26,1988.

Dunning J.H.,2002,"Regions,globalization and the knowledge economy:the issues stated". In:Dunning J H,Regions,globalization and the Knowledge-based economy.New York:Oxford U-niversity Press.

Eisenhardt K.M.,Martin J A,2000,"Dynamic capabilities:what are they?"Strategic Man-agement journal,21(10).

Fan P.,2006,"Catching up through developing innovation capability:evidence from China's telecom-equipment industry",Technovation,26(3).

Fernando E.,Jose E.,2007,"Explaining and measuring success in new business:the effect of technological capabilities on firm results",Technovation 27(1-2).

Forbes N.,Wield D.,2002,"From followers to leads:innovation management in newly indus-trializing countries",London:Routledge.

Freeman C.,1987,"Technology policy and economic performance:lessons from Japan", London:Pinter Publisher.

Freeman C.,Soete L.,1997,"The economics of industrial innovation(3rd)",Cambridge, MA:The MIT Press.

G.Menseh,Stalemate in Technology:Innovation Overcomes the Depression,New York,Ball-inger,1975.

Gammeltoft P.,2004,"Development of firm-level technological capabilities:the case of the Indonesian electronics industry",Journal of the Asia Pacific Economy,9(1).

Garver M.S.,Mentzer J.T.,1999,"Logistics research methods:employing structural equation modeling to test for construct validity",Journal of Business Logistics,20(1).

Gereffi G.,J.Humphrey,T.Sturgeon.2005,The governance of global value chains,Review of International Political Economy,vol12(1).

Ghauri P.,Gronahaug K.,Kristianslaud I,1995,"Research method in business studies:a practical guide",New York:Prentice Hall.

Hobday,Mike.1995, East Asian Latecomer Firms:Learning the Technology of Electronics,

World Development, vol 23(7).

Hong Y., Su J.Q., 2007, "Technological capability development of the enterprises in developing countries: the case and implication". In: Zhang Jinlong, et al. Globalization challenge and management transformation, Beijing: Science Press, 2007, Ⅲ.

J. S. Worley, Industrial research and the new competition, Journal of Political Economy 1961, 61.

Kim Y., Lee B., 2002, "Patterns of technological learning among the strategic groups in the Korean electronics parts industry", Research Policy, 31(4).

Kline, S.J., "Innovation Is Not a Linear Process", Research Management, 1985, Vol.28(4).

L.Biondi and R.Galli, Technological trajectories, Futures, July/August, 1992, .

Mu Q., Lee K., 2005, "Knowledge diffusion, market segmentation and technological catch-up: the case of the telecommunication industry in China", Research Policy, 34(6).

N.Rosenberg, Inside the black box. Cambridge University Press, 1982.

P.Patel and K.Pavitt, National System of Innovation Under Strain. http: www. sussex. ac, 1998-09-21.

P.Patel and K.Pavitt, The nature and economic importance of national innovation system. OECD, STI, 1994, NO.14.

P.Romer, 1986, "Endogenous Technological Change", Journal of Political Economy, Vol.98, No.5.

P.Romer, 1986, "Increasing Returns and Long-Run Growth", Journal of Political Economy, Vol.94, No.5.

Political Science, 1965, 31(2).

Poon T. Shuk-Ching, 2004, Beyond the global production networks: a case of further upgrading of Taiwan's information technology industry, International Journal of Technology and Globalisation(IJTG), Vol 1(1).

Price, W.J., and Bass. L.W., 1969, "Scientific Research and the Innovative Process", Science, 1969, Vol.164(16).

R.Lucas, 1988, "On the Mechanics of Economic Development", Journal of Monetary Economy, Vol.22, No.5.

R.Rothwell, Industrial Innovation: Success, Strategy, Trends. In M.Dodgson and R.Kamien, M.I.and Nancy L.Schwartz, "Market Structure and Innovation: A Survey," Journal of Economic Literature, 1975.

Rousseva R., 2007, "Identifying technological capabilities with different degrees of coherence: the challenge to achieve high technological sophistication in latecomer software companies", Technological Forecasting and Social Change, 75(7).

Scherer, F.M., "Size of Firm, Oligopoly, and Research: A Comment", Canadian Journal of Economics and.

Schmooler, J., "Innovation and Economic Growth", Harvard University Press, 1966.

Van Dujin, the Long Wave in Economic Life, London: George Allen and Unwin, 1983. 129、651

World Bank. World Development Report 2009: Reshaping Economic Geography, http://www.worldbank.org.cn, 2010.

后　记

　　美国经济学家保莱·塞罗指出,21世纪,那个国家拥有了潜力最大的国内市场,这个国家就有资格参与并领导制定国际市场运行的各种游戏规则。对我国而言,经过改革开放以来30多年的高速发展,尤其是近年来城市中等收入群体的出现与快速扩张,我国正在由传统的制造业大国转变为全球最主要的消费型经济体,本土市场规模开始位居前列并日益成为我国新的比较优势。在这样的背景下,如何利用本土市场规模的比较优势来推进国内的产业升级,这关系到我国产业结构优化与经济发展方式转变,因此是一个重要的现实问题与理论课题。基于这样的逻辑,2012年我们申报了国家社会科学基金青年项目"本土市场规模与我国产业升级",并获得立项批准(批准号:12CJY041)。本书是该项目的最终研究成果。

　　在课题的研究过程中,我的恩师、武汉大学经济与管理学院简新华教授给予了极为悉心的指导并为之付出了大量的辛勤劳动,云南大学发展研究院杨先明教授也非常关心本课题的研究工作并提供了大量富有建设性的意见,这些帮助不但令本课题的最终成果增色不少,而且使我对问题的把握更加深入,受益匪浅!在此致以诚挚的谢意!同时也希望自己今后能够做得更好一些,才能对得起各位老师的指导与帮助。

　　本书的顺利出版得到了人民出版社陈光耀先生、李淑元先生的大力支持,在此表示感谢!我的学生陈明明、陈雅新等同学做了大量的助编、校对工作,在此一并表示感谢。本书在撰写过程中参考并引用了许多学者的观

点与资料,并用脚下注的方式进行了注明,如不慎有遗漏,敬请谅解！由于
水平与时间的限制,书中难免有不妥乃至错误之处,敬请广大读者批评
指正。

张国胜
于云南大学东陆园